U0526302

本书系
2017 年陕西省教育厅人文社会科学专项
"中国共产党对马克思主义和中国现实差异性的弥合研究"
(项目编号：17JK0529)
阶段性研究成果

中华人民共和国成立初期农村文化建设研究

A Research on the Rural Culture Construction in the Early Years of New China

乔夏阳 著

中国社会科学出版社

图书在版编目(CIP)数据

中华人民共和国成立初期农村文化建设研究 / 乔夏阳著. —北京：中国社会科学出版社，2019.12
ISBN 978-7-5203-5640-4

Ⅰ.①中⋯　Ⅱ.①乔⋯　Ⅲ.①农村文化—建设—研究—中国
Ⅳ.①G12

中国版本图书馆 CIP 数据核字(2019)第 248745 号

出 版 人	赵剑英
责任编辑	耿晓明
责任校对	李　军
责任印制	李寡寡

出　　版	中国社会科学出版社
社　　址	北京鼓楼西大街甲 158 号
邮　　编	100720
网　　址	http://www.csspw.cn
发 行 部	010-84083685
门 市 部	010-84029450
经　　销	新华书店及其他书店
印　　刷	北京明恒达印务有限公司
装　　订	廊坊市广阳区广增装订厂
版　　次	2019 年 12 月第 1 版
印　　次	2019 年 12 月第 1 次印刷
开　　本	710×1000　1/16
印　　张	15.5
插　　页	2
字　　数	227 千字
定　　价	80.00 元

凡购买中国社会科学出版社图书，如有质量问题请与本社营销中心联系调换
电话：010-84083683
版权所有　侵权必究

目 录

导论 ……………………………………………………………… (1)
  第一节　研究背景及意义 ……………………………………… (1)
    一　研究背景 ………………………………………………… (1)
    二　研究意义 ………………………………………………… (5)
  第二节　国内外研究现状述评 ………………………………… (11)
    一　国内研究现状述评 ……………………………………… (11)
    二　国外研究现状述评 ……………………………………… (20)
  第三节　基本概念界定 ………………………………………… (23)
    一　中华人民共和国成立初期 ……………………………… (23)
    二　农村文化建设 …………………………………………… (27)
  第四节　研究思路与方法 ……………………………………… (31)
    一　研究思路 ………………………………………………… (31)
    二　研究方法 ………………………………………………… (31)

第一章　农村文化建设溯源 …………………………………… (34)
  第一节　理论渊源 ……………………………………………… (34)
    一　中华人民共和国优秀传统文化观 ……………………… (34)
    二　马克思主义经典作家的文化思想 ……………………… (39)
  第二节　实践基础 ……………………………………………… (48)
    一　民主革命时期中国共产党领导文化工作
       的总体回顾 ………………………………………………… (48)

二　民主革命时期中国共产党领导文化工作
　　　的历史实践 ………………………………………（50）
　三　民主革命时期中国共产党领导文化工作
　　　的经验总结 ………………………………………（67）

第二章　农村文化建设的背景与条件 …………………（73）
第一节　中华人民共和国成立初期农村文化
　　　　　建设的背景 …………………………………（73）
　一　政治背景：中国共产党从革命党转为执政党 ………（74）
　二　经济背景：国民经济的恢复与发展 …………………（78）
　三　社会背景：社会结构与管理模式的转变 ……………（82）
　四　文化背景：趋于破产的农村文化 ……………………（85）
第二节　中华人民共和国成立初期农村文化建设
　　　　　的条件………………………………………（92）
　一　农村文化建设的"存量"分析 ………………………（92）
　二　农村文化建设的"增量"分析 ………………………（96）

第三章　农村文化建设的基本方略 …………………（106）
第一节　农村文化建设的基本方针 ……………………（106）
　一　以马克思主义指导农村文化建设 ……………………（107）
　二　围绕农业生产进行农村文化建设 ……………………（108）
　三　完善组织领导推进农村文化建设 ……………………（109）
第二节　农村文化建设的基本原则 ……………………（111）
　一　普及与提高相结合的原则 ……………………………（111）
　二　批判与继承相结合的原则 ……………………………（113）
　三　因时制宜与因地制宜相结合的原则 …………………（115）
第三节　农村文化建设的基本目标 ……………………（116）
　一　国家工业化背景下农民角色的转变 …………………（117）
　二　增加农村的社会主义因素 ……………………………（120）

第四章　农村文化建设的主要内容 …………………………（125）
第一节　社会道德的革新 ………………………………（125）
　　一　新政治观对旧道德观的破除 ………………………（126）
　　二　新道德观的塑造 ……………………………………（130）
　　三　农村新道德环境中的移风易俗 ……………………（136）
第二节　文化教育的普及 ………………………………（140）
　　一　文化教育"为生产建设服务"的提出 ………………（141）
　　二　农村扫盲的开展 ……………………………………（143）
第三节　文娱活动的改造 ………………………………（146）
　　一　文娱活动的"小渠道"教育作用 ……………………（146）
　　二　"戏改"运动 …………………………………………（148）
　　三　新编戏剧曲目的涌现 ………………………………（151）
第四节　体育卫生事业的发展 …………………………（153）
　　一　农村群众体育事业的蓬勃开展 ……………………（153）
　　二　农村医疗卫生事业的健康起步 ……………………（155）

第五章　农村文化建设的机制方法 ………………………（159）
第一节　强化自上而下的农村文化工作组织 …………（159）
　　一　新型农村政权组织的构建 …………………………（160）
　　二　以"宣传网"为核心的农村文化建设组织 ………（162）
第二节　推动全员参与的农村文化建设格局 …………（166）
　　一　"动员型参与"和农村文化建设 ……………………（166）
　　二　群众运动推动下的农村文化建设 …………………（168）
第三节　开展灵活有效的农村文化建设形式 …………（171）
　　一　农民对文化建设的意义缺少理性认识 ……………（172）
　　二　符合农民生活和农业生产的文化建设形式 ………（173）

第六章　农村文化建设的历史作用及地位 ………………（177）
第一节　中华人民共和国成立初期农村文化建设的
　　　　　历史作用 …………………………………………（177）

  一　推动了农民的思想启蒙进程……………………（178）
  二　加快了农村社会结构的调整……………………（183）
  三　促进了工业化背景下的资源整合………………（187）
 第二节　中华人民共和国成立初期文化建设的
    历史地位……………………………………（192）
  一　处于承上启下的关键地位………………………（192）
  二　奠定了新中国农村文化的前进方向……………（195）

第七章　农村文化建设的不足及启示……………（199）
 第一节　中华人民共和国成立初期农村文化建设
    的经验………………………………………（199）
  一　注重马克思主义世界观对农村文化建设的引领……（199）
  二　重视农民在农村文化建设中的主体地位………（203）
  三　发挥党建工作对农村文化建设的助推作用……（204）
 第二节　中华人民共和国成立初期农村文化建设
    的不足………………………………………（207）
  一　存在急于求成的倾向……………………………（208）
  二　过分重视文化意识形态属性……………………（211）
  三　过分依赖群众运动………………………………（214）
 第三节　中华人民共和国成立初期农村文化建设的
    当代启示……………………………………（216）
  一　当前农村文化建设中存在的问题………………（217）
  二　中华人民共和国成立初期农村文化建设
    的启示与继承………………………………（222）

结语……………………………………………………（232）

参考文献………………………………………………（235）

导 论

毛泽东在《新民主主义论》中曾指出："我们共产党人，多年以来，不但为中国的政治革命和经济革命而奋斗，而且为中国的文化革命而奋斗；一切这些的目的，在于建设一个中华民族的新社会和新国家。在这个新社会和新国家中，不但有新政治、新经济，而且有新文化。"① 塑造新的文化，提升人民群众的知识水平、能力素质，丰富其思想内涵和精神世界，培养其主体意识和集体主义观念，这一工作在推动中国从新民主主义社会向社会主义社会顺利过渡与转型中发挥了重要的作用。中华人民共和国成立初期的中国社会呈现出生机盎然的精神风貌和欣欣向荣的良好局面。全面探索这一时期中国共产党所领导的文化建设工作实践、总结其中所蕴含的经验，对当前中国社会发展转型过程中的文化建设工作具有重要的启示意义。

第一节 研究背景及意义

一 研究背景

文化不仅是国家综合实力中软实力的重要组成部分，而且是一个民族、一个国家发展进步的重要标志。习近平总书记在十九大报告中指出，"文化是一个国家、一个民族的灵魂。文化兴国运兴，

---

① 《毛泽东选集》第 2 卷，人民出版社 1991 年版，第 663 页。

文化强民族强"①。2011年11月，中国共产党十七届六中全会通过的《中共中央关于深化文化体制改革，推动社会主义文化大发展大繁荣若干重大问题的决定》，全面总结了党领导文化建设的成就和经验，科学分析了文化建设与文化改革发展面临的形势和任务，深刻阐述了新形势下推进文化改革发展的重要性和紧迫性，在集中全党智慧基础上，明确提出了推进文化改革发展的指导思想、重要方针、目标任务、政策举措，为今后中国文化的发展奠定了基础，指明了方向。2013年11月，中国共产党十八届三中全会通过的《中共中央关于全面深化改革若干重大问题的决定》对新时代进一步深化改革做出了总体规划，其中针对文化的发展目标和发展方向提出了高屋建瓴的部署，要求："紧紧围绕建设社会主义核心价值体系、社会主义文化强国深化文化体制改革，加快完善文化管理体制和文化生产经营机制，建立健全现代公共文化服务体系、现代文化市场体系，推动社会主义文化大发展大繁荣。"② 党中央有关文化发展的一系列表述与部署表明，推动文化发展进步已是当今中国绕不开和拖不起的历史性课题。各级党政干部、思想理论界的专家学者、民间有识之士以及广大人民群众都对推动文化事业的发展翘首以盼；对于执政党来说，只有实现社会主义文化的发展与繁荣，才能实现物质文明与精神文明"两手抓，两手硬"的发展方针，从而赢得人民群众的广泛拥护并实现长期执政。

因此，当前针对推动文化事业发展的讨论已不是要不要和能不能了，而是要以历史的自觉性和紧迫感积极面对，及时研究推动文化事业发展的对策方案并尽快组织实施。"空谈误国，实干兴邦"，在推动文化发展的问题上，一个实际的行动比任何口号都更加让人振奋。但是在推动社会主义文化发展、实现社会主义文化繁荣的具

---

① 习近平：《决胜全面建成小康社会 夺取新时代中国特色社会主义伟大胜利——在中国共产党第十九次全国代表大会上的报告（2017年10月18日）》，人民出版社2017年版，第40—41页。

② 《中国共产党第十八届中央委员会第三次全体会议文件汇编》，人民出版社2013年版，第19页。

体实践中，既无前人已有的道路可供因循，也无现成的他国模式可资套用，只能是科学认识和自觉把握人类文明进步的规律和方向，从本国历史传统和现实国情出发，稳妥前进，审慎构思，总体谋划，主动操持。根据当前中国文化建设的具体情况，文化工作推进的重点和难点在农村。2008年10月，中国共产党十七届三中全会通过的《中共中央关于推进农村改革发展若干重大问题决定》提出了农村改革发展的基本目标，就繁荣发展农村文化的建设指出："社会主义文化建设是社会主义新农村建设的重要内容和重要保证。坚持用社会主义先进文化占领农村阵地，满足农民日益增长的精神文化需求，提高农民思想道德素质。"[①] 针对农村文化的发展，中国共产党十七届六中全会具体指出，要"加快城乡文化一体化，增加农村文化服务总量，缩小城乡文化发展差距"，这一方针的提出保障了农村居民文化权益的实现，满足了社会主义新农村建设的需求，是全面建成小康社会的必要步骤实现中华民族伟大复兴的必然要求，标志着我国农村文化发展进入了一个新的阶段。

尽管在顶层设计上对农村文化建设描绘出了美好的蓝图，但当前我们的农村文化建设现状依然存在着不尽如人意的地方，农村文化发展动力不足，农村文化氛围不够浓厚，农村文化服务覆盖不完善，农村文化设施利用率不高，传统社会道德在农村社会约束力衰退。这些农村文化工作中所存在的"短板"，既满足不了农村居民的精神文化生活需求，更不符合农村生产力飞速发展的现状。2013年，农村居民食品消费支出占消费总支出的比重为37.7%[②]，农村居民恩格尔系数继续维持在0.4以下，表明农民生活从温饱型向小康型转变，新的农村消费热点正在形成，吃、穿、住等基本生活消费所占的比重减少，而文教娱乐、交通通信、医疗保健等消费所占的比重增加，这也标志着农村居民对精神文化产品的需求进一步增

[①] 《中国共产党第十七届中央委员会第三次全体会议文件汇编》，人民出版社2008年版，第26页。

[②] 康书生等：《缩小居民收入差距的金融对策研究》，人民出版社2017年版，第32页。

大。但农村文化建设的相对滞后,不仅阻碍农民物质生活水平的进一步提升,也使主流价值观在农村社会的传播受到梗阻,不利于基层社会的稳定与发展。因此,我们必须加强农村文化建设工作,积极贯彻中央有关农村文化建设的相关方针政策,立足现实,纵观历史,借鉴一切优秀经验,推进农村文化事业的发展。

中国共产党是一个具有高度文化自觉的政党,在长期的革命和建设实践活动中一直十分重视文化建设,不断地以思想文化觉醒和觉悟来把握前进的方向,凝聚全党和全国人民的力量,推动各项事业的迅速发展。一部中国共产党的光荣奋斗史,既是一部不断以思想文化的新觉醒和先进文化引领前进方向、推动各项事业发展的历史;又是一部充分展现文化自信,以先进文化鼓舞、团结、带领各族人民,克服艰难险阻、走向胜利的历史,在这一过程中也形成了中国共产党独具特色的文化发展思想理论和政策实践。

中华人民共和国成立初期是中华人民共和国历史上的重要时期,"在这个历史阶段中,党确定的指导方针和基本政策是正确的,取得的胜利是辉煌的"[①]。政治、经济、文化、外交等各项事业上都取得了伟大的成就,在为新中国发展铸就坚实基础的同时,也进一步丰富和发展了在中国发展社会主义的内涵,对当前我们开展各项工作有着积极的借鉴作用。中华人民共和国成立初期,伴随着国民经济的恢复和社会主义改造的进行,全社会在党中央的统一领导下,以马克思主义和毛泽东思想为指导,展开了轰轰烈烈的文化建设工作。到1956年过渡时期结束,我国在经济建设取得巨大成就的同时,文化的改造和重建工作也基本完成,初步确立了马克思主义在思想文化方面的主导地位,奠定了我国当代文化的发展基调和方向。

中华人民共和国成立初期我国是典型的农业社会,因此,中华人民共和国成立初期文化建设的主要对象是广大农民群众,所取得的伟大成果也大多出现在农村地区。在对农民群众的思想教育上,

---

① 《改革开放三十年重要文献选编》(上),中央文献出版社2008年版,第19页。

迅速瓦解了腐朽、没落的封建文化，使大多数农民拥护社会主义制度，并树立了集体主义、爱国主义和共产主义的信念；在文化教育上，开展以扫除文盲为主要目标的教育普及运动，使近代学校教育制度在农村社会基本确立，不仅满足了农民群众受教育的权利，同时将社会的人才需求和意识形态的诉求融为一体，将教育对象塑造为符合社会发展要求的全新人才；在社会风尚上，农村大量存在的黄赌毒被取缔，封建迷信和旧权威被破除，极大地改善了农民群众的精神风貌，推动了中华人民共和国成立初期农村乃至全国的社会改革和经济发展，其中积累了丰富的可资借鉴的历史经验。

当前，我们正在大力推进实施乡村振兴战略，必须以更大的决心、更明确的目标、更有力的举措推动农业全面升级、农村全面进步、农民全面发展，在这一过程中必须以农村文化建设为重要推手，摒弃"重经济、轻文化"的农村发展观念，在不断改善农村物质生活条件的同时，加强对农村精神文化软实力的建设，以美丽乡村建设为主题，深化农村精神文明建设，在"硬件"和"软件"并重的基础上，努力做到"产业兴旺、生态宜居、乡风文明、治理有效、生活富裕"。实现这一目标，我们应充分挖掘历史成功经验的时代价值，提高当前农村文化工作的针对性和实效性。

二 研究意义

十九大报告指出："没有高度的文化自信，没有文化的繁荣兴盛，就没有中华民族伟大复兴。要坚持中国特色社会主义文化发展道路，激发全民族文化创新创造活力，建设社会主义文化强国。"[①] 报告高屋建瓴地指出了文化发展的重要意义，为了更好地坚持中国特色社会主义文化发展道路，坚定不移地发展社会主义先进文化，推动农村文化的发展和繁荣，就需要从我们党的历史宝库中发掘重

---

① 习近平：《决胜全面建成小康社会 夺取新时代中国特色社会主义伟大胜利——在中国共产党第十九次全国代表大会上的报告》（2017年10月18日），人民出版社2017年版，第40—41页。

要的理论支撑和思想启迪。中华人民共和国成立初期，我们党的文化建设取得了明显的成效，正如毛泽东在1957年所说的："我们的政权的建立还不过短短几年，人们可以看到，不论在经济方面，在文化、教育、科学方面，都已经出现了空前繁荣的局面。"[①] 因此，在当前推动社会主义文化大发展大繁荣和实施乡村振兴战略的双重背景下，研究中国共产党在中华人民共和国成立初期领导农村文化建设的实践和基本经验，具有较高的理论价值和重要的现实意义。

（一）理论意义

以中华人民共和国成立初期中国共产党的农村文化建设为主要研究对象，有利于丰富和拓展思想政治教育学科和中国共产党党史学科研究的内容。中华人民共和国成立初期，我国处于从新民主主义社会向社会主义社会过渡的阶段，伴随着我国经济制度、政治制度的巨大变化，作为政治和经济在观念形态上反映的文化也同样处于深刻的转型之中。本书以中华人民共和国成立初期社会变革的历史为基本依据，结合当时相关的文献、文件和具体的地方档案资料，从宏观到微观全面地重现了中华人民共和国成立初农村文化建设的场景，在此过程中综合运用思想政治教育学科和中国共产党党史学科的基本理论对其进行跨学科整合与研究，系统地总结了中华人民共和国成立初期中国共产党领导农村文化建设的基本方略与内容方法，科学地评判了其历史作用及地位。在研究过程中不仅展现了历史变革背景下，党对农民群众的思想政治工作的方式、方法，也反映了党推进农村社会变革的管理手段，也凸显了党对推进马克思主义大众化的探索。这既有利于加强对党的农村思想政治教育工作历史的研究，也有助于深化对该阶段党的历史的认识，对于丰富思想政治教育和中国共产党党史等相关学科的建设具有重要意义。

以中国共产党的文化建设为主要研究内容，有助于对党领导的文化建设进行系统总结并揭示文化建设的演进规律。文化的发展和

---

① 《建国以来重要文献选编》（第十册），中央文献出版社1994年版，第119页。

繁荣是人类文明前进的强大推动力，是社会现代化的价值根基和重要标志。党在各个历史时期都十分重视文化发展的理论和实践工作，在不同时期根据不同的实际情况，立足中国大地，从最广大人民的利益出发，运用马克思主义的立场、观点和方法，对文化发展的一系列问题做了科学的分析和论断，并根据社会经济发展的不同阶段，对其文化建设思想进一步提升和深化，并在此基础上形成了既一脉相承又与时俱进的有关文化工作思想体系，反映出党的文化发展战略思想越来越清晰化、现代化、主动化、自觉化的趋势特征，深刻反映了马克思主义中国化发展进程中历史与逻辑的有机统一。中华人民共和国成立初期，中国共产党农村文化建设不仅奠定了此后中国文化发展的根基，也是一个新兴国家文化发展的起步，上承民主革命文化发展，下启社会主义文化发展，对其进行深入研究，可以有效解读中国共产党领导文化建设的理论结构、战略思想要素和宏观认识框架，也可以揭示党推动文化发展思想的演进规律，有助于我们总结经验、吸取教训、提高对党的文化发展思想认识的自觉性，为今后党的文化发展思想的发展和深化，提供了可循的结构规范和动态关联的思考方式。

以中华人民共和国成立初期为时限，有助于掌握中国共产党领导文化建设的阶段性理论特征。中华人民共和国成立初期，我国社会和社会关系处于急剧变化的历史时期，中国共产党面临着稳定新政权、恢复经济发展和改造社会结构的艰巨任务，文化的社会能动性在这一过程中也不断显现。1949年9月29日，中国人民政治协商会议第一次全体会议通过的《共同纲领》指出了新中国文化建设的方向和任务，"中华人民共和国的文化教育为新民主主义的，即民族的、科学的、大众的文化教育"是新中国文化建设的方向，"提高人民文化水平、培养国家建设人才、肃清封建的、买办的、法西斯主义的思想、发展为人民服务的思想"[1] 是新中国文化建设

---

[1]《建国以来重要文献选编》（第一册），中央文献出版社1992年版，第10—11页。

的任务。过渡时期的结束，这一任务也基本完成，通过对这一时期党领导农村文化建设的研究，我们可以清楚地发现，文化的发展是一个与政治、经济等特定社会背景密切相关的系统工程，通过总结、分析、研究，有助于我们掌握党领导文化建设的阶段性理论特征，有助于我们更客观地根据世情、国情、党情的发展变化考察、评价和展望党的文化发展理论和实践工作，为我国文化事业的"大发展、大繁荣"提供理论借鉴，促进对党的文化发展思想理念的探索。

（二）现实意义

第一，总结中华人民共和国成立初期党领导农村文化建设的经验及教训，为提高当前农村文化建设工作的实效性提供有益借鉴。中华人民共和国成立初期，党领导农村文化建设从总体上讲是成功的、有效的，一方面对旧的文化进行改造，破除旧文化残余的影响，另一方面又倡导民族的、科学的、大众的文化，积极推进对农民的思想改造、教育普及和体育卫生工作，通过行之有效的政策和组织措施，调动了社会各界从事农村文化建设的积极性，奠定了社会主义农村文化的基石，推动了农村文化从传统到现代的转型。通过对农村文化的改造和重建，瓦解了根植于农民头脑里的落后思想，使农民的精神面貌和农村的社会风貌焕然一新，有效地为中华人民共和国成立初期的各项工作提供了思想保证和智力支持，调动了农民发展生产和进行社会主义改造的积极性，为社会主义改造的顺利实现和工业化的完成做出了巨大的贡献。其中所包含的宝贵经验需要我们继续继承和发扬，教训需得到深刻总结。

当前，农村文化建设依然是中国共产党农村工作的重要组成部分，农村文化建设也取得了一定的成绩，农民文化水平大幅度提升，农村文化设施不断完善，文化工作人员素质普遍提升，但是其中也存在着不足和问题，其中比较突出的问题就是农村文化建设实效性不足，农村文化建设难以满足新时期农民对文化的需要。回顾中华人民共和国成立初期的历史背景，其中所表现出的历史转变过程中群众思想的碎片化、价值选取的盲目性等特征，与当前社会转型过程中农民的思想状况有一定的相似性；实现国家工业化进程中农民社会政治、经济地位所出现的心理落差，与当前城镇化进程中农民的心理状况也存在一定的相似性。因此，选择中华人民共和国成立初期中国共产党领导农村文化建设作为研究对象，并总结党在这一过程中的经验和教训，对新时期农村文化建设是弥足珍贵的，对我们突破当前农村文化建设的瓶颈、提升农村文化建设的实效性具有重要的现实意义。

第二，分析中华人民共和国成立初期党领导的农村文化建设对社会变革的推动作用，进一步探寻文化建设在社会发展中的定位，对当前深化农村改革和实施乡村振兴战略具有较强的现实意义。中华人民共和国成立初期党领导的农村文化建设的积极意义不仅仅局限于文化范畴，除了提高农民文化水平、改造农民文娱生活、改善农民精神面貌这些成效外，农村文化建设紧紧围绕着国民经济的恢复与工业化和社会改造与发展而展开。因此，对中华人民共和国成立初期党领导的农村文化建设进行全面分析与研究，不能将研究对象仅仅局限于文化现象，而应将其置于中华人民共和国成立初期农村社会从传统到现代的转型中，全方位地解析推进农村文化建设对当时农村社会转型过程中农民思想的启蒙、农村社会结构的调整和社会资源的配置等方面的积极作用，从而进一步明确文化建设在社会发展转型进程中的定位。

在现阶段进一步深化改革的历史进程中，农村社会的转型也急剧发生，农村社会进一步活跃，农村流动人口数量增多、农民组织化程度减弱、农村社会利益阶层多元化，农村社会改革与转型过程中的新问题和新矛盾也不断产生。表现在农村社会异质化程度加强，利益冲突加剧；农村社会开放程度加深，信息传播速度加快，农村基层组织管理结构剧变；农民独立谋生能力显著提升，农村组织能力弱化，公共服务覆盖程度出现事实上降低。面对这些新问题，就必须加强和创新农村社会管理能力，提升农村社会管理的科学化水平，保证农村社会充满活力又和谐稳定；就必须进一步推动农村综合改革，加强基层群众性自治制度建设，实现这一目标，农村文化建设是题中应有之意。必须明确文化建设在推动农村综合改革的重要作用，力图通过在农村基层党组织的领导下积极开展健康、愉快、生动活泼、丰富多彩的农村文化活动，宣传党的方针政策，提高农民的思想文化素质和掌握新技术、新知识的能力，从而突出党在农村改革发展过程中的领导地位，树立农民在农村改革发展过程中的主导地位。因此，全面解析中华人民共和国成立初期党领导的农村文化建设对社会改革和发展的促进作用，为更好地发挥农村文化建设在推进农村社会改革发展中的积极作用提供重要的启示。

第三，研究中华人民共和国成立初期党领导的农村文化建设，探寻党的文化发展理念和文化建设思路，将使我们进一步理解中国共产党的文化自觉意识，从而对树立党在文化发展与繁荣进程中的领导地位具有现实指导意义。党在中华人民共和国成立初期所进行的农村文化建设，不仅取得了辉煌的成就，发挥了巨大的社会作用，也在党的发展历程中处于重要的历史地位，其所领导的农村新民主主义文化建设上承五四以来中华先进文化进步方向，下启中国社会主义文化前进道路，奠定了新中国农村文化的前进方向，在此过程中，中国共产党对中国先进文化前进方向的引导作用也不断凸显，在思想上以马克思主义及其中国化理论成果指导文化建设，在组织上以党组织为依托不断完善和健全文化建设部门，在行动上以党员深入实践带动并挖掘农村文化建设的潜力，保证了中华人民共和国成立初期农村文化的前进方向，完成了中华人民共和国成立初期农村文化建设的任务。

当前农村文化建设进程中所暴露出的一些问题，很大程度上是由于缺乏正确的思想上、组织上和行动上的引导所造成的，基层农村文化阵地建设存在一定的问题，主流意识形态的引导与熏陶作用很难发挥，非主流意识形态不断侵蚀农民的精神世界。回顾中华人民共和国成立初期党的农村文化建设历史实践，我们将对其中党的作用与地位有进一步的清醒认识，基层党组织也不断进行思想上、组织上和作风上的完善，从而适应当时农村文化建设的需求，使中国共产党在文化建设进程中的价值与意识输出代表时代前进的方向和社会进步的需求，使农民群众对主流意识形态有自觉的向心力，自觉成为主流文化产品的受众，并自觉抵制落后的、封建的、反动的文化产品。因此，探寻中华人民共和国成立初期党在农村文化建设进程中所表现出的文化自觉，将对研究今后一个时期农村文化建设进程中党的作用与定位具有现实指导意义。

第二节 国内外研究现状述评

遵循一般的研究规范，一旦研究主题选定后，就应对该主题在相关研究领域进行考察，通过对自己所做的理论准备进行评价与估量，一方面明确本书在国内外的相关研究达到某种程度，是否具有研究价值；另一方面应通过资料的搜集以实现对所选课题的理性考察与省思，从而降低重复性研究和盲目夸大个人研究价值。通过笔者对所掌握研究材料的总结，将有关中华人民共和国成立初期中国共产党农村文化建设的研究归结如下。

一 国内研究现状述评
（一）以农村文化作为具体对象的研究

在社会主义新农村建设和发展社会主义文化的双重背景下，以农村文化作为对象的研究日渐增多，在中国知网（CNKI）以"农村文化"为主题进行搜索可得到26431条结果，在中国国家图书馆以"农村文化"进行文津检索，其结果约22万个，相关研究主要集中于农村文化的发展现状、农村文化建设必要性和农村文化的未来发展之路。代表性著作有《社会主义新农村文化构建》[①]、《农村文化发展之谋》[②]、《乡村文化与新农村建设》[③]、《农村文化现代化

[①] 陈文珍、叶志勇：《社会主义新农村文化构建》，湖南师范大学出版社2010年版。

[②] 熊春林：《农村文化发展之谋》，国家行政学院出版社2012年版。

[③] 李小云、赵旭东、叶敬忠：《乡村文化与新农村建设》，社会科学文献出版社2008年版。

研究》①、《新农村文化建设与管理》②，此外还有大量的学术论文及其他形式的研究成果。这些研究成果普遍认为，当前我国农村文化建设处于一种落后状况，政府对农村文化建设的重视不够，农村文化的基础设施薄弱，农村文化市场不规范、乡村社会价值信仰的失落，农村社会控制的弱化、区域文化发展不平衡等；尽管如此，他们仍认为农村文化对当前我国社会的发展具有极其重要的作用和意义，学者们普遍认为当前加强农村文化建设既是农村社会走向现代化的要求，也是构建农村社会主义和谐社会的重要组成部分，加强农村文化建设是实现我国农村社会现代化建设的内在要求，是社会主义先进文化建设的重要组成部分，也是农村以及整个社会发展的基本条件；在农村文化发展的未来之路上，学者们认为必须要以政府为主导，明确农村公共文化服务的重点，整合城乡文化资源，发展农村教育水平，扶持农村专业和业余文化队伍，提高农村文化工作者素质，是实现农村文化发展的必由之路。此类研究关注到了当代农村文化建设的各方面需求，对本书的现代农村文化建设具有一定的借鉴和启迪意义。

（二）对中国共产党文化建设的系统总结

对中国共产党文化建设历史的回顾。不论是革命战争年代，还是社会主义建设年代，抑或是改革开放时期，党从未放松过对文化工作的重视，在文化实践中，党的核心与领导地位也不断显现，并形成了一脉相承的工作体系，因此在该研究领域学者纷纷著文对党领导文化建设的历史进行回顾和总结，相关研究也取得了一定的成果。代表著作有《中国共产党文化建设史论》③ 和《中国共产党文化建设》④，前者通过中国共产党成立以来的历史活动，将党的文化建设工作贯穿于其中，认为中国共产党不仅是"中国革命和建设事业的领导核心，也是中国文化建设事业的领

---

① 马仙玉：《农村文化现代化研究》，厦门大学出版社2011年版。
② 方亮：《新农村文化建设与管理》，中国社会出版社2010年版。
③ 孙成武：《中国共产党文化建设史论》，人民出版社2013年版。
④ 胡光宇：《中国共产党文化建设》，人民出版社2011年版。

导核心",并从文化纲领、文化道路、文化动力和文化环境四个方面概括了党在文化建设事业上的核心地位;后者则从广义的文化角度出发,通过对中国共产党文化建设理论的总结、历史的回顾、成绩的展现和未来的展望,梳理了中国共产党的文化建设脉络。除专著外,相关论文也对党的文化建设脉络进行了总结。杨凤城以中国共产党的文化观为视角,总结了中国共产党的文化方针、回顾了中国文化转型的历程,认为中国文化的发展经历了从多元到一元、再从一元到一元主导下的多元并存的两次转型,而中国共产党的文化观也经历了从为无产阶级政治服务到建设中国特色社会主义文化的转变。[①]

对中国共产党文化自觉的研究。中国共产党90多年的奋斗历程,是自觉代表中国先进文化前进方向,不断在文化建设事业上取得胜利的历史,因此,在实现文化大发展大繁荣的背景下,党的文化自觉也成为当前学术界的重点研究对象。从文化选择、文化探索和文化情怀三个角度看,中国共产党的发展历史,是自觉选择、自觉坚持和自觉发展先进文化的历史,从我党成立前后对马列主义的自觉追寻和选择到几代领导人对文化问题一脉相承、与时俱进的论述,充分表明了党的文化政策的连续性和时代先进性。李庆云认为中国共产党的文化自觉意识在不断发展和深化,其文化自觉的脉络经历了由主动自觉维护文化的历史和传统,到研究丰富和创新发展本土文化,再到面向现代化、面向世界、面向未来,到最终升华为正确应对全球化挑战,提高文化软实力和国际竞争力四个阶段。[②] 施秀莉认为中国共产党文化自觉的历史发展主要经历了两个阶段:毛泽东时期的文化自觉阶段,以邓小平为主要代表的新时期中国共产党人的文化自觉阶段,而在当前世界社会主义运动处于低潮的形势下,积极推动当代中国马克思

---

① 杨凤城:《中国共产党90年的文化观、文化建设方针与文化转型》,《中国人民大学学报》2011年第3期。
② 李庆云:《中国共产党历代领导集体的文化自觉意识研究》,《中国特色社会主义研究》2011年第4期。

主义大众化，进一步巩固与发展马克思主义文化领导权，是目前中国共产党文化自觉的时代要求。①

（三）新中国成立前各历史时期中国共产党的文化建设

对建党初期党的文化建设研究。中国共产党成立之初，在纷繁复杂的斗争环境中，始终将对马克思主义、列宁主义的宣传作为党的重要工作，这既是对中国马克思主义系统宣传的开创之举，也是中国共产党进行有组织的文化建设的开端。葛传根认为，建党初期，党的宣传工作面临着初创时期的艰难，但党仍然集中全力进行文化宣传工作，努力唤醒国民的自觉，但在此过程中也在一定程度上使中国共产党对文化宣传的作用估计过高，以为单靠文化宣传工作就能取得革命成功，并给中国共产党人带来血的教训。②徐有礼认为在建党前后，早期的马克思主义者们和中国共产党人通过各种手段宣扬马克思主义理论，并遵循"理论联系实际"的原则，迈出了马克思主义普遍原理与中国革命具体实践相结合的可贵的第一步；通过扎实的文化宣传活动，卓有成效地履行了向工人阶级灌输马克思主义的职责，促使第一次工人运动高潮的兴起。③

对土地革命战争时期党的文化建设研究。土地革命战争时期，中国共产党进一步走向了成熟，开创了农村包围城市的革命新道路，并进行了政权的创建尝试，以革命根据地为依托，党的文化建设实现了进一步的发展。杨会清认为在土地革命战争时期的苏区，中国共产党不仅创办各类学校、报纸杂志、文艺团体，而且努力倡导移风易俗运动，从而极大丰富了人民群众的精神文化生活，对塑造人们的革命精神面貌也发挥了重要作用，这一时期中国共产党的

---

① 施秀莉、张士海：《中国共产党文化自觉史论》，《当代世界与社会主义》2012年第5期。

② 葛传根：《建党初期的宣传工作与革命道路探索中的得失》，《党的文献》2011年第5期。

③ 徐有礼：《试论中国共产党早期理论宣传活动的历史经验》，《郑州大学学报》（哲学社会科学版）1990年第4期。

文化建设,充分体现了中国共产党的文化自觉和文化关怀。[①] 朱世学以土地革命时期的鹤峰苏区为例,从文化宣传、文化教育、文化创作、歌咏戏剧、民间文体活动五方面描述了这一阶段党的文化建设,认为中国共产党"用战斗的笔、燃烧的歌、进击的舞,用祖先传下来的各种文艺形式控诉强暴,讴歌光明,推功土地革命运动的发展"[②]。饶伟新从社会学的角度出发,以赣南农村的实际情况为例,对中国共产党面对根据地存在的宗族割据和家族主义思想盛行的局面,利用乡村社会既有的文化资源,采取灵活、有效的思想政治工作以解决这些矛盾,缓和了根据地居民的宗族关系,广泛团结了根据地群众,调动尽可能多的群众参加革命斗争。[③] 王立忠从军事文化建设的角度,分析了红军队伍在成分复杂、环境恶劣以及"左"倾路线干扰等情况下文化建设所取得的卓越成绩,从军事理论文化、军事制度文化、政治工作文化三个方面对这一时期红军军事文化建设的成果进行了总结。[④]

对延安时期党的文化建设的研究。延安时期是中国共产党在物质上极为艰难的历史阶段,但是这一时期所形成的共产党人的革命精神成为引领中国革命走向胜利的保证,而在文化建设方面,以毛泽东为代表的中国共产党人将马克思主义文化观与中国实践相结合,形成了新型文化观——新民主主义文化学说,这标志着中国共产党的文化工作步入了相对成熟的阶段。赵子勍等认为,延安时期党的文化建设,其所具有的实事求是的科学精神代表了文化建设的思想方法和价值取向;在文化理论上承认民众的需求,在文化实践中重视人的解放,以民主观念和

[①] 杨会清:《中华苏维埃共和国的文化建设问题研究》,《江西行政学院学报》2012年第3期。
[②] 朱世学:《土地革命时期鹤峰苏区的文化建设述略》,《中南民族学院学报》(哲学社会科学版)1993年第4期。
[③] 饶伟新:《论土地革命时期赣南农村的社会矛盾——历史人类学视野下的中国土地革命史研究》,《厦门大学学报》(哲学社会科学版)2004年第5期。
[④] 王立忠、谢军、林岳峥:《论土地革命战争时期红军的军事文化建设》,《军事历史研究》2013年第2期。

民主精神探寻文化发展方向，表明共产党人在这一时期对新文化运动和五四精神的继承、发展和超越，这彰显了中国共产党文化建设的新理念和对人民思想的启蒙意义。① 关海庭认为，延安时期党的文化建设经历了思想准备、实践发展和理论形成三个阶段，它是"五四"以来文化传统、中国共产党文化实践活动的全面展开以及苏联社会主义文化影响共同作用的结果，促进了以政治性、平民性、能动性为特征的中国共产党政治文化的形成，这种政治文化对后来党和国家的历史发展产生了深刻的影响。② 黄延敏在对延安时期党的文化建设进行科学总结的基础上，提出了当下我们文化建设中可资借鉴的经验，首先要认识到文化建设极其重要的战略地位和重要作用；在对传统文化的态度上，应坚持批判地继承以及在继承基础上的创新；应高度重视文化普及，坚持文化的大众化、人民化品格；提倡文化的多样性，高度重视建立文化上的统一战线。③

（四）中华人民共和国成立初期党的文化建设研究

中华人民共和国成立初的社会历史背景研究。中华人民共和国成立初期是中国历史上一个重要的阶段，政治上实现了政权的统一和全新政治架构的构建，经济上在迅速恢复国民经济的同时进行了生产资料的所有制改造，社会结构也在政治与经济的变革中进行了剧烈地调整，这些都构成了中华人民共和国成立初期党的文化建设的历史背景，相关研究也不断涌现，尤其是本书以中华人民共和国成立初期农村文化建设为研究主题，有必要对关于当时社会历史背景的研究予以整合分析，从而对中华人民共和国成立初期党的农村文化建设的历史背景给予更为深刻的认识。在对新政权的认知上，

---

① 赵子劼、段治文：《试论延安时期的文化观》，《浙江大学学报》（社会科学版）1992年第2期。

② 关海庭、马胜强：《延安时期新民主主义文化建设运动述论》，《中共党史研究》2013年第9期。

③ 黄延敏：《延安时期中国共产党文化建设的基本经验》，《理论学刊》2009年第10期。

曹树基认为，中华人民共和国成立初期党的农村工作，使农民观念中的国家意识实现了根本变革，农民不但接受了国家的权威，而且也认同了国家的规划和目标，并对国家的规划和目标做出积极的反应，从而对党的各项工作的规划与目标产生了重大影响。① 在中华人民共和国成立初期的社会治理上，李里峰认为群众运动由于具有常规行政手段所难以比拟的优越性，在新中国成立后的很长一段时间里仍然作为一种便捷有效的动员和治理工具被广泛使用，这一方面可动员农民广泛参与到社会政治生活中，另一方面国家力量也对农村生活进行了直接介入。② 在对农村社会的改造上，陈益元从国家权力的深入、乡村社会动员、国家政权与农村社会关系三个方面着手，分析了中华人民共和国成立初期中国共产党实现农村政权建设的目标与任务，而农村社会也在动员和改造中发生了全面、深刻和长期的变化。③

对中华人民共和国成立初期党的领导人文化建设思想的研究。中华人民共和国成立初期，中国处于由新民主主义向社会主义过渡的历史阶段，毛泽东作为党和国家的领导人开始了对社会主义文化建设的探索，试图改变中国文化落后的状况，消除文盲、迷信和愚昧的现象。吕世荣认为，中华人民共和国成立初毛泽东的文化思想主要内容包括：文化建设以服务于工农业和国防建设为目标，文化建设应坚持马克思主义理论指导，清理、批判、改造旧文化，文化建设中应狠抓知识分子的思想改造，充分发挥知识分子的作用。④ 李建英认为，毛泽东的文化思想由中国传统文化中的精华部分、西方近代资产阶级文化中的有历史进步意义的成分和马克思主义文化三部分组成；而其结构特征则包括以政治为主体的文化模式、强调

---

① 曹树基：《国家形象的塑造——以1950年代的国家话语为中心》，《上海交通大学学报》（哲学社会科学版）2008年第3期。
② 李里峰：《群众运动与乡村治理——1945—1976年中国基层政治的一个解释框架》，《江苏社会科学》2014年第1期。
③ 陈益元：《新中国成立初期中国共产党农村政权建设研究述评》，《中共党史研究》2014年第3期。
④ 吕世荣、刘象彬：《毛泽东文化思想初探》，《中国文化研究》1994年第4期。

人的意志力和兼容性三大特征。①冯虞章认为，毛泽东文化思想即是以毛泽东为主要代表的中国共产党人在把马克思列宁主义普遍真理同中国实际相结合的过程中，运用辩证唯物主义、历史唯物主义世界观考察社会文化现象、指导文化建设实践时得出的一系列基本观点构成的体系，对其进行回顾和梳理，对于培养高度的文化自觉、推动社会主义先进文化发展、坚持中国特色社会主义文化发展道路、坚定不移地发展社会主义先进文化具有重要的意义。②

对中华人民共和国成立初期具体的文化实践研究。中华人民共和国成立初期，压在人民群众头上的"三座大山"被推翻，但在思想文化领域，封建的、买办的、法西斯主义思想并没有自动消除，现代的、进步的、革命的文化在整个文化领域所占比例仍十分有限，文化发展水平远不能满足政权稳定、经济恢复和人民群众的精神需求，中国共产党坚持新民主主义文化方针，一方面对旧的文化进行改造，破除旧文化残余的影响，另一方面又倡导文化的创新，积极进行先进文化的建设。曹泳鑫等认为，中华人民共和国成立初期中国共产党的文化工作是新民主主义文化与社会主义文化的历史承续，其在纲领上坚持了毛泽东在《新民主主义论》中的部署，使中华人民共和国成立初期的文化建设既成为配合社会改造的价值系统转变，又成为社会重建的文化价值资源，在此过程中坚持了以人民大众为主体的文化改造与社会动员，制定了文艺"双百"方针，维护了工农兵这一新型文化主体的主体地位。③蒋积伟认为，中华人民共和国成立初期，中国共产党通过对旧知识分子进行改造，肃清"封建糟粕"，通过在文化领域的影响和批判"资产阶级唯心主义思想"实现了对旧有文化的改造，通过确立马列主义、毛泽东思想在文化领域的绝对指导地位，进行大规模的文化教育建设，加强

---

① 李建英：《毛泽东的文化思想结构浅议》，《山西大学学报》（哲学社会科学版）1998年第2期。
② 冯虞章：《毛泽东文化思想及其现实价值》，《马克思主义研究》2012年第5期。
③ 曹泳鑫、赵平之：《先进文化与现代化》，上海人民出版社2005年版，第60—71页。

对自然科学工作的领导，进行新文化的建设，初步形成了新民主主义的文化体系，并为进行大规模的社会主义文化建设创造了条件。[①] 田克勤认为，中华人民共和国成立初期中国共产党文化建设的主要举措包括：开展马列主义、毛泽东思想的学习，改革和发展文化教育事业，对知识分子的思想改造和思想文化领域的批判，提出了"百花齐放、百家争鸣"的方针，通过这些措施，使马克思主义作为文化领域指导思想被明确地树立起来，马克思列宁主义、毛泽东思想成为整个国家的主流意识形态；文化教育事业等也有了很大程度的提高和改善。[②] 李飞龙通过对新中国成立初农民业余文化教育为研究对象，分析了具体的目标、形式，并总结了这一过程中所存在的一些失误，扫盲工作认识观念存在偏差，文化学习很难与农民的切身经济利益直接挂钩，师资素质较低，办学经费匮乏，人口流动频繁，并为当下农村文化建设提供了借鉴。[③]

通过对国内相关研究予以分析总结，笔者认为，首先相关研究对党的文化建设历程进行了较为系统的总结与阐述，为本书主题的研究奠定了良好的研究基础；其次，相关研究对党领导文化建设的指导思想、指导方针和具体实践活动进行了进一步探讨，为本书研究主体提供了研究范式，也为本书的撰写提供了良好的写作思路。但相关研究缺乏对中华人民共和国成立初期农村文化建设的系统性总结和分析，就中华人民共和国成立初期中国共产党领导农村文化建设的内容、机制方法缺少完整的梳理，对当时的农村文化建设的历史作用和历史地位缺少全面地评析，因此未能提出对当下农村文化建设具有切实借鉴意义的经验与教训；而在研究方法上，缺少对相关的文献与史料进行系统地搜集与梳理，尤其是微观的历史档案

---

① 蒋积伟：《建国以来中共文化政策述评（1949—1976）》，《党史研究与教学》2007年第1期。
② 田克勤、刘洪森：《探析建国初期中国共产党的文化建设和改造》，《江西师范大学学报》（哲学社会科学版）2007年第4期。
③ 李飞龙：《20世纪50年代农民业余文化教育述论》，《当代中国史研究》2009年第3期。

资料提取较少，使相关研究成果史料支撑力不足。因此，笔者认为中华人民共和国成立初期中国共产党农村文化建设相关研究仍具备较大的研究空间，为此本书将通过对这一主题进行深入系统的研究，以期尽可能多地解决相关研究中的疑惑。

二　国外研究现状述评

中华人民共和国成立初期在中国共产党和中华人民共和国的历史上处于举足轻重的关键阶段，这时的中国在中国共产党的带领下由大乱走向大治，中国人民的精神面貌为之焕然一新的同时，中国在国际事务中也不断有所建树，这一阶段的历史遂成为国外学者解读的重点内容。由于社会学术背景的差异，对于中华人民共和国成立初期的研究，国外学者多集中于从社会学或国际关系角度进行解读，这在一定程度上对我们研究中华人民共和国成立初期农村文化建设提供了一种全新的社会历史背景视角，现将相关研究做如下述评。

（一）有关中华人民共和国成立的历史影响及意义研究

费正清在《剑桥中华人民共和国史》第一章中，以"中国的再统一"为题对中华人民共和国的成立进行描述，但对于新中国的态度，该书却认为中国实现统一的动力来源于中国存在着一种不同于西方的"帝王全面统治中国的传统力量"，因此，其认为新中国的成立不过是中国历史上的又一个王朝更替，而以毛泽东为代表的共产党人的功绩则与"公元前221年的秦始皇的成就和公元589年隋朝创建者的成就同属于特殊的一类"[①]。其论述明显混淆了新民主主义革命的胜利与历代封建王朝更替的性质，贬低了中华人民共和国成立的伟大意义。而亨利·基辛格将新中国的成立描述为，"从农村奔涌的洪流席卷城市，它将中国带进了一个新时代"，但对于中华人民共和国成立初期的历史，基辛格则认为中国走"上了

[①] [美]费正清、罗德里克·麦克法夸尔主编：《剑桥中华人民共和国史》，谢亮生等译，中国社会科学出版社1990年版，第23、35页。

一条使社会急遽动荡的航程",显然基辛格对新中国成立的解读,并未能完全理解这一阶段中国共产党为完成新民主主义革命未尽的任务所做的工作,将这一时期向社会主义过渡的历史变革理解为"动荡的航程"①。徐中约从政治组织、经济发展、社会主义新人和对外关系四个方面对新中国的成立进行了描述,提出了新中国的理论与实践"体现了毛泽东在《新民主主义论》和延安整风运动中所表达的理念"②,认为中华人民共和国成立初期取得的"成就相当卓著",巩固了国家政权,取得了不错的经济增长。其研究基本反映了中华人民共和国成立初期中国从新民主主义向社会主义过渡的社会性质,也客观地描述了当时新中国的建设成就。

(二) 有关中华人民共和国成立初期社会改造的研究

美国中国史专家毕克伟（Paul G. Pickowicz）认为,新民主主义革命的胜利为中国共产党带来了一个两难的局面,一方面就是继续革命,迅速消灭资产阶级和地主阶级,但这将招致新生政权重新陷入困境,从而百业萧条、人民失业;另一方面,若将争取资产阶级和知识分子作为社会改造的动力,则违背了马克思主义的政治原则,也将有背离共产党的阶级属性之嫌。因此在面临两难的境界,中国共产党在农村宣传土地改革,掀起阶级斗争,在城市宣传公私兼顾、劳资两利,建立统一战线,在统一战线内部再试图进行改造,使社会主义因素不断增加。③ 这一研究从中华人民共和国成立初期,中国共产党的信仰的价值属性和执政的现实属性两个角度出发,对中华人民共和国成立之初过渡时期的社会改造动力进行了解析,为我们研究这一阶段的社会改造提供了较新的视角。费正清从执政党与知识分子的关系的角度分析了中华人民共和国成立初期的

---

① ［美］亨利·基辛格:《论中国》,胡利平等译,中信出版社2012年版,第85、86页。

② ［美］徐中约:《中国近代史》,计秋枫、朱庆葆译,世界图书出版公司北京公司2013年版,第496、508页。

③ Jeremy Brown, Paul G. Pickowicz, *Dilemmas of Victory: The Early Years of the People's Republic of China*, Harvard University Press, 2007.

知识分子改造运动,其中写道:"党力求扩大意识形态的一致性,直到知识分子不愿生产成果为止;然后它又放松一下,直到它的政治控制受到威胁时为止。"① 也就是说,费正清认为中华人民共和国成立之初乃至此后的一段时间内,中国共产党的知识分子政策陷入了一个难以跳出的怪圈,思想改造打击了知识分子的积极性,使他们不愿生产成果,于是不得不放松思想统制;而思想统治的放松最后又会威胁到党的政治控制,所以不得不开始又一轮思想改造。这种说法并没有将知识分子改造运动置于从新民主主义向社会主义过渡的背景下,因此未能认识到社会制度变革要求思想文化变革的配合,仅从执政党维护政权统治的角度进行分析,难免有失公允。

(三) 有关中华人民共和国成立初期农民和农村的研究

莫里斯·迈斯纳认为,中华人民共和国成立初期,中国共产党的领导人将农民视作为社会发展的依靠力量,"毛泽东以为社会主义建设的真正的力量源泉在农村,这是一种被革命年代滋生的强烈的反城市偏见所强化的认识",同时毛泽东看到了落后的农村地区所"积蓄着的青春活力和革命创造性"。这一观点反映了农民及农村在中华人民共和国成立初期的重要性,而其中也蕴含着共产党人思想中的反传统主义价值,"自我牺牲、自我否定的禁欲主义价值观同样能推进中国的现代化"②。施拉姆指出,中华人民共和国成立初期,在将中国从农业国转变为工业国的过程中,共产党人借鉴苏联农业社会化的经验,提出了"教育农民"是"严重的问题",从而克服小农经济的分散性特征,他认为"严重的问题是教育农民"实质上是"把现代知识、现代工业的财富由城市带到农村";对于农业合作化运动,施拉姆认为仓促建立起来的人民公社以及他们企图大规模地组织经济和社会生活的各方面的尝试,造成了一定

---

① [美] 费正清、罗德里克·麦克法夸尔主编:《剑桥中华人民共和国史》,谢亮生等译,中国社会科学出版社1990年版,第89页。

② [美] 莫里斯·迈斯纳:《毛泽东与马克思主义、乌托邦主义》,中共中央文献研究室国外研究毛泽东思想资料选辑编辑组译,中央文献出版社1991年版,第206、129页。

的混乱，并对农村经济造成了灾难性的损失与衰退。① 其对中华人民共和国成立之初农民问题和农村合作化运动的认识是理性和中肯的，对我们的研究也具有一定借鉴意义，但其未能认识到农业合作化运动对我们社会性质的变化所带来的积极作用和意义。

综上所述，西方学者在其研究中对本主题有所涉及，其研究成果对进一步了解中华人民共和国成立初期党领导农村文化建设的社会历史环境有了更为具体和客观的认识，其在研究方法上所推崇的实证研究法也对本主题的研究具有一定的启发价值。但是西方学者在思想上的非马克思主义立场及占有资料的局限性，使其研究成果及评判态度大多有失偏颇，因此，我们要对相关研究进行全面、科学、辩证的审视，以马克思主义的研究态度对相关材料进行去伪存真，试图得出对本书的有益材料支撑。

第三节 基本概念界定

在社会科学的研究中，对研究对象概念的考据与界定是前提和题中应有之义，明晰了研究对象的概念，将使我们对其内涵与外延有更为清晰的认知，而不至于在研究过程中掺入与主题不相干的内容。也可将研究对象的概念作为研究之圭臬，据此查找与主题相关的论据与材料以作支撑。

一 中华人民共和国成立初期

中华人民共和国成立初期是一专属历史阶段的称谓，一般研究领域将这一时间段限定于1949年中华人民共和国成立到1956年社会主义改造结束，因为这一时期处于中华人民共和国的初创阶段，因而也称之为"建国初期"；也因为这一阶段是中国共产党认定的从新民主主义社会向社会主义社会过渡的阶段，也被称

---

① ［美］斯图尔特·R. 施拉姆：《毛泽东的思想》，田松年、杨德译，中国人民大学出版社2013年版，第91、512页。

之为过渡时期。毛泽东在《新民主主义论》中对新民主主义革命后中国的前途进行了描画，其中指出革命胜利后的第一个阶段是"建立以中国无产阶级为首领的中国各个革命阶级联合专政的新民主主义的社会"，第二个阶段是在新民主主义社会建设和发展的基础上"建立中国社会主义的社会"①。因此，新民主主义革命胜利后诞生的新中国，就其所面临的任务来看可划分为两个阶段，即完成民主革命的遗留任务阶段和进行社会主义革命阶段。具体到中华人民共和国成立初期的历史来看，从1949年中华人民共和国成立到1952年年底为第一阶段，其主要任务是完成共产党领导下的民主革命的遗留问题，即在政治上实现国家统一、消灭国民党的残余势力、完成对新解放农村地区的土改工作和恢复国民经济。1951年5月，西藏的和平解放标志着祖国大陆的完全统一，从1950年12月到1951年10月进行的镇压反革命运动，基本肃清了大陆残留的国民党反动势力，1952年，新中国主要的工农业生产指标已超越历史最高水平，这些成绩标志着新民主主义革命的胜利完成。从1953年到1956年为第二阶段，其主要任务是在中国进行社会主义革命，完成生产资料所有制的社会主义改造，以奠定在新中国构建社会主义的生产关系基础。但在研究过程中，我们不能因为两个阶段的具体任务与所开展的工作不同，而人为地将中华人民共和国成立初期划分为两个不同社会性质和革命性质的阶段，这两个阶段是一脉相承的，都是新民主主义社会性质的，包含于社会主义革命范畴之中。

中华人民共和国成立初期的社会性质是过渡性质的新民主主义社会，作为过渡性的社会性质，其所处的历史特点概括起来可以称之为斗争与发展并存，在斗争中谋发展，且发展的主题强于斗争。正如毛泽东在中国共产党七届二中全会报告中所说，中国共产党在革命胜利后应通过周密的工作，"便向帝国主义者、国民党、官僚资产阶级作坚决的斗争，一步一步地去战胜这些敌人。同时即开始

---

① 《毛泽东选集》第2卷，人民出版社1991年版，第672页。

着手我们的建设事业，一步一步地学会管理城市，恢复和发展城市中的生产事业"①。因此，在中华人民共和国成立初期，中国共产党在处理一系列政治、经济和社会事宜时，都采取了斗争中求发展、求团结的策略。在镇压反革命的进程中，即号召广大群众以革命斗争的手段参与到轰轰烈烈的镇反运动中，同时刘少奇也指出，在新中国成立前已开始参加反对国民党反动统治斗争并积极展开与共产党合作的民主人士，"特别是高级民主人士"、国民党起义军官，"在土改和镇反中，必须有意地予以特殊的照顾或宽大处理"，绝对不可以对他们采取和反动地主、反动军官一样的镇压措施，并要求保护其财产，"纵有若干劣迹，应尽可能劝其向群众低头认错"，从而宽大处理。②即便是对于"罪大恶极"的国民党领导人和退居台湾的国民政府，中国共产党在将"解放台湾"作为基本方针的同时，也提出了和平统一的设想。周恩来于1955年5月在人大常委会上也明确表示："中国人民愿意在可能的条件下，争取和平的方式解放台湾。"③在土改进程中，中国共产党一方面采取对地主阶级的斗争策略，以摧枯拉朽之势结束了农村土地占有的不均衡状态，另一方面，毛泽东也对土改中所存在的抵触情绪提出了"只要谁肯真正为人民效力，在人民还有困难的时期内确实帮了忙，做了好事，并且是一贯地做下去，并不半途而废，那末，人民和人民的政府是没有理由不要他的，是没有理由不给他以生活的机会和效力的机会的"④。对于民族资本家和工商业者来说，首先采取群众参与的"五反"运动对其中存在的不法行为进行斗争，打击其非法行为，但在随后的经济改造运动中也提出了相对人性化的赎买政策，通过积极引导、和平改造的方式对资本主义工商业进行了改

---

① 《毛泽东选集》第4卷，人民出版社1991年版，第1428页。
② 《建国以来刘少奇文稿》（第三册）（1951.1—1951.12），人民出版社2005年版，第433页。
③ 中共中央党史研究室：《中华人民共和国大事记》（1949—2009），人民出版社2009年版，第74页。
④ 《建国以来重要文献选编》（第四册），中央文献出版社1993年版，第728页。

造。在外交领域,新生的社会主义政权天然地站在了社会主义阵营一方,不自觉地被卷入了"冷战"格局之中,并与美国在朝鲜爆发了直接的军事冲突,即便如此,新生政权也不放弃"联合世界上以平等待我的民族和各国人民,共同奋斗"①。可以说,中华人民共和国成立初期的中国共产党做到了毛泽东所要求的"不要四面出击"的要求,实现了"使工人、农民、小手工业者都拥护我们,使民族资产阶级和知识分子中的绝大多数人不反对我们"②。在正确方针的指引下,中华人民共和国成立初期党的各项建设事业都取得了辉煌的成绩。从外国友人对新中国的描述中,我们也可以看到中华人民共和国成立初期的建设成果,英国作家费里克斯·格林在其著作《觉醒了的中国——美国人不了解的国家》中描述了他在中华人民共和国成立初期来到中国的感受,"只要在中国呆几个小时,谁都会感到这里有一种简直可以摸得到的勃勃生机和强烈的乐观情绪。我在中国人民的身上看到欢乐和信心,这是完全出乎我的意料的",并将中华人民共和国成立初期所发生的改变称之为"我们这个时代最伟大的历史事件之一"③。

中华人民共和国成立初期所取得的历史成就,使纷繁复杂而又落后凌乱的社会局面统一到社会主义制度所要求的框架内,为社会主义制度在中国的确立和发展奠定了政治、经济、文化和社会的基础。而在这一历史阶段,刚刚完成从革命党向执政党转变的中国共产党,面对层出不穷的、在革命进程中从未遇到过的新问题,发扬其朴素而谨慎的工作作风,深入了解问题,并不断加强其自身建设,提出解决问题的理论、路线、方针、政策、办法和措施。其中体现了中国共产党作为无产阶级政党所追寻的价值目标,也体现了中国共产党为实现中国建设与发展的现实追求。

---

① 《毛泽东选集》第4卷,人民出版社1991年版,第1472页。
② 《毛泽东文集》第6卷,人民出版社1999年版,第175—176页。
③ [英]费里克斯·格林:《觉醒了的中国——美国人不了解的国家》,吴越、初杨译,北京出版社1981年版,第1—2页。

二 农村文化建设

（一）文化

在社会科学研究领域，对"文化"的概念界定，似乎算得上是最难以达成共识的话题。不同研究者们从各自的研究领域都对"文化"做出过概念上的界定，据说有关文化的定义已多达200多个，这些以"文化"为对象的定义，对公众来说好像都有点道理，但似乎又都毫无依据，有时甚至于一些解释让思维中相对清晰存在的"文化"变得模糊而难以捉摸。究其原因，一方面是由于将"文化"解释得过于复杂，过犹不及；另一方面则是将"文化"解释得过于片面，难以正中下怀。尽管如此，笔者仍将当前学界中相对流行的"文化"概念予以简要摘析。

"文化"一词古已有之，在中文典籍中该词最早起源于西汉刘向在《说苑》中指出："凡武之兴，谓不服也，文化不改，然后加诛"，由此可见，在中华古语中，"文化"一词的意思也如刘向所述，即文治教化的意思，显然无法概括当下"文化"的意境。因此，对古汉语中何谓"文化"，在此不加赘述。在中国近现代历史上最早将现代文化概念介绍给国人的非梁启超莫属了，他1922年12月发表了《什么是文化》一文中，提出"文化者，人类心能所开释出来之有价值的共业也"[①]。此后，中国的学者们或依据外来意义，或依照自我研讨，日趋丰富完备文化的定义。梁漱溟先生通过文化现象的罗列，试图解释文化的内涵："所谓文化不过是一个民族生活的种种方面。总括起来，不外三个方面：（一）精神生活方面，如宗教、哲学、科学、艺术等是。文艺是偏重于感情的，哲学科学是偏重于理智的。（二）社会生活方面，我们对于周围的人——家族、朋友、社会、国家、世界——之间的生活方法，都是属于社会生活一方面，如社会组织、伦理习惯、政治制度及经济关系是。（三）物质生活方面，如饮食起居种种享用，人类对于自然

---

① 陈先达：《马克思主义和中国传统文化》，人民出版社2015年版，第57页。

界求生存的各种是。"① 几乎同一时期的胡适，从文化与行为的角度简单地阐明了文化，他认为"文化是一种文明所形成的生活方式"②。史学家钱穆则从历史探源的角度对文化作以诠释，认为文化指的是"时空凝合的某一大群的生活之各部门各方面的整一全体"③。相较于以上解释，陈独秀则坚决反对把各种社会现象都纳入文化领域，他认为"又有一班人并且把政治、实业、交通，都拉到文化里面了，我不知道他们因为何种心理看得文化如此广泛至于无所不包？若再进一步，连军事也拉进去，那便成了武化运动了，岂非怪之又怪吗！"他认为，文化的内容"是文学、美术、音乐、哲学、科学这一类的事"④。

与之类似，国外学者也基本上从以上几方面概括了文化的定义。被认为是西方文化人类学奠基者的泰勒，从现象描述的方法对文化的定义进行了界定，"在心理学及大部分社会学之外，存在着另外一类人类行为的决定因素。这就是传统的风尚习俗、典章制度、工具、哲学、语言等等，这些我们统称为文化"⑤。英国著名人类学家马林诺夫斯基从"功能学"的角度，指出文化是"一个在满足人的要求的过程中，为应付该环境中面临的具体、特殊的问题，而把自己置于一个更好的位置上的工具性装置"⑥。与胡适对文化定义的角度一致，美国文化人类学家南达从行为取义的思路认为："文化作为理想规范、意义、期待等构成的完整体系，既对实际行为按既定方向加以引导，又对明显违背理想规范的行为进行惩罚。"⑦ 与钱穆的解释角度类似，日本文化学家祖父江孝男通过历

---

① 《梁漱溟选集》，吉林人民出版社 2005 年版，第 9 页。
② 白吉庵：《胡适传》，人民出版社 1993 年版，第 238 页。
③ 陈勇：《钱穆传》，人民出版社 2001 年版，第 246 页。
④ 《陈独秀语萃》，唐宝林编，华夏出版社 1993 年版，第 151 页。
⑤ [美] 莱斯利·A. 怀特：《文化科学》，曹锦清等译，浙江人民出版社 1988 年版，第 69 页。
⑥ 庄锡昌：《多维视野中的文化理论》，浙江人民出版社 1987 年版，第 371 页。
⑦ [美] S. 南达：《文化人类学》，刘燕鸣、韩养民编译，陕西人民教育出版社 1987 年版，第 46 页。

史探源的思路认为，文化就是"由后天被造成的，成为群体成员之间共通具有且被保持下来的行为方式"①。弗洛伊德主张应把文化解释为社会压迫和儿童心理脉搏升华的机制，主张"所谓文化，就是有条不紊地牺牲力比多，并把它强行转移到对社会有用的活动和表现上去"②。

对文化的概念界定可谓是见仁见智，既有形而上的价值升华，又有对各类社会事务的罗列。我们在初识"文化"时，常可以接触到对"文化"的广义与狭义的两种解读，广义的文化即为"人化"，即人们在物质活动和精神活动中所创造的一切，其内涵包罗万象，包括了物质自然之外的所有东西，但大体上可分为精神、制度和器物三个层面；狭义的文化概念，是指意识形态或观念文化，仅包括与精神生产有关的观念形态。③ 若将"文化"作为本书研究的首要对象而必须加以概念界定，笔者认为"文化"不可等同于"人化"，这样在研究过程中将漫无边界，对中华人民共和国成立初期的文化建设的研究将成为对中华人民共和国成立初期社会再造的研究；但"文化"也不可以仅仅局限于"观念上层建筑"，这将忽略文化的物质基础和能动作用，使文化建设缺乏应有的实践性。因此，本书将文化置于中华人民共和国成立初期的具体历史背景之中，根据《中国人民政治协商会议共同纲领》第五章有关"文化教育政策"的内容，将文化概括为有关社会道德、文化教育、体育卫生、文艺活动和宣传的实践活动。

（二）农村文化

对文化的概念进行界定后，对农村文化的解释似乎迎刃而解，"农村"是对"文化"的一个地域性概念限定，其目的是与"城

---

① ［日］祖父江孝男：《简明文化人类学》，季红真译，作家出版社1987年版，第37页。

② ［美］马尔库塞：《爱欲与文明：对弗洛伊德思想的哲学探讨》，黄勇、薛民译，上海译文出版社1987年版，第18页。

③ 李秀林：《辩证唯物主义和历史唯物主义原理》，中国人民大学出版社2004年版，第114页。

市文化"相区分，简单说来就是发生在农村社区内的文化。这里的地域即农村社区首先是指农民生活的共同聚集地，其次是指以农业生产劳动为主的一种特定的生产方式。因此，农村文化可理解为聚集在地域范围内的社会成员在农业生产劳动中形成的一种社会性文化。对农村文化存在认识上的一个误区，需要我们在界定其概念时予以澄清，与"农村文化"相对的应该是"城市文化"，但二者仅有区域分布的不同，而不应从社会价值或受众品位上对二者做出高低判定。尽管农村文化有时会随着农村地区经济和政治上的衰败而被边缘化，农村文化形态的繁荣程度上也有所减弱，但是我们不可据此而断定农村文化在价值上或品位上的低下。

（三）农村文化建设

对农村文化建设的概念进行界定，我们首先要对文化建设的概念进行厘定。由于本书研究的文化为事实上的实践活动，并不是单纯的观念文化，因此文化建设可以简单概括为通过完善公共文化服务体系、体制、机制和文化设施建设，发展教育、文艺、宣传、科技、体育、卫生等文化事业的活动，文化建设既是物质文明建设的重要内容，也是推动人民思想觉悟和道德水平的重要条件。因此，农村文化建设就是通过完善相关机制体系，从而调动各方面积极因素，不断推动农村地区的教育、文艺、宣传、科技、体育、卫生等事业的发展，以满足农民精神文化需求的社会实践活动。

将农村文化建设具体到中华人民共和国成立初期，其是中国共产党的一项重要工作内容，就其概念而言我们可借鉴《共同纲领》中对"文化"的规约，将其概括为中国共产党为了适应中华人民共和国成立初期政治、经济、社会的转型与发展，将主流意识形态贯穿于社会道德、文化教育、文艺活动和宣传的实践活动之中，借此不断改造农民思想、普及农村教育，丰富农村文化形态，提升农村体育卫生条件，在满足农民文化权利需求的同时，实现农村社会的改造与发展。

第四节 研究思路与方法

一 研究思路

本书以中国共产党的农村文化建设为研究起点与研究核心,将党的农村文化建设置于中华人民共和国成立初这一特殊历史背景中,通过解析中国共产党在社会变革的大历史中,利用农村文化建设这一有效抓手,将近代以来不断被边缘化的农村社会,统一到国家的经济恢复和社会改造的历史进程中,而在此过程中也实现了对农村社会的改造与发展。

在导论部分首先对本书主题的研究背景和研究意义进行了论述,对国内外有关中华人民共和国成立初中国共产党农村文化建设的研究成果及不足予以述评,对与主题相关的基本概念进行界定,对本书的研究思路和方法、创新点做出了说明。在正文部分,首先,探寻了中华人民共和国成立初期中国共产党农村文化建设的理论支撑与现实出发点,阐明了中华人民共和国成立初期中国共产党领导农村文化建设的理论和实践渊源,分析了中华人民共和国成立初期中国共产党农村文化建设的"存量"与"增量",解答了其领导农村文化建设的现实依据。其次,详细论述了中华人民共和国成立初期农村文化建设的历史实践,在具体的工作进程中,中国共产党提出了科学的农村文化建设方略、设置了正确的农村文化建设内容、选择了合理的农村文化建设机制方法。再次,对中华人民共和国成立初期农村文化建设进行了科学的评价,指出其对社会历史进步所发挥的显著功效,并对其在中国共产党文化建设史上和农村文化建设史上的地位做出了评判。最后,总结了中华人民共和国成立初期中国共产党农村文化建设的经验教训及对当代的启示。

二 研究方法

本书的研究坚持马克思主义唯物史观的立场,紧紧围绕"农村文化建设"这一主题,综合运用马克思主义理论、中国共产党历史学、政策分析学、文化学、社会学等学科理论，深刻挖掘中华人民共和国成立初期的历史，全面展现了中华人民共和国成立初期中国共产党领导农村文化建设理念、农村文化建设实践活动和农村文化建设成果。在具体的研究中，本书主要采用了文献研究法、比较研究法、实证调研法这三种研究方法，把理论与实践、历史与现实、底层与上层相统一，最终提出了既可以充实现有研究又具有创新意义和时代精神的研究成果。

文献研究法：搜集并整理相关历史资料、文献，对其进行系统地梳理和分析，并对相关文献进行重组和升华，将材料中隐含的历史信息展现出来，从而最大化地还原中华人民共和国成立初期中国共产党农村文化建设的本来面貌，并从中汲取理论与现实价值。

比较研究法：一方面，关注不同历史阶段中国共产党的文化建设工作，在重点考察中华人民共和国成立初期农村文化建设工作的同时，回溯其源头、评判其地位；另一方面，应关注新时期农村文化工作的现状，进而实现历史的、发展的和现实的三者之间的有机统一。

实证调研法：选取具有代表性的地区，深入挖掘相关档案资料；对中华人民共和国成立初期农村文化工作予以微观解读，进而提升研究的生动性和厚重感，还原被宏大叙事遮蔽的历史原貌，窥见中华人民共和国成立初期农村文化工作的复杂性与凝重性。

本书的创新之处主要有以下两点，第一是新见解的提出。本书吸收和借鉴了既有的研究成果，综合运用多种研究方法，围绕中华人民共和国成立初期党的农村文化建设这一主题，进行了深入的研究，并对一些问题提出了自己的见解。首先是将农村文化建设置于中华人民共和国成立初期社会变革的历史背景下，在对当时的政治、经济、社会和文化背景进行详尽的分析后，提出了进行农村文化建设的必要性，在对农村文化建设的历史实践进行论述后，指出了农村文化建设对政治、经济、社会的能动作用，反映了新中国农村文化与政治、经济、社会变革的相互关系。其次是从宏观的角度对中华人民共和国成立初期中国共产党农村文化建设的方略进行了概括，指出了党领导农村文化建设的基本方针、基本原则和基本目标，这三方面也对当时党领导的农村文化建设方向、路径和要求做出了具体的规定。再次是提出了中华人民共和国成立初期党农村文化建设的历史地位问题，认为这一时期党的农村文化建设在中国共产党农村文化工作史上处于承上启下的关键地位，在农村文化建设的历史进程中则奠定了其前进的方向。

第二是新资料的运用。本书以"史论结合"的方式，详细论述了中华人民共和国成立初期中国共产党农村文化建设的历史实践，在此过程中一方面对既有历史文献资料进行了系统地归纳和梳理，另一方面也注重对全新史料的挖掘。在描述中华人民共和国成立初期党农村文化建设的机制方法时，结合山西省运城市盐湖区档案局提供的中华人民共和国成立初期盐湖区的农村文化建设档案资料，从微观上对这一时期党的农村文化建设的机制方法进行了辅助论述，其中多数档案资料为首次运用于书的写作中，进一步提升了本论文的创新价值。

第一章

农村文化建设溯源

中华人民共和国成立初期中国共产党领导的农村文化建设并不是凭空产生的，而是有着深厚的理论与实践来源。中国传统社会文化观的哺育、马克思主义经典作家文化理论的启迪构成了中国共产党领导的农村文化建设的理论渊源；而中国共产党在民主革命时期的文化建设实践与理论总结，则为中华人民共和国成立初期党的农村文化建设提供了实践经验。

第一节　理论渊源

一　中国优秀传统文化观

中国是一个拥有五千年悠久历史的国度，中华文化的根脉绵延不绝，曾在世界文化史上创造出独树一帜的思想文化成果，成为人类文明宝库中一颗灿烂的明珠。中国共产党作为近代以来中国社会变革的重要力量，不仅肩负着探索中国社会发展、民族复兴的历史责任，也承担着民族文化转型的使命，正如毛泽东所说："我们共产党人，多年以来，不但为中国的政治革命和经济革命而奋斗，而且为中国的文化革命而奋斗。"[①] 但这并不意味着党的文化建设与传统文化的对立与决裂，"中华文化积淀着中华民族最深沉的精神

---

① 《毛泽东选集》第2卷，人民出版社1991年版，第663页。

追求,是中华民族生生不息、发展壮大的丰厚滋养"[1]。中国共产党的文化建设是在对传统文化"取其精华、去其糟粕,结合时代精神加以继承"[2] 基础上不断完善和发展的,可以说优秀的传统文化观为中国共产党的文化建设事业提供了广博而厚重的文化根源。

(一)"人本主义"色彩浓厚的文化精神

与西方社会肇始于文艺复兴运动的"人本主义"不同,中国传统社会的"人本主义"古已有之,其在传统社会生活中则表现在"天"与"人"的关系上,主张以"人"为本,在"君"与"民"的关系上,主张以"民"为贵;而在文化上,则着重表现在对人格的完善、发展人的价值、发挥人的作用,也就是在"成人之道"上,首先强调人的自然属性和社会属性的统一、物质需求与精神需求的统一,将人视为"人",而不是神或其他超现实的物质,从而实现对现实的人的人格理想的追求。首先在人生境界的追求上,儒家思想上有"三不朽"之说,即"太上有立德,其次有立功,其次有立言"[3]。"德、功、言"的"三不朽"排除了对现世以外的其他追求,体现了传统文化立于当下的人文意识。

在人的自然属性与社会属性的关系上,传统文化中包含着人的自然属性与社会属性相契合的观点。孔子认为,"饮食男女,人之大欲存焉"[4]。这将人的定位回归到了现实生活,而不是超凡脱俗的"神",具有物质生活的需要;但孔子同时认为人的社会属性最终表现在"欲不可纵"[5],人要有道德自觉和责任心,不合道义的富贵不可取。孟子同样认为,人的感官欲望是可以满足的,但是真正的君子不会把这种满足感视作为真正的人性,"口之于味也,目之于色也,耳之于声也,鼻之于臭也,四肢之于安佚也,性也,有

---

[1] 《习近平谈治国理政》,外文出版社2014年版,第155页。
[2] 郑科扬、李忠杰:《"三个代表"重要思想研究》,四川人民出版社2002年版,第399页。
[3] 王守谦:《〈左传〉全译》,贵州人民出版社1990年版,第1306页。
[4] (清)阮元校刻:《十三经注疏》,中华书局1980年版,第1422页。
[5] 王利器:《颜氏家训集解》,中华书局2013年版,第415页。

命焉，君子不谓性也。仁之于父子也，义之于君臣也，礼之于宾主也，智之于贤者也，圣人之于天道也，命也，有性焉，君子不谓命也"①。同时孟子提出，人的社会性最突出地表现为人的可教化性，"后稷教民稼穑，树艺五谷，五谷熟而民人育。人之有道也，饱食、暖衣、逸居而无教，则近于禽兽"②，体现了传统文化中朴素的以人为本的化人意识。

  传统文化精神的"人本主义"色彩还体现在对人格的塑造上。孔子认为最高标准的人格理想为"内圣而外王"的圣人，但"圣人吾不得而见之矣，得见君子者，斯可矣"③。因此，对普通人的要求，是做君子而不是小人，其标准则是"见利思义，见危授命，久要不忘生平之言"④即可。孟子同样认为，"圣人，与我同类者"和"人皆可以为尧舜"⑤，即圣人并非是不食人间烟火的道德楷模。而在对人的教化上应注重人的尊严与价值，孔子认为，"为仁由己，而由人乎哉？"⑥"君子求诸己，小人求诸人"⑦，因此对个体的教化，要发挥个体的主体性，若靠他人的灌输，则难以成为君子。因此传统文化观中对个体人格的塑造，凸显了人的主体性价值，同时也反对人人成为圣贤，主张对人施以最基本的道德教化。

  由此我们可以看出，不论是强调人类欲望的天然属性，还是道德原则的应然状态，都凸显了人是现实社会的产物，体现了明显的"人本精神"，尽管此后这种人本主义色彩在宋明理学被视为主流价值后得以削弱，宋明理学强调"存天理灭人欲"，表面上看是传统文化中人文关怀的缺失，但其中内涵着色彩浓厚的人本主义思想，不论是以张载为代表的气本论，还是以朱熹为代表的理本论，抑或是以陆九渊和王阳明为代表的心本论，都反对灵魂不灭论，否

---

① （宋）朱熹：《四书章句集注·孟子集注》，中华书局1983年版，第369页。
② 《孟子·滕文公上》，梁海明译注，山西古籍出版社2000年版，第83页。
③ 罗根泽：《古史辨》第4册，上海古籍出版社1982年版，第444页。
④ 黄怀信：《论语汇校集释》，上海古籍出版社2008年版，第1256页。
⑤ （清）焦循：《孟子正义》，中华书局1987年版，第810页。
⑥ （清）阮元校刻：《十三经注疏》，中华书局1980年版，第2502页。
⑦ 同上书，第2518页。

认鬼神的存在，高扬人的主体性，肯定精神生活的价值，强调道德理性对个人境界提升和社会发展的极端重要性。

(二)"崇德向善"的文化价值追求

在传统的民族文化观中，"崇德向善"是其最基本的价值追求，在春秋时期，人们便认为："相鼠有皮，人而无仪，人而无仪，不死何为？相鼠有齿，人而无止，人而无止，不死何俟？"[①]这说明在普通人的价值中就有了高度的道德自觉，并将礼义廉耻作为人的最基本价值。《礼记》则明确指出，"凡人之所以为人者，礼义也"[②]，"无别无义，禽兽之道也"[③]，将是否具有道德作为最基本的价值，以衡量人之所以为人，并成为人立身行事的基本准则。

由此首先演绎出的是义重于利的价值取向。传统社会所说的"义"指崇高道义理想支配下的道德准则；"利"则指利益与功利。而在义利关系上则主要表现为道德追求与物质生活之间以及整体利益与个人利益之间的双重关系。尽管在利义关系上，传统社会中的人们根据不同的立场争论不休，但义重于利却是一条长期的道德价值主线。即在精神追求和物质追求的关系上，大多数人趋于道德重于利益；在公利与私利的关系上，多数人认同公利重于私利。并在此过程中形成了"以义制利，见利思义，义然后取"的道德理想主义。因此，在传统中国社会的文化品格中，克己奉公、利国利民、整体至上的社会责任感和使命感被视作为最高的道德准则，也塑造了范仲淹"先天下之忧而忧，后天下之乐而乐"、岳飞"精忠报国"、林则徐"苟利国家生死以，岂因祸福避趋之"这一面面精神旗帜，为后人所敬仰。

其次则演绎出了人际关系中的仁爱互利理念。在传统文化观中，人我关系是其社会伦理思想的核心内容，并形成了社会成员之间互相关心、互相关爱和互相帮助的道德准则。儒家思想的核心是

---

① 周振甫：《诗经译注》，中华书局2002年版，第68页。
② （清）孙希旦：《礼记集解》，沈啸寰、王星贤点校，中华书局年1989年版，第1411页。
③ （清）阮元校刻：《十三经注疏》，中华书局1980年版，第1456页。

"仁","仁"在社会人际关系的实践中则表现为"忠恕之道",其具体内涵则是,"己欲立而立人,己欲达而达人"①,"己所不欲,勿施于人"②。而墨家的"兼相爱,交相利"主张摒弃儒家"爱有等差"的等级观念,倡导人与人之间的无差别的"爱",试图通过"有力者疾以助人,有财者勉以分人,有道者劝以教人"③的手段达到人与人之间、国与国之间和平友好相处的理想境界。尽管在封建社会中依然存在着难以调和的阶级矛盾,不同阶级之间难以实现"仁爱互利",但在普通民众之间的互帮互助依然历久而弥新,成为我们传统文化的重要内涵。

(三)"崇文重教"的文化传承态度

在传统社会中,教育不仅仅发挥着教化育人、实现人社会化的重要途径,也是实现文化传承的重要手段。因此,中华文化源远流长,并绵延至今。在传统社会中所形成的"崇文重教"之风功不可没。

西周时期,统治者着手对庶民开始以"孝"和"义"为核心的道德规范教育,并将此视之为"经国家,定社稷,序人民,利后嗣"④。春秋战国时期进入了"礼崩乐坏"的时代,但这客观上促进了私学教育的兴旺,这也标志着中国的教育进入了一个新的发展阶段,在"自由办学、自由就学、自由讲学、自由竞争"四大自由的鼓励下,私学也承担了培育人才、传承文化的历史使命。秦朝实行"以法为教、以吏为师"的文化专制政策,一定程度上阻碍了春秋以来所形成的自由教育的发展,但其所提供的大一统的局面,为日后教育事业的发展奠定了政治基础。汉武帝时期"罢黜百家,独尊儒术",为中国传统社会的教育奠定了思想基础;而其所施行的"毋以日月为功,实试贤能为上,量材而授官,录德而定位"⑤的

---

① (宋)陈淳:《北溪字义·忠恕》,中华书局1983年版,第28页。
② 杨伯峻:《论语译注》,中华书局2009年版,第121页。
③ (清)孙诒让:《新编诸子集成》,中华书局2001年版,第70页。
④ 杨伯峻:《春秋左传注》,中华书局2009年版,第76页。
⑤ (汉)班固:《汉书》卷56《董仲舒传》,中华书局1962年版,第2513页。

任贤使能政策，则在客观上促进了文教事业的发展。魏晋南北朝，中国进入了大分裂时期，各个割据政权都对教育没有足够的重视，但这一阶段私学进一步得到发展，教育在教学内容、方法以及学校类型上的变革，使之成为教育上"继汉开唐"的新时代。

隋唐时期，随着科举制度的诞生，传统社会的"崇文重教"之风进入了一个新的阶段，隋文帝命杨素、苏威等修订《五礼》，以劝学行礼。唐太祖下诏兴学崇儒，颁发《兴学敕》令，要求"敦本息末，崇尚儒宗"。唐太宗设弘文馆，精选天下儒士共商国是，命孔颖达编纂《五经正义》以颁行天下，令人传习，"朕今所好者，唯在尧舜之道，周孔之教，以为如鸟有翼，如鱼依水，失之必死，不可暂无耳"①。宋朝建立以后，为加强中央集权，抑制地方军事割据重演，施行"兴文教，抑武事"的基本国策。宋太宗提倡"用文德礼治""尊周孔之礼""王者虽以武功克定，终须用文德致治"。在此思想影响下，宋朝历代统治者纷纷兴学育才，仁宗、神宗和徽宗三朝都发出以"扩建太学，改革科举，兴办学校"为核心内容的教育改革政策，"崇文重教"之风由此形成，在此背景下，理学诞生，并成为中国封建社会的官方哲学。明清统治者在总结前朝兴亡的经验上，进一步认识到"世治宜用文"的道理，确立了"治国以教化为先，教化以学校为本"②的文教政策，进一步推崇程朱理学，广兴学校，发展科举，尽管在此过程中，统治者也推行了"八股取士""文字狱"这样的文化专制政策，但"崇文重教"之风却愈发盛行，这不仅成为中国传统文化观的重要内容，也是中国传统文化观得以传承的重要保障。

二 马克思主义经典作家的文化思想

"文化"概念在马克思主义视域中的意义非常重要，也成为马

---

① （唐）吴兢：《贞观政要》，上海古籍出版社1978年版，第195页。
② 《中国史稿》编写组：《中国史稿》（第六册），人民出版社1987年版，第34页。

克思主义经典作家论述的重要内容。尽管在马克思和恩格斯的著作中，其并未对"文化"这一概念进行过明确的界定和阐释，但他们在对文化进行描述时将重点放在其价值功效上，将文化视作步入自由与革命殿堂的重要武器，从历史唯物主义的角度揭示了文化的社会性，阐明了物质生产和精神生产所存在的不平衡性，进而指导了无产阶级文化的发展方向。进入20世纪，列宁将马克思主义从理论变为现实，列宁根据马克思主义的基本理论创造性地发明了"无产阶级专政学说"，因此其文化理论也受到了该学说的影响，但列宁主义是在社会主义建设实践基础上产生的，因此其文化理论从单纯的功效性解读上升为具体的实践建设理论，进而解读文化工作是如何为其政治、经济服务的，在当时俄国政治、经济落后的境况中，如何发展社会主义文化是其文化理论的要点。可以说马克思和列宁的文化理论分别从方向上和实践上对党在不同时期的文化建设发挥着启迪作用。

（一）马克思和恩格斯的文化思想

文化观属于马克思主义的基本观点之一，同马克思主义实践观、发展观、真理观、价值观、国家观、宗教观等理论同等重要，尽管"文化"一词在马克思和恩格斯著作中并不被经常提及，翻阅2009年出版的《马克思恩格斯文集》，"文化"一词仅出现过18次，但著作中体现了文化在构建社会规则、价值体系等方面具有重要的塑造作用，并对文化的发展基础、发展规律和发展方向做出了详尽的论述。因此，尽管马克思和恩格斯并没有在政权依托下实施其理想状态下的文化政策和文化建设实践，但对无产阶级政党文化政策的制定和实施进行了理论规约，是中国共产党文化建设工作的重要理论渊源。因此，本部分着重以马克思和恩格斯的相关著作为依据，尝试对其文化观做初步的归纳和解读。

首先从文化的产生来看，马克思和恩格斯阐明了文化的实践性，认为文化是社会生产实践的综合反映。在马克思主义诞生以前，人类的意识形态深受唯心主义支配，文化不过被认为是虚拟的宗教故事，是人们头脑中所幻想出来的东西，与实践没有任何关系。"历来的观念的历史叙述同现实的历史叙述的关系。特别是所谓的文化史，这所谓的文化史全部是宗教史和政治史。"① 而马克思根据文化产生的历史明确指出文化属于意识形态范畴，其不是人类主观精神发展的产物，其发展和变革取决于生产力和生产关系。"思想、观念、意识的生产最初是直接与人们的物质活动，与人们的物质交往，与现实生活的语言交织在一起的。观念、思维、人们的精神交往在这里还是人们物质关系的直接产物。表现在某一民族的政治、法律、道德、宗教、形而上学等的语言中的精神生产也是这样。人们是自己的观念、思想等等的生产者，但这里所说的人们是现实的，从事活动的人们，他们受着自己的生产力的一定发展以及与这种发展相适应的交往（直到它的最遥远的形式）的制约。"② 对此，恩格斯也指出，"政治、法律、哲学、宗教、文学、艺术等的发展是以经济发展为基础的"③。可见，不同时代、不同国家、不同地区和不同民族的文化形态和文化发展水平应不尽相同，文化的发展和繁荣在很大程度取决于其所处的社会环境。同时，文化的包容性又促使文化不断继承和发展，通过不断地创新，使文化不断符合时代的发展需求。"因此，我们拒绝想把任何道德教条当作永恒的、终极的、从此不变的伦理规律强加给我们的一切无理要求，这种要求的借口是，道德世界也有凌驾于历史和民族差别之上的不变的原则。相反，我们断定，一切以往的道德论归根到底都是当时的社会经济状况的产物。"④ 因此，从文化的产生本质来说，我们必须推动文化的发展和创新，如果文化没有根据时代的发展得以创新，文化则缺乏兼容并蓄的品质，从而则失去生命力，则没有发展的空间；同时，如果文化没有根据时代的发展而实现自我完善，则将失去自我修正的能力，文化则将不被人民所接受，失去其最大的功效。

---

① 《马克思恩格斯全集》（第30卷），人民出版社1995年版，第50页。
② 《马克思恩格斯全集》（第3卷），人民出版社1960年版，第29页。
③ 《马克思恩格斯全集》（第39卷），人民出版社1974年版，第199页。
④ 《马克思恩格斯全集》（第26卷），人民出版社2014年版，第100页。

其次，从文化的发展来看，马克思认为文化具有革命性，这决定了文化也应具备改革创新的主题。"人类知识和人类生活关系中的任何领域，哪怕是最生僻的领域，无不对社会革命发生作用，同时也无不在这一革命的影响下发生某些变化。社会革命才是真正的革命，政治的和哲学的革命必定通向社会革命"①。恩格斯也就文化的革命性指出，政治的、法律的和哲学的理论，宗教的观点和教义等社会精神文化因素"对历史斗争的进程发生影响并且在许多情况下主要是决定着这一斗争的形式的"②。而就文化革命性的动力而言，其可分为主动的革命和被动的革命，一方面，先进的文化将激发或引导着社会革命；另一方面，如果缺乏社会革命的引导，社会革命结束之后，文化将被动地进行自身革命。因此，在每一次社会变革的前夕，都将迸发或涌现一系列代表人类社会发展方向、代表民族良知和社会公共利益的文化思潮，这些思想文化具有强烈的人文关怀和社会关怀，推动着社会革命和改革的进程。同时，一定阶段有着其特定的文化，在社会变革前是正确的文化，在社会变革后则不一定正确。文化变革的时效性则表现于此。因此，在马克思看来文化的革命性要一个阶段一个阶段地来，既不能落后，也不可超前。"一切社会变迁和政治变革的终极原因，不应当到人们的头脑中，到人们对永恒的真理和正义的日益增进的认识中去寻找，而应当到生产方式和交换方式的变更中去寻找，不应当到有关时代的哲学中去寻找，而应当到有关时代的经济中去寻找。"③ 归根结底，经济的发展引起社会政治的变革，从而引发文化的革命。尽管文化的变革有时先于政治变革而产生，但究其根源，依然在于经济原因。

再次，从文化的特性来看，马克思和恩格斯认为文化具有人文性和大众性，文化的核心在于人文精神和人文关怀，而大众化则是

---

① 《马克思恩格斯全集》（第3卷），人民出版社2002年版，第526页。
② 《马克思恩格斯全集》（第37卷），人民出版社1971年版，第460页。
③ 王秀阁、杨仁忠：《马克思主义理论学科前沿问题研究》，人民出版社2010年版，第77页。

文化生命力的源泉。人文精神是对人的价值和生存意义的终极追问，人文关怀则是指尊重人的主体地位和个性差异，是对人类解放与自由的追求，对人类全面发展的肯定。马克思和恩格斯认为文化发展是以提升人的自由发展为终极目标的，而不是以限制人、干涉人的自由为目的的，更不是空谈博爱与人权。正如恩格斯批判费尔巴哈所说的那样，"在费尔巴哈那里，爱随时随地都是一个创造奇迹的神，可以帮助他克服实际生活中的一切困难……费尔巴哈的道德论是和它的一切前驱者一样的。它适用于一切时代、一切民族、一切情况；正因为如此，它在任何时候和任何地方都是不适用的，而在现实世界面前，是和康德的绝对命令一样软弱无力的"①。在马克思恩格斯所处的时代，资本主义社会政治文化中所包含的自由、平等、博爱等伪善面具已逐渐被撕掉，其尽管带来了生产的进步，但随之而来的却是劳动的异化和人的异化。"文明每前进一步，不平等也同时前进一步。随着文明而产生的社会为自己所建立的一切机构，都转变为它们原来的目的的反面。"②其站在辩证唯物主义和历史唯物主义的高度之上，全面解析了处于社会关系中的"历史的人"的自由和权利，最终是文化的发展为了以实现人的全面发展为目的的，相反，缺乏人文的文化则很有可能被异化，或者已被异化却尚未被察觉。若想消灭这些异化的现象，就应将建立于实践基础之上的人文性融于文化的发展进程之中，这样的文化则不至于沦落为精神上自我安慰的鸦片。随着社会生产力的发展，人类社会各阶层之间的交流与融通也不断加强，文化也不再仅囿于上流社会和贵族社会的圈子里，"在所有的人实行合理分工的条件下，不仅进行大规模生产以充分满足全体社会成员丰裕的消费和造成充足的储备，而且使每个人都有充分的闲暇时间从历史上遗留下来的文化——科学、艺术、交际方式等等——中间承受一切真正有价值的东西；并且不仅是承受，而且还要把这一切从统治阶级的独占品变

---

① 《马克思恩格斯全集》（第21卷），人民出版社1965年版，第333页。
② 《马克思恩格斯全集》（第26卷），人民出版社2014年版，第148页。

成全社会的共同财富和促使它进一步发展"①。由此可见，文化的大众性和人文性，一方面是由文化的基本属性所决定的，人为地给文化划分边界，画地为牢，则将阻碍文化的发展；另一方面，从文化的作用来看，文化决定了人的素质，一个国家或民族的文化普及程度决定着这个国家的凝聚力和战斗力。因此，在马克思看来享受文化的权利不可以被当作是某个阶级或某个阶层的特权，文化的发展应从舞文弄墨、咬文嚼字的象牙塔中走出来，贴近人民群众、融入人民群众。

（二）列宁的文化建设思想

列宁作为伟大的无产阶级革命家和思想家，在继承马克思主义理论思想的基础上，结合新的历史条件下的国际无产阶级运动，丰富和发展了马克思主义，创立了列宁主义学说。其作为国际共产主义运动的重要理论思想宝库，文化思想是其中重要的组成部分。列宁领导的十月革命将科学社会主义由理论变为现实，历史为列宁提供了将其文化思想付诸实践的契机。因此，与马克思主义文化观不同，列宁主义的文化思想是在科学理论的基础上进行了卓有成效的实践探索，给无产阶级尤其是无产阶级政党的文化行动提供了丰富的理论遗产。因此列宁的文化思想及其具体的文化政策为中国共产党的文化建设及理论提供了重要的理论渊源。

首先，列宁根据马克思主义的阶级观点和阶级分析法，创造性地提出了"两种文化"的学说。19世纪末20世纪初，随着民族主义思想在欧洲的蔓延，以奥地利人鲍威尔和伦纳为代表的第二国际中的部分机会主义者们鼓吹"民族文化自治"理论，为民族主义思想服务的同时，蓄意抹杀阶级矛盾和阶级斗争，以狭隘的民族意识禁锢工人阶级的思想，以掩盖文化在同一民族内部的阶级差异，借此以否定同一民族中的阶级差异。这一理论所造成的严重后果则是不同民族的工人阶级受到唆使而自相残杀，破坏了不同民族工人阶级间的国际友谊和团结。为批判这一谬论并弥补由该论述所造成的

---

① 《马克思恩格斯全集》（第18卷），人民出版社1964年版，第246页。

不良影响，列宁先后著述了《论"民族文化"自治》《关于民族问题的批评意见》《论民族自决权》等著作，其中《关于民族问题的批评意见》一文中，列宁用"两种文化"理论有力地驳斥了"民族文化"思想，"每个民族文化，都有一些民主主义的和社会主义的即使是不发达的文化成分，因为每个民族都有被剥削劳动群众，他们的生活条件必然会产生民主主义的和社会主义的意识形态。但是每个民族也都有资产阶级的文化（大多数还是黑帮的和教权派的），而且这不仅表现为一些'成分'，而表现为占统治地位的文化"①。在阶级社会里，无论哪个民族都不是纯粹的、单一的超阶级的民族，而作为一定阶级的社会政治和经济在观念上的反映的文化也不会存在"统一的民族文化"。因此在一个民族中，有分别代表剥削的资产阶级的和被剥削的无产阶级的文化，这两种文化具有不同的内容和性质，代表着不同阶级的利益和愿望。列宁的"两种文化"理论是列宁文化思想的重要创新，要求无产阶级在制定文化政策时应将代表进步的和人民的文化成分放在首位，指导着民族国家的文艺创作和文艺斗争。

其次，在十月革命胜利后，面临着纷繁复杂的社会主义建设任务，在如何处理社会主义新文化和人类文化遗产的关系上，列宁做出了重要的理论与实践探索。

在继承上，列宁认为无产阶级文化必须吸收人类文化史上一切有价值的文化。在对待当时的资产阶级剥削文化上，列宁认为绝不能采取一概抹杀的虚无主义态度。"只有确切地了解人类全部发展过程所创造的文化，只有对这种文化加以改造，才能建设无产阶级的文化，没有这样的认识，我们就不能完成这项任务。……无产阶级文化应当是人类在资本主义社会、地主社会和官僚社会压迫下创造出来的全部知识合乎规律的发展。"② 因此，列宁认为科学的无产阶级文化应是人类思想文化知识合乎规律发展的结果，而企图将

---

① 《列宁全集》（第24卷），人民出版社2017年版，第125—126页。
② 《列宁全集》（第39卷），人民出版社2017年版，第334页。

无产阶级文化和过往人类文化割裂的思想是极端错误的。

在发展上，列宁主张用批判的态度吸收人类思想文化中一切有价值的东西，吸收其积极成果，对待古代文化和资产阶级文化的态度不应是顶礼膜拜、毫无保留地全盘接受，而是要"善于吸收"，通过深思熟虑后，实现对文化的扬弃。列宁指出，"你们不仅应当领会你们学到的知识，并且要用批判的态度来领会这些知识，使自己的头脑不被一堆无用的垃圾塞满，而能具备现代有学识的人所必备的一切实际知识。如果一个共产主义者不用一番极认真、极艰苦而浩繁的功夫，不理解他必须用批判的态度来对待的事物，便想根据自己学到的共产主义的现成结论来炫耀一番，这样的共产主义者是很可怜的"①。又说，"只有确切地了解人类全部发展过程所创造的文化，只有对这种文化加以改造，才能建设无产阶级的文化"②。

列宁在针对古代文化和资产阶级文化的继承和发展问题上，沿袭了马克思主义针对旧事物的"批判的继承"的态度，从而将其改进为社会主义文化的有机组成部分并加以利用。也就是马克思所说的，在对待传统精神文化产品的态度上，"必须从它的本来意义上'扬弃'它，就是说，要批判地消灭它的形式，但是要救出通过这个形式获得的新内容"③。

再次，列宁对文化革命与政治革命、文化建设与政治建设的关系的解读是其文化理论的重要组成部分。列宁在《论合作制》一文中提出了一个新的论点："我们没有从理论（一切书呆子的理论）所规定的那一端开始，我们的政治和社会变革成了我们目前正面临的文化变革，文化革命的先导。"④俄国十月革命胜利以后，第二国际的一些机会主义者们认为俄国的生产力水平远未达到建设社会主义社会所需的条件，同时无产阶级也远未达到能够掌握政权的文化水平，列宁则根据俄国所处的历史条件和发展的特殊性针锋相对

---

① 《列宁全集》（第31卷），人民出版社1958年版，第254—255页。
② 《列宁全集》（第39卷），人民出版社2017年版，第334页。
③ 《马克思恩格斯全集》（第21卷），人民出版社1965年版，第314页。
④ 《列宁全集》（第43卷），人民出版社2017年版，第372页。

地反驳了这种观点，并十分辩证地解决了文化革命和政治革命的关系。列宁认为，在剥削制度下的工人阶级的文化权利被剥夺，只有无产阶级掌握政权后，其在政治上实现完全的解放，才有了享受文化权利的政治基础。同时，也只有无产阶级的文化知识水平得以真正提升，无产阶级政权才能得以更有效地巩固。列宁认为："既然建立社会主义需要有一定的文化水平（虽然谁也说不出这个一定的'文化水平'究竟是什么样的，因为这在各个西欧国家都是不同的），我们为什么不能首先用革命手段取得达到这个一定水平的前提，然后在工农政权和苏维埃制度的基础上赶上别国人民呢？"[1]因此，在发展社会主义文化方面，列宁继承了马克思的辩证唯物主义方法论，在对俄国的具体条件、特殊国情以及一战后的世情予以分析的基础上，创造性地解决了文化革命和政治革命之间的关系，将政权革命、社会革命、文化革命协同推进，取得了社会主义思想由理论变为现实的新突破。一战和卫国战争相继结束后，新生的苏俄政权的主要任务转到了社会主义建设上，但列宁深感其时国内公权力机关的工作效率和人员素质难以满足大规模社会主义建设的需求。究其根源，列宁认为是当时工作人员"直到现在还没有具备建立这种机关所必需的文化修养。而做这件事情所必需的正是文化。在这里，蛮干或突击，机敏或毅力，以及人的任何优秀品质，都是无济于事的"[2]。如何解决这一矛盾，建立起名副其实的国家机关、苏维埃机关，列宁号召广大的党员干部通过不断的学习来提高个人素质，"我们一定要给自己提出这样的任务：第一是学习，第二是学习，第三还是学习"[3]，只有通过不断的学习，才能改变苏俄落后的面貌，也只有通过学习与实干的结合，才能抑制新生苏俄政权稳定后所产生的傲慢的官僚主义作风，才可以应对社会主义建设事业的需求。

---

[1]《列宁选集》（第43卷），人民出版社2017年版，第375页。
[2] 同上书，第383页。
[3] 同上书，第384页。

列宁的文化思想第一次使无产阶级文化思想由理论变为政策，为中国共产党的文化建设工作提供了大量实践基础上所产生的理论借鉴与参照。首先在针对传统文化和外来文化上，要克服全盘否定和全盘接受的两种错误倾向，另外，还应认识到提升人民群众思想文化水平的重要性、长期性和艰巨性，这不可能是一蹴而就的事情，必须依据我国具体国情以及所处时代的社情和世情周密计划、目标明确、科学实施，以期取得最优成效。

第二节　实践基础

中国共产党自诞生以来便十分重视文化建设，在新民主主义革命的历史实践中，党不断根据革命的需要对文化建设的性质、动力和任务进行探索，并最终形成了新民主主义文化理论。因此，在追溯中华人民共和国成立初期农村文化建设理论渊源的同时，应在纵向上对中国共产党的文化实践进行回溯，探源中华人民共和国成立初期农村文化建设的实践基础。

一　民主革命时期中国共产党领导文化工作的总体回顾

文化工作是中国共产党领导革命与建设不断从胜利走向胜利的重要保证。在领导新民主主义革命的进程中，党领导的文化工作也从萌芽走向成熟，并形成了马克思主义理论指导下的独具特色的新民主主义文化体系，在丰富了中国共产党领导下革命军民的精神生活的同时，彰显了其在思想文化领域的凝聚力与战斗力，团结了全国范围内的进步力量，成为推动新民主主义革命胜利的精神动力。由于中国共产党领导的文化工作在其革命与建设过程中所发挥的巨大作用，其文化工作史也成为中国共产党党史的重要组成部分，伴随着其领导革命历史进程的发展而发展，为其在不同阶段的中心工作而服务。因此关于新民主主义革命时期中国共产党领导的文化工作的阶段划分，也受到中国共产党党史历史阶段划分的影响，但由于其在不同历史阶段对文化建设的解读与具体任务有所不同，民主主义革命时期文化工作的阶段划分与中国共产党党史的阶段划分也不完全重合。鉴于此，本书认为新民主主义革命时期党的文化建设应分为四个不同阶段：建党前后到大革命失败，是党文化建设的发端阶段；土地革命战争时期，是党文化建设的发展阶段；全民族抗日战争时期，是党文化建设走向成熟阶段；全国解放战争时期，是党文化建设的丰富与巩固阶段。其主要依据是，在新民主主义革命时期，根据不同历史阶段的中心任务，中国共产党重新认识文化的重要作用并据此规划着文化工作的方针与内容，使其在不同历史阶段文化建设上都取得了丰硕的历史功绩。

早期的马克思主义者认识到社会变革与思想文化工作的相互作用，"凡一时代，经济上若发生了变动，思想上也必发生变动。换句话说，就是经济的变动，是思想变动的重要原因"[①]。并将思想文化工作作为推动中国革命发展的重要组成部分，通过各种文化手段，实现对马克思主义的解读与宣传，试图使更多的工农群众接受并认可马克思主义。正如1923年1月中国共产党三大召开时通过的《教育宣传问题决议案》明确指出，"文化思想上的问题亦当注意，这是吸取知识阶级，使为世界无产阶级革命之工具的入手方法"。并号召"共产党员人人都应是一个宣传者"，将思想文化工作的重点放在宣传"健全的唯物主义的宇宙观及社会观及集体主义的人生观"[②]。

土地革命战争时期，中国共产党在革命根据地范围内，以苏维埃政权为依托，进一步将党的文化建设思想以政策的形式贯彻开来，进一步拓展并丰富了党领导下文化工作的内容与形式。1931年中共中央在《关于苏区宣传鼓动工作决议》中对革命根据地的文化建设做出了进一步的部署，在组织上要求"苏区内各中央局必须要有健全的宣传部，领导苏区内一切宣传鼓动工作"，在宣传工作上应将"党的与苏维埃的机关报"、城乡与工厂的小报与板报以及

---

① 《李大钊全集》（第3卷），人民出版社2006年版，第143页。
② 《中共中央文件选集》（一），中共中央党校出版社1982年版，第206页。

"最通俗的小册子"相结合,在文娱活动方面应"发展俱乐部,游艺会,晚会等工作",在教育方面则要求重新编纂教科书、"立刻开始贫民识字运动"①。

进入抗战阶段,中国共产党对中国革命规律的探索、对中国革命基本理论的认知程度不断提升,对文化的性质及文化工作在中国革命进程中的作用认知也进一步深刻,中国共产党以国家和民族利益为重,及时调整了文化政策,在马克思主义基本理论指导下,在总结五四以来中国新文化运动的基础上,形成新民主主义文化理论体系,推动了革命根据地文化建设的同时,使其成为引导抗战文化发展的一面大旗,为抗战时期及抗战胜利后中国的文化发展指明了方向。尤其是毛泽东在《新民主主义论》一文中,明确对新民主主义文化的内涵进行了阐释和界定,并明确指出,"中国文化应有自己的形式,这就是民族形式。民族的形式,新民主主义的内容——这就是我们今天的新文化"②。

解放战争时期,中国共产党面临着"两个中国"命运决战的关键节点,进一步丰富、完善、实践着新民主主义文化体系,使新民主主义的文化理念随着解放战争的节节胜利铺向全国。在指导思想上,中国共产党明确了毛泽东思想是"马克思主义的普遍真理与中国革命的具体实践的统一"③;在具体实践层面,中国共产党将文化建设作为根据地建设的重要内容之一,并通过文化建设推动根据地的政权建设和土改运动的进行,从而赢得农民群众对党领导的新民主主义革命的广泛支持,成为新民主主义革命胜利的有力保障。

二 民主革命时期中国共产党领导文化工作的历史实践

在新民主主义革命的历史进程中,中国共产党运用马克思主义的立场、观点、方法考察并分析了社会文化现象,充分认识到文化

---

① 《中共中央文件选集》(七),中共中央党校出版社1983年版,第212—214页。
② 《毛泽东选集》第2卷,人民出版社1991年版,第707页。
③ 《毛泽东文集》第5卷,人民出版社1996年版,第259页。

工作对中国革命的重要作用,将文化工作作为党领导的民主革命事业的重要组成部分,致力于将鸦片战争以后趋于衰败的文化转变为民族的、科学的、大众的文化,因而在思想上引领中国人民参与到近代中国社会的革命与改造进程中。

(一) 建党前后到大革命失败中国共产党的文化工作

辛亥革命的胜利并未能从根本上扭转中国积贫积弱的面貌,以陈独秀、李大钊、胡适等为代表的知识分子认为要从根本上改变中国落后的面貌,仅靠引进西方的先进技术和移植西方的政治制度是不够的,所需要的是民众文化的觉醒和思想的启蒙,从而在中国高举"民主""科学"两面思想旗帜,批判封建文化、倡导个性解放,试图通过一场新的启蒙运动以廓清阻碍中国发展的思想屏障,形成了中国历史上前所未有的思想运动高潮。十月革命胜利以后,马克思主义思想在中国得到进一步传播,在对待马克思主义的态度上,领导新文化运动的知识分子们发生了分歧,早期的马克思主义者们试图在新文化运动中进一步占领思想阵地,使更多的人接触和认识马克思主义。中国共产党成立以后,马克思主义者们以无产阶级政党为依托,文化工作的组织性进一步提升,进一步宣传了马克思主义,启发了工农群众的政治觉悟。

首先,积极宣传马克思主义思想。新文化阵营的领导者阵营发生分野后,以胡适为代表的实用主义者们将马克思主义视作为当时一些知识分子"寻求救国'捷径'所得"。因此,在宣传马克思主义的态度上,李大钊认为,宣传"主义"并不是不解决问题,二者是"交相为用,并行不悖的",他认为因为一个社会问题的解决,必须靠着社会上多数人共同的运动,为此,必须"先有一个共同趋向的理想、主义,做他们实验自己生活上满意不满意的尺度(即是一种工具)"[1],在马克思主义对中国社会的改造作用上,李大钊指出改造社会问题最根本的手段是阶级斗争,李大钊认为马克思主义

---

[1] 沈云锁、潘强恩:《共产党通史》第3卷(上册),人民出版社2011年版,第34页。

的第一理论是"唯物史观",第二理论则是"阶级竞争",如果忽视"阶级竞争"的运用,"那经济的革命,恐怕永远不能实现",因此,"我们应该承认遇着时机,因着情形,或须取一个根本解决的方法(阶级斗争),而在根本解决以前,还须有相当的准备活动才是"①。这即为胡适与李大钊之间针对马克思主义之间的"问题与主义"之争,在此过程中我们可以看到,以李大钊为代表的早期马克思主义者们,他们试图通过阐释马克思主义对社会发展演进所独具的严谨的逻辑性和学理性,以争取广大知识分子和广大群众接受马克思主义,从而在自由学术争论的空间中进一步宣传马克思主义,普及了如何根据马克思主义思想改造中国的设想,在要不要马列主义和要不要革命两个根本问题上驳倒了以胡适为代表的资产阶级右翼谬论,有力地扩大了马克思主义在中国的影响。② 与此同时,早期的马克思主义者也积极在各种刊物上发表介绍或翻译马克思主义的文章与著作,例如最早宣传马克思主义的《新青年》杂志,仅在1921年前便刊发了上百篇介绍马克思主义的文章,并刊登了《马克思研究》《俄罗斯研究》《劳动节研究》等专号,系统地对马克思主义和第一个社会主义国家苏联进行了介绍。③ 为了更好地宣传马克思主义,早期的马克思主义者们在全国范围内成立宣传和研究马克思主义的社团,如李大钊在北大成立的"马尔克斯学说研究会""北京大学马克思学说研究会",陈独秀在上海创办的"马克思主义研究会",毛泽东等人在湖南组织的"新民学会""文化书社"等团体,周恩来在天津创办的"觉悟社""新生社",以及武昌"利群书社"、济南的"齐鲁书社"等等,这些团体的成立形成了传播马克思主义文化的群众团体,进一步探索了马克思主义在中国的传播方式。

其次,教育广大工农群众,提升工农群众的政治觉悟。1921

---

① 彭明:《五四运动史》,人民出版社1998年版,第490—491页。
② 徐义君:《新民主主义革命思想的开端》,湖南人民出版社1985年版,第31页。
③ 郑师渠:《中国共产党文化思想史研究》,中共中央党校出版社2007年版,第11页。

年7月，中国共产党宣告成立，中国的马克思主义者们遂开始以政党的组织形式进行思想文化建设，在党的一大上通过的《中国共产党纲领》中指出：党要"把工人、农民和士兵组织起来，并承认党的根本政治目的是实行社会革命"①。1922年7月，党的二大报告中进一步强调指出："中国三万万农民，乃是革命运动中最大要素"，而工人阶级"处在中外资本家的极端压迫之下，革命运动是会发展无已的。发展无已的结果，将会变成推倒在中国的世界资本帝国主义的革命领袖军……而且那大量的贫苦农民能和工人握手革命，那时可以保证中国革命的成功"②。这是中国共产党对近代中国的社会性质和革命任务进行总结，初步分析了中国社会的各阶级的历史地位后，明确将农民作为革命的动力之一，指出工人和农民是中国革命的主要力量，也是进行思想文化工作的重要动力和主要对象。在具体的革命实践过程中，要打倒军阀、推翻国际帝国主义的压迫，中国共产党认识到必须提高工人农民的政治觉悟，以肃清封建思想和殖民思想的流毒。正如瞿秋白在《东方文化与世界革命》和《现代文明的问题与社会主义》中所说："中国社会要发展进步，就必反对宗法社会封建制度及其思想，反对帝国主义殖民主义的奴化思想"，主张走"建设社会主义文明"的道路。③ 同时，当时的共产党人遵循列宁对政治革命和文化革命关系的论述，认为中国文化的发展是随着中国社会经济、政治变革的进步，假之以无产阶级的革命斗争，从根本上动摇并摧毁旧文化赖以生存的社会基础和制度依托，在实现民族独立和解放的同时，也为人的思想和精神的真正解放创造了历史前提，正如毛泽东在《湘江评论》"创知宣言"中所言：为了反抗"强权"，应该将"由少数阶级专制的黑暗社会，变为全体人民自由发展的光明社会"，号召"不受一切传

---

① 邵维正：《日出东方——中国共产党创建纪实》，人民出版社2011年版，第320页。
② 《中共中央文件选集》（一），中共中央党校出版社1982年版，第70页。
③ 转引自丁守和《中国文化研究七十年》，《文史哲》1990年第2期。

说和迷信的束缚，要寻着什么是真理"①。最终，"我们中华民族原有伟大的能力！……中华民族的社会，将较任何民族为光明。中华民族的大联合，将较任何地域任何民族而先告成功"②。这就意味着处于初创阶段的中国共产党在对中国革命的性质进行分析后，明确了文化建设工作的性质和动力，明确了文化工作的根本任务是提升广大工农群众的思想政治觉悟。

（二）土地革命战争时期中国共产党的文化工作

大革命失败后，面对新旧军阀联合绞杀所造成的巨大损失，中国共产党迅速改变革命策略，独自担负起领导民主革命的重担，号召"广大的劳动群众积极起来反抗，实行革命的斗争，才能夺去篡窃国民党旗帜以实行白色恐怖的叛徒之武器，而扑灭反革命"③。中国共产党继续其自二大以来所坚持的民主主义革命路线，文化工作成为号召广大群众投入反抗新旧军阀革命运动之中的重要武器，并以此为重要抓手在革命进程中加强自身的建设工作。1931 年 11 月，中华苏维埃共和国建立后，中国共产党的文化工作以苏维埃政权为载体，以政策的形式将文化工作的思想付诸文化建设实践中，使文化工作思想得到了实践与发展。

首先，文化工作为土地革命服务。国共合作破裂后，中国的革命事业进入了事实上的低潮阶段，鉴于此，中共中央确定了"土地革命和武装反抗中国国民党反动派"的总方针。为了壮大革命力量，更好地使党担负起新的革命使命，"党的组织重要责任之一便是吸收新的工农兵士革命分子入党，必须多吸收新的工农兵士革命分子扩大党的力量"④。文化工作为土地革命服务主要表现在号召工农群众加入革命队伍，理解党的土地革命纲领。对于农民群众，一方面是宣传党的土地革命和土地政纲，号召无地、少地的贫雇农参与土地革命，领导农民运动，"在农民群众中要广大地宣传土地

---

① 《毛泽东早期文稿》，湖南人民出版社 1990 年版，第 293 页。
② 同上书，第 393—394 页。
③ 《中共党史教学参考资料》（一），人民出版社 1957 年版，第 84 页。
④ 《中共中央文件选集》（三），中共中央党校出版社 1983 年版，第 388 页。

政纲的意义，要便于群众了解这个意义"①；另一方面则是通过对农民进行共产主义及党的路线教育，以实现对农民思想的改造，并吸纳农民群众加入中国共产党，"努力地从斗争中改造党的旧基础，督促支部做群众工作，有计划地建立各中心城市的产业的赤色工会和农村中的雇农工会扩大党纲及共产主义思想的宣传"②。工人尤其是产业工人天然地是中国共产党革命的主要动力，因此对工人群众的思想理论教育就是号召他们加入中国共产党，加入党领导的民主革命之中去。针对产业工人群体，应"加紧建立支部工作，各产业支部及工人支部均应以发展党作为支部会议的主要议程之一，切实讨论发展产业党员的意义及其具体方法，动员每个同志，艰苦地做群众工作，接近积极分子，作党的宣传，吸收他们入党。学生支部以及街道支部，都要动员所有的同志到工人中去，找发展的对象，同时对于环绕在这些支部周围的群众自然也应注意"③。扩大党的无产阶级基础只有"向产业工人开门，大批吸收工人中积极分子入党，特别是重要产业工人中——海员，铁路，矿山，五金，兵工厂，市政，纺织等——要尽量地来扩大党的组织……经常在群众中不仅宣传党的政治主张，尤其是宣传党，解释党是什么"④。

其次，文化工作为党的建设服务。国共合作破裂后，中国共产党处于被动地位并使中国的民主主义革命运动受到极大的损失，其主要原因是由于党在成立初期无论是领导人还是普通党员都不能对当时中国革命的形势予以清醒的认识，缺乏正确的斗争路线和斗争策略，未能将马克思主义的指导和中国革命的具体情况相结合，在具体工作中也无法满足工农群众的现实需要，因此，在革命中不仅无法团结国民党左派、孤立打击国民党右派，也缺少对工农群众的向心力，在思想上不能及时发现并纠正错误。要扭转这一局面，首先应从思想上着手，将党的文化工作与党的建设相结合，通过文化

---

① 《中共中央文件选集》（五），中共中央党校出版社1983年版，第362页。
② 《中共中央文件选集》（六），中共中央党校出版社1983年版，第22页。
③ 同上书，第34—35页。
④ 同上书，第156页。

建设加强对党员干部的教育,从而使共产党员确立正确的政治路线,提升党员干部的理论水平,提高党的战斗能力。文化建设为党的建设服务,一方面表现在加强对于共产党员的共产主义和马列主义的理论教育。当时的中共中央认为"加强党员的马克思列宁主义教育成为党的最主要工作之一"。因此,"对于马克思列宁主义的基本理论,应从支部起,经常地有系统地来教育同志……各级党部应有这一类小册子和定期刊物出版,同时对于群众中的马克思列宁主义的宣传也非常重要"①。同时还应"扩大党的政纲宣传,特别是加强共产主义思想的传播,加紧马克思列宁主义的教育,在斗争中解释党的基础理论与策略,并联系一切鼓动口号与宣传口号,以提高党员政治水平,但同时反对党内政治清谈的恶劣倾向"②。另一方面则表现在通过对党员理论联系实际能力的提升,提高党员的政治水平,具体而言,就是应使共产党员"实际斗争与理论问题能够很好地联系起来。一方面是要打击狭隘的经验论与各种非无产阶级意识的发展,防止忽视政治和理论教育的倾向。另一方面又要防止一切离开实际斗争的空谈主义和一切夸大狂"③。文化建设为党的建设服务,还表现在对共产党员的文化知识水平的提升上,"加紧去建设和改善党的生活和支部生活,有系统地去建立各种小组,学习会议,读报组,识字班等广泛地进行教育工作,特别要加紧对新党员的教育,吸引他们工作,实际地规定一个旧党员应该帮助几个新同志的学习,一个识字的党员应该帮助几个不识字的党员会识字"④。

再次,文化工作为政权建设服务。中华苏维埃共和国是中国共产党发展史上一次重要的建政尝试,是中国共产党治国理政探索与尝试的开端,文化建设也遂成为其文化工作的主要内容。在传统而落后的中国农村,如何打破原有的乡村文化话语体系,重塑文化权

---

① 《中共中央文件选集》(六),中共中央党校出版社1983年版,第65页。
② 《中共中央文件选集》(五),中共中央党校出版社1983年版,第322—323页。
③ 《中共中央文件选集》(七),中共中央党校出版社1983年版,第475页。
④ 《中共中央文件选集》(六),中共中央党校出版社1983年版,第231—232页。

利平等的文教体系，提升治下群众的科教文化水平，改变群众思想意识上愚昧与落后面貌，是中华苏维埃共和国文化建设的首要内容。1931年11月，《中华苏维埃共和国宪法大纲》经第一次全国苏维埃代表大会通过颁行，其中第十二条明确指出："中国苏维埃政权以保证工农劳苦民众有受教育的权利为目的，在进行阶级战争许可的范围内，应开始施行完全免费的普及教育，首先应在青年劳动群众中施行，并保障青年劳动群众的一切权利，积极地引导他们参加政治的和文化的革命生活，以发展新的社会力量。"[1] 据此中华苏维埃共和国将文化建设主要集中在三个方面，分别是群众文化教育、群众思想改造和社会风尚的改革。在教育方面，中华苏维埃共和国政府兴办各类学校和公共文化机构，努力落实宪法所规定的"保证工农劳苦民众有受教育的权利"和"实施完全免费的普及教育"，中华苏维埃政府在其管辖范围内大力兴办列宁小学以满足当地适龄儿童之就学需求，据不完全统计，1933年，仅在江西、福建、粤赣根据地的2932个乡中，有列宁小学3052所，学生89710人[2]；苏维埃政府还针对青壮年建立了识字班、夜校、半日学校等组织消灭文盲，将"消灭文盲，提高劳动群众的文化水平和政治水平"，作为"苏维埃革命的重大任务之一"[3]；这些学校所用教材的编写也注重联系实际，文字口语化、大众化、通俗化，便于学员理解记忆，学员毕业后，一般能看懂路票、写便条，并可以阅读《红色中华》等报刊。在群众的思想改造方面，苏维埃政权努力使其治下民众的政治意识由"失语"的弱势群体转向政权建设的参与者角色。在中国共产党建立苏维埃政权后，通过实行"打土豪，分田地"政策打破了农村原有的以宗族血缘为纽带、士绅地主主导的社会政治结构，通过普及教育和扫盲提升了群众文化水平，并在《宪

---

[1] 李东朗：《中国共产党执政历程：第1卷（1921—1949）》，人民出版社2011年版，第107页。
[2] 陈元晖等：《老解放区教育资料》（一），教育科学出版社1982年版，第18页。
[3] 《苏区教育资料选编（1929—1934年）》，江西人民出版社1981年版，第183页。

法》中规定:"苏维埃全政权是属于工人,农民,红军兵士及一切劳苦民众的。在苏维埃政权下,所有工人,农民,红军兵士及一切劳苦民众都有权选派代表掌握政权的管理。"① 新的政权组织方式和社会管理模式在一定程度上激发了苏维埃公民的政治热情,在打破苏区群众原有政权架构认知的同时,构建了对新政权架构认知模式,在一定程度上激发了群众保卫新生活和新政权的热情。在改造民众的日常文化生活和风俗习惯方面,苏维埃政权组织开展了既具有革命性和时代性,又具有浓郁乡土气息的文化活动,在丰富群众日常文化生活的同时帮助当地群众移风易俗。在中华苏维埃共和国范围内,从中共中央到乡村,从党、政、军领导机关到群众团体组织都创办有各种报刊,革命报刊呈现出如同中国革命一样的迅猛之势,渐成"寥廓江天万里霜"的景象,并先后成立中华苏维埃共和国出版局和中央革命军事委员会出版局等机构管理宣传刊物的出版发行工作,仅在中央苏区便有大小报刊34种,其中《斗争》《红色中华》《青年实话》《红星》被称作为"红色四大报刊";中国共产党在苏维埃共和国通过对科学文化的宣扬和对传统宗法制度的打破,使主导乡村的宗族神权等传统思想得以动摇,在赣西特委书记刘士奇给中共中央的报告中可以看出,在许多建立苏维埃政权时间较长的地区,"没有人敬神,菩萨都烧了",而原本在农村社会广泛存在的庙宇祠堂则都变成了"农民工人士兵的政府办公室,或者是游戏场";而以前家里供奉的"天地君亲师位",也多已换成"马克思及诸革命先烈精神";在逢年过节以"革命标语"取代封建式的对联;买卖婚姻也被婚姻自由所取代。② 除此之外,中国共产党的文艺宣传工作者将新思想、新价值融入民间的歌舞形式中,反对当时农村中广泛存在的缠足、无理打骂妇女、虐待童养媳等陈规陋习,提倡男女平等、婚姻自由、简化丧葬,同时将"三八"国

---

① 邓力群:《伟人毛泽东丛书——政治战略家毛泽东》(下),中央民族大学出版社2004年版,第1274页。
② 邱若宏:《中国共产党科技思想与实践研究:从建党时期到新中国成立》,人民出版社2012年版,第101页。

际妇女节、"五一"国际劳动节、"十月革命节"等节日纳入民众的日常习俗之中。

（三）全民族抗日战争时期中国共产党的文化工作

抗日战争时期，中国共产党对文化建设的认识进一步深化，以毛泽东为代表的中共中央领导集体，在总结大革命和土地革命胜利与失败经验教训的基础上，促使其文化理论日益完善，明确提出了近代中国社会要建设的文化方向是新民主主义的文化、是"无产阶级领导的人民大众的反帝反封建的文化"，其特点是"民族的""科学的""大众的"①，这标志着中国共产党文化工作思想的成熟。

首先，中国共产党的"文化意识"进一步觉醒。抗日战争爆发后，中国共产党将文化工作视为抗日救国的重要手段，正如毛泽东所说："我们的一切工作都是为了打倒日本帝国主义。……我们的工作首先是战争，其次是生产，其次是文化。"② 张闻天在代表中共中央宣传部所发的指示中也向全党呼吁："应该重视文化人，纠正党内的部分同志轻视、厌恶、猜疑文化人的落后心理。"③ 这些都表明，全面抗战爆发后，中国共产党面对前所未有的民族危机，其"文化意识"进一步觉醒。在意识形态层面，则表现在马克思主义中国化任务的提出。马克思主义诞生以来便为人类不断走向进步并最终实现自我解放指明了方向，而在文化的发展上，马克思主义也提出了规约方向：必须适应和促进生产力的发展并代表最广大人民群众的根本利益，必须鼓励和引导社会成员朝更高的理想奋斗。但若要使马克思主义真正成为中国文化发展的动力，则必须使马克思主义的基本规律与普遍原理同中国文化工作的实际相结合，把马克思主义的立场和观点融入各种形式的文化产品和思想教育实践中。④ 对此，毛泽东指出，"使马克思主义在中国具体化，使之在

---

① 《毛泽东选集》第2卷，人民出版社1991年版，第698页。
② 《毛泽东选集》第3卷，人民出版社1991年版，第1011页。
③ 《张闻天选集》，人民出版社1985年版，第290页。
④ 赵文静：《论抗战时期中国共产党的先进文化建设》，《党史文苑》2005年第18期。

其每一表现中带着必须有的中国的特性",形成"新鲜活泼的、为中国老百姓所喜闻乐见的中国作风和中国气派"①。由此,我们可以看出以毛泽东为代表的中国共产党人试图将马克思主义融入中华民族文化的发展之中,运用马克思主义的基本原理和方法,具体地解决文化工作中所遇到的实际问题。在此影响下,毛泽东的《矛盾论》和《实践论》相继发表,成为指导包括文化在内的中国各项事业进步的重要文献,此后一系列代表着马克思主义中国化理论成果的重要作品纷纷问世,在人民群众中产生极大的影响,引导着人们用科学的理论武装头脑,推动抗战时期全民族文化工作的进步。

其次,群众性文化活动的进一步发展。全面抗战爆发后,毛泽东指出,"陕甘宁边区内,还有一百多万文盲,两千个巫神",迷信思想依然极其顽固地存在于农民的头脑中,这就是"群众脑子里的敌人",而这些敌人"常常比反对日本帝国主义还要困难些"②。因此,"在抗战中我们首先要对日本帝国主义的侵略、压迫、残暴,从各方面加以揭露,唤起人民的民族觉悟、参加抗战的热情以及对抗战胜利的信心"。要实现该目的,在文化工作过程中明确指出,要"发展进步的文化力量,发展民主思想,主张思想自由,研究各种学术,宣传科学的社会主义,推进中国的文化向前发展"③。这也表明中国共产党将中国长期以来奉行的局限于精英群体中的文化教育思想推而广之到普通民众群体中,后者随之成为中国共产党文化工作的首要对象,而反对愚昧和迷信,提升群众的科学文化素养,则成为中国共产党在群众中发展进步文化的重要载体,④ 试图通过对民众科学文化知识结构的改善以实现其思想意识的近代化,进而增强其民族意识和斗争意识。在文化工作的原则上,中国共产党提出文化工作应坚持两条原则:"一条是群众的实际上的需要,

---

① 《毛泽东选集》第2卷,人民出版社1991年版,第534页。
② 《毛泽东选集》第3卷,人民出版社1991年版,第1011页。
③ 《张闻天文集》(第3卷),中共党史出版社1994年版,第157—158页。
④ 《牺盟会和决死队》编写组编:《牺盟会和决死队》,人民出版社1986年版,第192页。

而不是我们脑子里头幻想出来的需要;一条是群众的自愿,由群众自己下决心,而不是由我们代替群众下决心。"① 在文化政策制定上,中国共产党允许任何人在"尊重主权、遵守法令的原则下,得在边区参加抗日工作,进行实业、文化和宗教的活动"②。在具体文化工作实践中,中国共产党将教育视作为"当前深入动员群众参加与坚持抗战,培养革命知识分子与干部的重要环节"③。《陕甘宁边区施政纲领》明确规定:"继续推行消灭文盲政策,推广新文字教育,健全正规学制,普及国民教育,改善小学教员生活,实施成年补习教育,加强干部教育,推广通俗书报,奖励自由研究,尊重知识分子,提倡科学知识与文艺运动。"④ 在这一纲领的具体实践过程中,中国共产党要求在日常教育中融入抗日救国的内容,"改变教育的旧制度、旧课程,实行以抗日救国为目标的新制度、新课程。实施义务的免费的教育方案,提高人民民族觉悟的程度。实行全国学生的武装训练"。⑤

与此同时,为了进一步团结知识分子并丰富根据地居民的文化生活,中国共产党在延安组织成立了数十个文艺社团,其中包括:中国文艺协会、延安文化俱乐部、延安新诗歌社、陕甘宁边区文化节救亡协会、"边区美协""边区音协"等组织,其数量之多是空前的。这一阶段各解放区的文艺刊物也犹如雨后春笋一般发展起来,具有代表性的有《特区文艺》《文艺突击》《大众文艺》《文艺战线》《新诗歌》等,成为根据地文化人士以及民众之间文化思想交流和文艺作品发表的重要阵地。⑥ 而在马克思主义理论的研究上,毛泽东于1938年党的六届六中全会上做出了《论新阶段》的报告,向全党提出了学习马克思主义理论、学习历史遗产、研究当前实际

---

① 《毛泽东选集》第3卷,人民出版社1991年版,第1013页。
② 《周恩来选集》(上卷),人民出版社1980年版,第136页。
③ 中共中央党校党史教研室选编:《中共党史参考资料(四)——抗日战争时期(上)》,人民出版社1979年版,第150页。
④ 《毛泽东著作专题摘编》(下),中央文献出版社2003年版,第1640—1641页。
⑤ 《徐特立文存》第2卷,广东教育出版社1995年版,第16页。
⑥ 胡光宇:《中国共产党文化建设》,人民出版社2011年版,第103页。

行动三个学习任务,并号召开展"全党的学习竞赛,看谁真正地学到了一点东西,看谁学的更多一点,更好一点"①。此后各根据地学习和研究马克思主义理论蔚然成风,并于1938年5月创建了由张闻天任院长的马列学院,这是中国共产党第一所研究马列主义的正规院校,在此带动下,翻译了《马克思恩格斯论中国》《马克思恩格斯丛书》等理论著作,而共产党的知识分子编著的有关马列主义著作也纷纷出版,具有代表性的是李达的《社会学大纲》和艾思奇的《大众哲学》等作品。

再次,新民主主义文化体系的形成。1940年1月,毛泽东发表《新民主主义论》,这篇文章是中国共产党人将马克思主义的基本理论和中国实践相结合的光辉典范,文中不仅对中国当时所进行的革命的性质予以阐释,对中国的前途进行了展望,其中也将马克思主义文化观与中国共产党文化工作实践相结合,对中国共产党领导的文化工作进行了系统地回顾和总结,从而解答了近代中国文化发展的一系列问题。《新民主主义论》的发表,标志着新民主主义文化体系正式形成。其中首先对新民主主义文化的性质进行了界定:"所谓新民主主义的文化,一句话,就是无产阶级领导的人民大众的反帝反封建的文化。"这种文化"只能由无产阶级的文化思想即共产主义思想去领导,任何别的阶级的文化思想都是不能领导了的"②。其次,其对新民主主义文化的特征予以概括——民族的、科学的、大众的反帝反封建的文化。此后毛泽东又陆续发表了《改造我们的学习》《整顿党的作风》《在延安文艺座谈会上的讲话》等著作,进一步对新民主主义文化体系进行解读和丰富。

新民主主义文化体系形成后,其对新民主主义革命的进程发挥了重要的作用。正如毛泽东所说,"革命文化,对于人民大众,是革命的有力武器。革命文化,在革命前,是革命的思想准备;在革

---

① 《毛泽东选集》第2卷,人民出版社1991年版,第533页。
② 同上书,第698页。

命中，是革命总战线中的一条必要和重要的战线"①。即在新民主主义革命中，新民主主义文化被视作中国共产党领导革命的有力武器，只有用革命文化教育群众，提高他们的文化理论水平，才能使其真正认识到革命的重要性和必要性，他们才具备革命的动力和能力，从而自觉行动起来参加革命。新民主主义文化的提出，表明中国共产党的文化思想牢牢把握住了为工农大众服务的方向，使工农群众真正接受并享受到文化所带来的福利，并将其转化为无尽的革命动力。新民主主义文化的前进与发展方向也是新民主主义革命的重要战线。自从中国共产党开始领导新民主主义革命以来，便对文化战线革命的地位和作用有着深刻的认识，毛泽东多次指出，中国的革命有文武两条战线，即文化战线和军事战线，因此不仅要有"手里拿枪的军队"，还要有"文化的军队"，这支"文化的军队"在革命中是团结自己、战胜敌人必不可少的力量。

新民主主义文化是中国共产党人在对古今中外优秀文化进行扬弃的基础上，提出的在无产阶级领导下、以共产主义思想为指导的民族的、科学的、大众的新文化，其是共产党人对近现代中国文化发展方向和目标的系统思考的表现，其彻底否定了帝国主义和封建主义的文化，完整而科学地阐释了中国文化建设的方向、指导思想、创新思路和发展方针等一系列问题。在新民主主义文化纲领的指引下，中国共产党实现了中华文化史上自近代以来最伟大、最深刻的变革。

（四）全国解放战争时期中国共产党的文化工作

全国解放战争时期，中国共产党进一步完善和丰富了新民主主义文化思想的内容，使文化建设与根据地建设进一步协调，并逐渐形成了农村社会管理、土地改革和文化建设三位一体的农村革命根据地建设机制，并在此过程中使农村的稳定、农民的支持和农业的发展成为中国共产党取得新民主主义革命胜利的有力保障。

首先，以农民的思想教育为主线。1946年5月4日，中共中

---

① 《毛泽东选集》第2卷，人民出版社1991年版，第708页。

央发出了《关于清算减租及土地问题的指示》（即《五四指示》），决定将抗日战争中根据地实行的"减租减息"政策更改为"耕者有其田"的土地政策，并指出要坚决拥护群众在"反奸、清算、减租、减息斗争中，直接从地主手中取得土地"，"使各解放区的土地改革，依据群众运动发展的规模和程度，迅速求其实现"①。该指示的颁布，标志着中国共产党领导下的解放区土改运动大幕的拉开，各解放区迅速完成了土改任务，实现了农民梦寐以求的"耕者有其田"。随着土改运动的深入进行，1947年10月，中共中央正式公布了《中国土地法大纲》，进一步强化了农民对土地的所有权。获得土地的农民的生产积极性被迅速调动起来，但处于亢奋状态的农民不自觉地出现了小农意识膨胀的苗头，也出现了个人利益和眼前利益与党的方针政策和全局利益相矛盾之处。"贫雇农打江山坐江山"的思想在解放区农民思想中产生并传播开来，在农村社会政权重建过程中出现了"毛主席领导咱农民是最高主席，咱们是在毛主席领导下的小主席"②的口号，这种"农民社会主义"的进一步蔓延有可能使中国共产党领导的民主主义革命走向封建社会农民起义的道路，不利于解放区基层政权的稳定。因此，对于在土改过程中经济上和政治上翻身的农民而言，必须推进农村文化建设，改造农民思想，使其实现文化翻身，调动农民保家卫田、参加革命的积极性。这一时期中国共产党的农村文化建设以农民的思想教育为主线，基层党组织对农民进行了悉心教导，既维护并提升了获地农民对中国共产党领导的民主主义革命的支持，进而获取全国革命的胜利，也有效地克服农民的小农意识的继续膨胀。

其次，以农民文化教育为抓手。将获地农民思想上的积极性从个人农业生产上转移到对革命的支持上，就必须进一步发展农

---

① 《刘少奇选集》（上卷），人民出版社1981年版，第377页。
② 中共中央党校党史教研室选编：《中共党史参考资料（六）——第三次国内革命战争时期》，人民出版社1979年版，第402页。

村文化教育，使农民具备最基本的文化水平并在思想认识上有彻底的转变，进而瓦解农民迷信思想和宗族权威束缚，拥护共产党领导下的乡村基层政权。鉴于此，中国共产党继承了土地革命以来发展农村教育的基本经验，进一步推进农村中的扫盲运动，扩大冬校、民校、识字班等群众教育形式的规模，在教学过程中贯穿政治常识、觉悟提升、时事政治、政权改造等教育内容，极大地增加了解放区农民接受教育的机会，开阔了农民的视野，丰富了农民的精神世界。这种教育模式也与农村政权的建设相互促进，在巩固了中国共产党基层政权的同时，刺激了农民接受教育的愿望，使广泛的社会教育取得了丰硕的教育成果。以当时太行山区的左权县为例，1949年，左权全县达到初小以上文化程度的24579人，其中相当高小毕业的9065人，初中文化程度的330人，其余15184人，摘掉了文盲帽子。在校的2.5万多名文盲，每人已识字200个左右。①

　　再次，发挥文娱活动的辅助教育作用。抗战胜利后，农民得到了短暂的和平生活，在高兴之余也焕发出了高涨的文娱活动热情。中国共产党希望通过开展文娱活动，加强对农民进行理论与政策潜移默化的灌输，实现对农民的思想改造，因此积极地组织改造农民的日常文娱活动，使这一时期解放区的文娱活动得到了蓬勃发展。戏曲活动是当时农村地区最令人喜闻乐见的文娱活动，原本大多数村庄就有戏台，也有业余的农民戏剧班子，此时生活相对稳定的根据地农民又将戏剧活动开展起来，每逢重大节日则举行群众性的游艺活动，将他们获得土地后的生活状态融入秧歌、戏曲等曲艺活动内容之中，以表达自己内心的喜悦和歌颂自己开启的崭新生活。例如冀南区的从善楼妇女剧团，于1946年成立，其主要成员是一些经历过扫盲运动并具有一定觉悟的妇女，在活动过程中自编自演了《反虐待》《转变》《不信神》《检查节约》《新式结婚》《三不误》《人间天堂》《摘功牌》《欢送担架队》《贺功》《小寡妇烧纸》等

---

① 左权县志编纂委员会：《左权县志》，高等教育出版社1999年版，第396页。

节目。① 这些文娱活动在歌颂新生活的同时，对普通农民的价值认知也产生了较大的影响，摒弃一些延续千年的陈规陋习。但由于农民文化水平和思想觉悟都相对较低，农民自发编排的戏剧内容格调相对较低，在对农民的宣教作用上效果甚微，一些剧作甚至包含着封建的、迷信的、愚昧的思想，例如一些剧目中包含着"屈死鬼还魂，重新发迹"或是"城隍爷显灵，搭救穷书生，暴发户作恶受神的谴责"等内容，这些剧目宣传的实质是封建思想中的"天命观"，会消磨群众的反抗意识和斗争精神②，不仅起不到对农民的宣传教育作用，甚至易于被敌人当作反宣传的工具。针对新编戏剧曲目中存在的类似问题，为进一步加强戏剧工作改造农民思想、宣传理论的作用，中国共产党在农村文化建设过程中也加大了对农村戏剧工作的指导和改造力度。例如，1948年1月17日，晋冀鲁豫中央局宣传部便就村街文化娱乐活动向各地发出指示，要求将文娱活动的内容着重放在宣传对国民党反动派的战争胜利和《中国土地法大纲》两方面，而对于包括封建迷信思想和淫秽内容的娱乐项目，则应一律取缔。基层中国共产党组织还对相关剧目的演出内容进行审查，演出剧目予以改编，对现有艺人进行改造，以期实现解放区戏剧寓教于乐的功效。通过对相关剧目的重编与改造，"新剧"在解放区农民的文娱生活中占据了重要的地位。例如《兄妹开荒》《白毛女》《小二黑结婚》等新剧取材于真人真事，令观众感到亲切感动，受到了农民的普遍欢迎，宣教效果也愈发明显。通过推动广泛的基础教育和寓教于乐的文娱活动，解放区农民的精神面貌发生了翻天覆地的改变，不少解放区农村中原本残存的陈规陋习得以革除，迷信思想也被革命思想所取代，妇女地位得到明显提高，农民政治觉悟得以大幅提升，落后、残败的旧农村向新民主主义的新农村转变着，进一步丰富和实践着党的新民主主义文化建设

---

① 晋冀鲁豫边区革命文化史料征集协作组：《闪光的文化历程》，山西人民出版社1998年版，第324页。

② 《李伯钊文集》，解放军出版社1989年版，第32页。

理念。

三 民主革命时期中国共产党领导文化工作的经验总结

新民主主义革命时期，中国共产党在领导人民推翻帝国主义、封建主义、官僚资本主义的斗争中，始终将文化工作作为革命事业的重要组成部分，并致力于把一个被旧文化统治而愚昧落后的中国变成一个文明先进的中国。在此过程中，探索了在中国进行文化建设的规律，为推动中华民族新文化的形成和发展做了不懈的努力，并形成了一系列对此后中国共产党文化建设工作具有重要借鉴意义的实践经验。

（一）正确认识文化建设的地位和任务是文化建设的前提

中国共产党自成立以来便十分重视文化建设，将文化事业视作民主革命的重要组成部分，并确立了文化在民主革命过程中的重要战略地位。毛泽东曾指出："一定的文化（当作观念形态的文化）是一定社会的政治和经济的反映，又给予伟大影响和作用于一定社会的政治和经济；而经济是基础，政治则是经济的集中的表现。"[①]这反映了共产党人对文化本质的认识，正是基于这一观点，在民主革命的历史实践中，中国共产党将文化视为极端重要的革命武器，"革命文化，对于人民大众，是革命的有力武器"[②]。中国共产党所领导的文化建设，成为启发民众思想觉悟、克服近代以来文化危机、揭露反动派本质、动员人民群众参加革命的有力武器，也成为中国共产党不断实现自我完善的重要手段，中国共产党遂以高度的责任感推动文化建设，将重建中华民族的新文化即新民主主义文化视为重要的历史使命。因此，在领导新民主主义革命的历史进程中，共产党人通过文化建设，将民主、科学、爱国的"五四"精神与勇于实践的革命情怀相结合，形成了以井冈山精神、长征精神、延安精神、西柏坡精神为代表的独具特色的革命精神和革命的世界

---

① 《毛泽东选集》第2卷，人民出版社1991年版，第663—664页。
② 同上书，第708页。

观、价值观、人生观。① 这些革命精神不仅反映了共产党人在艰苦卓绝的革命环境中所形成的正确的政治方向和坚定的必胜信念，体现了共产党人与群众患难与共、为人民服务的根本宗旨，成为共产党人的精神支柱，也改变了一代中国人的价值话语体系，使中华民族不断传承的优秀的道德品质和崇高的民族气节有了新的发展，提升了中国共产党对民众的号召力与感染力，从根本上改变了人们的精神面貌、生活方式和价值追求，形成了与时代发展相适应的新型文化。

新民主主义革命时期，中国共产党所倡导的文化是民族的、科学的、大众的文化，这也代表了近代以来中国新型文化的前进方向，也指明了当时文化建设的任务，即文化建设要面向大众，做到先进性与广泛性的统一。具体而言，新民主主义革命时期，中国共产党文化建设的任务就是进行文化普及，使人民群众树立马克思主义信仰，使人民群众确立革命人生观和革命道德观，从而积极配合中国共产党领导的新民主主义革命斗争的展开。正如毛泽东所说，在"中国人民解放的斗争中，有各种的战线，就中也可以说有文武两个战线，这就是文化战线和军事战线"②。要实现文化普及，就应使文化建设"为全民族中百分之九十以上的工农劳苦民众服务，并逐渐成为他们的文化"③，而将建成的文化则是反对"拥护少数特权者，压迫剥削大多数人、愚弄欺骗大多数人、使大多数人永远陷于黑暗与痛苦的贵族的特权者的文化，而主张代表大多数人民利益的、大众的、平民的文化，主张文化为大众所有，主张文化普及于大众又提高大众"④。马克思主义是科学的世界观和指导新民主主义革命的方法论，其也是中国共产党的行动指南，中国共产党领导的文化建设的重要任务就是要提倡和宣传马克思主义，使更多的

---

① 李晓瑜、罗平汉：《民主革命时期党开展思想文化建设的历史经验》，《中共中央党校学报》2007年第2期。
② 《毛泽东选集》第3卷，人民出版社1991年版，第847页。
③ 《毛泽东选集》第2卷，人民出版社1991年版，第708页。
④ 《张闻天文集》（第3卷），中共党史出版社1994年版，第39页。

人了解并接受马克思主义，从而确立马克思主义的信仰，使其在革命实践中采取实事求是、理论联系实际的唯物主义的思想路线来认识问题、研究问题和解决问题。要实现新民主主义革命打倒帝国主义和消灭封建主义的任务，就必须使民众确立革命的人生观和道德观，实现对人民群众的思想启蒙，因此党领导的文化建设高度重视文化启蒙。1942年毛泽东发表《在延安文艺座谈会上的讲话》，指明了文化活动应坚持的方向，即文化产品应坚持为人民服务的方向，党的文化建设随之深入群众，创作了大量群众喜闻乐见的作品，有效地发挥了文化建设对群众的启蒙作用。

（二）坚持正确的思想和方针指导是文化建设的必要条件

文化建设的指导思想决定着文化建设的性质和方向，在文化建设的过程中处于核心与根本的地位。新民主主义革命是中国共产党领导的反帝、反封建的民族民主革命，其代表着当时最广大人民的利益诉求，只有坚持以马克思主义这一先进的理论为指导，才可以在指导思想上体现党的性质和宗旨。毛泽东在论述中国共产党的指导思想时指出，"主义譬如一面旗子，旗子立起了，大家才有所指望，才知所趋赴"[1]。中国共产党一大纲领表明，中国共产党成立伊始便将马克思主义作为其事业的"旗帜"，并强调科学的马克思主义对其各项工作的指导意义。在具体文化工作中，提出要用马克思主义占领文化高地，要求"建立马克思主义的文艺理论在革命文艺界中的领导作用"[2]。

为进一步使马克思主义适应中国的土壤，提升马克思主义指导中国革命发展的实效性，促进马克思列宁主义基本原理同中国革命实际相结合，中国共产党提出了马克思主义中国化的历史任务。"使马克思主义在中国具体化，使之在其每一表现中带着必须有的中国的特性，即是说，按照中国的特点去应用它"[3]，在马克思主

---

[1]《毛泽东早期文稿》，湖南人民出版社1990年版，第554页。
[2]《张闻天文集》（第3卷），中共党史出版社1990年版，第310页。
[3]《毛泽东选集》第2卷，人民出版社1991年版，第534页。

义解决中国实际问题的过程中,实现了马克思主义中国化的理论成果——毛泽东思想,进一步指导了党的文化建设的前进。中国共产党七大进一步将毛泽东思想写在自己的"旗帜"上,坚持用中国化的马克思主义武装党、建设党,这也表明以毛泽东为代表的中国共产党人,始终坚持着对马克思主义指导思想的丰富与完善,并在与各种错误思潮斗争的过程中,进一步强调科学的马克思主义和中国化的马克思主义的指导地位,使马克思主义可以与时俱进。强调以先进的理论指导党的文化建设,并且在具体实践中坚定不移、一以贯之,这是新民主主义时期党领导文化建设的基本经验之一。

坚持正确的文化建设指导方针,将使文化建设在具体实践过程中少走弯路、避免挫折,中国共产党在新民主主义革命时期,坚持"取其精华,去其糟粕,为我所用"的新民主主义文化建设方针,以正确的、包容的姿态对待中国传统文化和外来文化,在与腐朽文化不断斗争的过程中,使民族的、科学的、大众的新文化不断成长。文化作为人类社会实践的产物,其在发展过程中既具有纵向的继承性,也具有横向的流动性;可以说每一种文化都是融合了不同文化而形成的,既是对传统文化精华的传承与发展,又是对外来文化精粹的吸收与借鉴。因此,对于思想文化的传承,恩格斯曾经说过:"每一个时代的哲学作为分工的一个特定的领域,都具有由它的先驱者传给它而它便由以出发的特定的思想资料作为前提。"[1]以毛泽东为代表的中国共产党人根据马克思主义的文化理论和在中国进行文化建设的基本需求,提出了"取其精华,去其糟粕,为我所用",的新民主主义文化建设方针,"继承中国过去的思想和接受外来思想,并不意味着无条件地照搬,而必须根据具体条件加以采用,使之适合中国的实际。我们的态度是批判地接受我们自己的历史遗产和外国的思想。我们既反对盲目接受任何思想也反对盲目抵制任何思想。我们中国人必须用我们自己的头脑进行思考,并决

---

[1] 《马克思恩格斯全集》(第37卷),人民出版社1971年版,第489—490页。

定什么东西能在我们自己的土壤里生长起来"①。正是在这一正确方针的指导下，我们党领导的新民主主义文化才取得了巨大的成就，有力地配合了新民主主义革命的胜利进行。

（三）革命的文化工作队伍是文化建设的基本保障

中国共产党将文化作为重要的战斗武器伊始，便十分重视文化队伍的建设工作，并根据不同阶段的具体形势调整相关政策，采取相应的措施，不断调动文化工作者的积极性，维护并加强中国共产党领导下的革命文化队伍的在思想上和组织上的团结一致，这是中国共产党领导的新民主主义文化工作可以顺利进行的基本保障。早在国民革命时期，共产党人便在黄埔军校设立党代表和专职政工人员，并在该校的政治部和宣传队发挥着重要作用，"在军队和广大人民群众中作政治的文化的教育的工作"②。1929年召开的古田会议，则具体地对党员和红军指战员的政治教育和文化学习做出了规定，并提出"宣传工作"是完成革命任务的前提和红军的"第一个重大工作"，强调加强宣传队伍建设，提出了建设文化军队的初步设想。1942年，毛泽东在延安文艺座谈会上进一步对革命文化队伍的立场和态度提出了要求，并对文化工作者所应有的素质提出了要求，进一步阐明了革命文化队伍在新民主主义文化建设过程中的重要作用，他强调，"我们要战胜敌人，首先要依靠手里拿枪的军队。但是仅仅有这种军队是不够的，我们还要有文化的军队，这是团结自己、战胜敌人必不可少的一支军队"③。

在推动新民主主义文化建设的实践过程中，要建立一支强大的革命文化队伍，首先就应解决好文化工作者的立场和态度问题。对此，毛泽东认为文化工作者的立场应"站在党性和党的政策的立场"，文化工作者的态度应"随着立场"而对具体事物采取具体的态度，也就是对于敌人应"坚决打倒"，对于"统一战线中各种不

---

① 《毛泽东著作专题摘编》（下），中央文献出版社2003年版，第1583页。
② 《军队政治工作历史资料》（第1册），中国人民解放军出版社1982年版，第14页。
③ 《毛泽东选集》第3卷，人民出版社1991年版，第847页。

同的同盟者，我们的态度应该是有联合，有批评，有各种不同的联合，有各种不同的批评"，"对人民的劳动和斗争，对人民的军队，人民的政党，我们当然应该赞扬"，而对人民群众所存在的缺点，我们应该"耐心地教育他们"，使其能够进步。① 要建立一支强大的革命文化队伍，其次必须解决好知识分子问题。"在中国的民主革命运动中，知识分子是首先觉悟的成分。"② 中国共产党的领导人大多出身于知识分子，青年学生和知识分子阶层也是中国共产党领导的新民主主义革命的重要动力，因此，知识分子在中国共产党领导的文化建设过程中发挥着不可替代的作用，将知识分子转化为革命的文化工作者是中国共产党文化工作的重要内容。因此，毛泽东告诫全党："在长期的和残酷的民族解放战争中，在建立新中国的伟大斗争中，共产党必须善于吸收知识分子，才能组织伟大的抗战力量，组织千百万农民群众，发展革命的文化运动和发展革命的统一战线。没有知识分子的参加，革命的胜利是不可能的。"③ 在此精神的指导下，中国共产党的文化工作影响了一批批知识分子，使其前赴后继地奔赴延安和各个抗日根据地，为中国革命的胜利发挥了巨大的作用。毛泽东在党的七大报告中进一步指出，新民主主义国家的建设，需要各行各业的知识分子参与其中，因此，对于"只要是在为人民服务的工作中著有成绩的，应受到尊重，把他们看作国家和社会的宝贵的财富"，并要求"注意团结和教育现有一切有用的知识分子"④。这表明，新民主主义革命时期中国共产党所倡导建立起的文化统一战线，使千千万万知识分子凝聚在新民主主义旗帜之下，形成了强大的文化工作队伍，开辟了"左联""中国文艺协会"、鲁迅文艺学院等新民主主义文化阵地，为中国共产党所领导的文化建设提供了强有力的人才和智力保障。

---

① 《毛泽东选集》第3卷，人民出版社1991年版，第849页。
② 《毛泽东选集》第2卷，人民出版社1991年版，第559页。
③ 同上书，第618页。
④ 《毛泽东选集》第3卷，人民出版社1991年版，第1082—1083页。

第二章

农村文化建设的背景与条件

1949年10月1日，中华人民共和国宣告成立，中国社会进入"一种特殊的历史状态"，经济建设、政权巩固与阶级斗争、社会改造共同处于这一时期的主要矛盾和中心任务的位置上。农民作为中国共产党领导新民主主义革命胜利的主要动力，也是新生政权的主体阶层，如何使农民参与到新生政权的建设之中，并按照中国共产党对国家发展的设计而自觉履行其应尽之职能，成为其时中国共产党必须解决的现实问题。对此，中国共产党将新民主主义文化建设方针由局部推向全国，进一步进行农村文化建设，对农民思想的改造和素质的提升都有较大的意义。在这一时期，中国共产党进行农村文化建设的政治、经济、社会、文化背景都出现了诸多新课题，本章将加以论述；对于农村文化建设的条件，本章将借用经济管理学科中的"存量"与"增量"概念进行解析。

第一节　中华人民共和国成立初期农村文化建设的背景

中华人民共和国成立初期，中国共产党面临的首要任务就是要完成新民主主义革命未完成的任务，实现国家的统一、政权的稳定、经济的恢复、社会秩序的重塑及利益关系的调整，为国家的社会主义过渡铺平道路，这也构成了中华人民共和国成立初期中国共产党领导农村文化建设的历史背景。

一 政治背景：中国共产党从革命党转为执政党

随着革命在全国范围内的胜利，中国共产党在客观上开始由革命党向执政党转变。客观的转变要求主观认识及其行动能够符合实际，这样作为执政党才能明确自己的任务、选择正确的途径完成执政党的使命。通过领导文化建设工作，使农民群众与封建残余势力进行斗争并积极投身于生产建设中，完成民主革命未尽的任务，使其切实担当起主人翁的历史使命，是中国共产党一项急迫而重要的任务。

（一）国家的统一

1951年5月，中央人民政府和西藏地方政府在北京签订《中央人民政府和西藏地方政府关于和平解放西藏办法的协议》，彻底"改变了旧中国由于帝国主义列强的互相争夺，由于各个军阀、官僚集团的互相争夺，由于国家内部的阶级矛盾和民族矛盾，由于落后的封建经济而产生的四分五裂的状态"[①]。这标志着中国大陆实现了前所未有的统一局面，意味着辛亥革命以后中央政府的权威在全国范围内真正有效地确立起来。国家从此成为一个整体，全国范围内可以实现密切合作、一致行动，而中国共产党的政策也将通盘筹划并一贯到底，在国家的发展上实现统一意志引导下的一致步伐。

国家的统一不仅标志着政权上结束四分五裂的状态，也显示了不同社会阶层、不同工作领域的人们在全国范围内的有效组织。中华人民共和国成立之初，中国共产党通过政权组织和党群系统建设实现了对政权体系的重建，横向上在全国范围内成立了工会、农会、妇联、学联、街道居民委员会等群众性组织，纵向上在全国的大行政区、省、直辖市、省辖市和县等行政单位相继完善，中国共产党领导下的基层政权机构纷纷组建，形成了一个巨大的工作体系，使国家政权的意志可全面渗透到社会的各个领域，有效地调动

---

① 胡绳：《中国共产党的七十年》，中共党史出版社1991年版，第644页。

普通民众参与并协助人民政府的各项工作，彻底改变了新中国成立前民众"一盘散沙"的局面。中央的政令可以迅速传达到包括边疆地区在内的各个地方，不仅实现了全国人民大团结的局面，形成了对中国共产党和新生的人民政府的有力拱卫与支持；也使一切为了人民、一切依靠人民成为中国共产党工作的力量源泉。在农村社会，通过大规模的土改运动和镇压反革命运动，构建了全新的国家与农村之间的关系，扭转了传统社会结构中中央与农村之间"中心与边陲"的关系，强化了对农村社会结构的整合力度，提升了农村社会的组织化和政治化水平，为凝聚和动员农民共赴国家建设提供了政治保障。

（二）从新民主主义到社会主义的过渡

新民主主义社会是以毛泽东为代表的中国共产党人的理论创造，根据近代中国经济社会发展水平相对落后的现实情况，提出的在无产阶级领导中国人民完成民族民主革命任务后的一种特殊社会形态。新民主主义社会上承半殖民地半封建社会，下启社会主义社会，但却不同于资本主义社会。在这一特殊的社会形态中，政治上实行无产阶级领导的工人、农民、小资产阶级和民族资产阶级的联合专政；经济上实行国营经济为主体、多种经济成分并存的经济结构，允许资本主义发展，并利用资本主义发展社会主义；文化上则实行民族的、科学的、大众的新民主主义文化。

作为一种特殊的社会形态，其重要特征是资本主义与社会主义因素的并存，但却隶属于社会主义范畴，其主要作用是使中国从半殖民地半封建社会过渡到社会主义社会。正如毛泽东概括所说，新民主主义社会是"为了终结殖民地、半殖民地、半封建社会和建立社会主义社会之间的一个过渡的阶段"[①]，是一种"过渡的形式，但是不可移易的必要的形式"[②]。因此，新民主主义社会的政治并不是马克思所说的"不断革命，就是无产阶级的阶级专政，这种专

---

① 《毛泽东选集》第2卷，人民出版社1991年版，第647页。
② 同上书，第675页。

政是达到消灭一切阶级差别"的"过渡阶段"①，而是"几个民主阶级联盟的新民主主义国家，和无产阶级专政的社会主义国家，是有原则上的不同的"②。文化作为一定政治和经济的反映，新民主主义的政治和经济就要求新民主主义文化的全面建设，就应不断清除封建的残余，进一步在新政权范围内建设民族的、科学的、大众的文化。

（三）中国共产党"一元化"领导格局的强化

中国共产党"一元化"的政治领导是指在政治权力结构组织中，横向上中国共产党占据绝对的领导地位，党委领导一切；纵向上中国共产党党内下级组织绝对服从于上级组织。这种政治权力的组织架构并非中国共产党首创，20世纪20年代，斯大林成为苏联共产党最高领导人后，为巩固苏共在苏联国内社会的绝对领导地位，同时为壮大各国共产党迅速革命以"拱卫"苏联，提出了一国建成社会主义理论③，并在此基础上提出了一元化政治领导思想，主要就是共产党不仅代表工人阶级掌权，享有最高权威，也成为特殊的行政、经济管理机关，领导军队、政府和民众团体，各部门、各单位都成立党组织，党组织的领导人处于本单位权力体系的核心。在领导新民主主义革命的进程中，日益严酷的主客观斗争环境迫使中国共产党加强组织领导体制建设，以强化其统一集中领导。1942年9月，中共中央作出《关于统一抗日根据地党的领导及调整各组织间关系的决定》，明确规定："根据地领导的统一与一元化，应当表现在每个根据地有一个统一的领导一切的党的委员会，因此，确定中央代表机关（中央局、分局）及各级党委（区党委、

---

① 《马克思恩格斯全集》（第10卷），人民出版社1998年版，第220页。
② 《毛泽东选集》第3卷，人民出版社1991年版，第1061—1062页。
③ 1924年12月，斯大林在《十月革命和俄国共产党人的策略》中指出："在其他国家（即使这些国家的资本主义比较发达）还保存着资本主义的情况下，社会主义在一个国家（即使这个国家的资本主义不太发达）内胜利是完全可能的，是可以肯定的。"[《斯大林全集》（第6卷），人民出版社1956年版，第321页]这一理论后经斯大林反复论证，不断丰富发展为一国建成完全的社会主义社会和共产主义社会的理论。

地委）为各地区的最高领导机关，统一各地区的党政军民工作的领导。"① 这标志着"一元化"领导方式正式被确立为中国共产党的政治领导制度，这一领导体制在革命战争年代对克服分散主义、保证党的意志的贯彻执行体现出了不可比拟的体制优势。新中国成立之初，新政初创，百废待兴，面临着十分复杂而艰巨的任务，面临着严峻的政治经济局面，新建立的地方和基层政权机构尚缺乏相匹配的政治威信，亟须强大的政治动员力以保卫新生政权，在中国共产党党内实行多年并已日益成熟的"一元化"领导格局被进一步强化。

为了克服中华人民共和国成立初期各地方和各部门出现的"分散主义"的苗头，毛泽东于1953年10月以中共中央的名义做出了加强党对政府工作领导的决定，并旗帜鲜明地要求"反对分散主义"的错误倾向。毛泽东认为："集中与分散是经常矛盾的。进城以来，分散主义有发展。为了解决这个矛盾，一切主要的和重要的问题，都要先由党委讨论决定，再由政府执行。……次要的问题，可以由政府部门的党组去办，一切问题都由中央包下来就不行。"② 并将这个思想通俗地概括成了"大权独揽，小权分散，党委决定，各方去办"的领导原则。这便进一步强化了各级单位以中国共产党党组织为"一元化"权力中心的领导方式，明晰了各部门的权力范畴，并将责任落实到具体的党政首长个人。"一元化"领导格局的强化，对具体事宜的责任追究具有针对性和指向性，在此基础上形成了各级党政人员高度负责的工作态度，各级政权充分发挥积极性和创造力，保证中央政策贯彻到底并对权力的收放自如。同时，刚刚掌握政权的中国共产党行政经验有限，行政理论依据匮乏，党的"一元化"领导及其所形成的行政格局，将使行政手段与稀缺的行政资源有效结合，保证政策有效实施。尤其是在农村社会，中国共产党的"一元化"领导方式对农村社会传统的权威力量进行了有效

---

① 《中共党史教学参考资料》（三），人民出版社1959年版，第27页。
② 《毛泽东著作专题摘编》（下），中央文献出版社2003年版，第2035页。

的遏制,彻底改变了农村社会的权力支配体系,极大地提升了农民群体的政治认同,为农村文化建设具体措施的实施提供了坚实的政治保障。

二 经济背景:国民经济的恢复与发展

新中国成立前,持续百余年的社会动荡使国民经济到了濒临崩溃的边缘。中国共产党自独立领导新民主主义革命以来便在事实上履行着准政府的职能,不断地以其革命根据地为依托进行着国家管理的演习和实践。因此,在中华人民共和国成立初期很短的时间内,中国共产党便迅速组建了当时世界上少有的高效、廉洁和强势的行政体系,面对国民经济的残破,中国共产党凭借其极高的组织效率和极强的资源配置能力,取得了令世人叹为观止的经济建树,短短三年内将国民经济恢复到中国历史最高水平,并在此基础上实现了对生产资料的社会主义改造。

(一) 国民经济形态的多样性

1947年,毛泽东在其著作《目前形势和我们的任务》中指出新中国的经济主要由三种经济成分构成,即处于领导地位的国营经济、"个体逐步地向着集体方向发展的农业经济"和"独立小工商业者的经济和小的、中等的私人资本经济"[①]。在新中国成立前夕党的七届二中全会上,毛泽东再次指出新民主主义社会的经济形态结构应该包括社会主义性质的国营经济、半社会主义性质的合作社经济、"私人资本主义""个体经济"以及"国家和私人合作的国家资本主义经济"[②]。中华人民共和国成立初期的国营经济成分大多来源于对国民党旧官僚资本的接收,这些资本多集中于金融、交通、能源等战略领域,其在发展过程中长期享受国民政府政策上和资金上的优待,集中了大量旧时代优秀的管理者和技术人员,被新政权接管后,中国共产党为其配备了经历过革命考验和掌握先进理

[①] 《毛泽东选集》第4卷,人民出版社1991年版,第1255页。

[②] 同上书,第1433页。

论的领导班子，使得这一时期的国营经济拥有经验丰富的组织领导者和效率极高的组织结构，能够以合格而强势的姿态参与到当时的国民经济恢复中去，在新中国成立初的经济成分中占有重要的战略地位。与此同时，为迅速恢复国民经济、满足人民群众的物质生活需要，中国共产党承认并鼓励各类非社会主义的经济形态的发展。私营经济在新中国成立前遭到官僚资本主义和西方经济势力的排挤与压榨，其发展异常缓慢，所占市场份额也较小，但其衰弱的根源在于当时整个经济秩序的混乱和经济结构的畸形，而就私营经济本身来说，其个体之间已构成了庞大的市场网络，并积累了丰富的市场参与经验，可独立根据市场信号而进行生产、组织商品流通并进行商贸活动。因此在中华人民共和国成立初期，经济秩序和社会环境优化后，私营经济迸发出了活力，仅1950年，私营经济就占到了工业总产值的52%，商业总零售额的85%，外贸总额的33.47%[1]，使非国营经济与国营经济一道有了长足的发展，并在整个国民经济体系中占据着举足轻重的地位。在中国共产党广泛运用财政手段和货币手段所维护的稳定经济秩序中，国营经济对关系国计民生的行业进行了主导，私营经济和个体农业经济作为轻工业和农业建设的主要力量，三者共同构筑了稳定的经济发展模式，从而迅速地实现了国民经济的恢复。

（二）土地改革在全国范围内完成和农业生产的发展

从农村来看，3年经济恢复时期全国范围内开展了"土地改革运动"。1950年1月，中共中央下达《关于在各级人民政府内设土改委员会和组织各级农协直接领导土改运动的指示》，这标志着土改运动在全国范围内的展开。当年6月，毛泽东在中国共产党七届三中全会上指出，土地改革是完成国家财政经济情况根本好转的条件之一；刘少奇在《关于土地改革运动的报告》中也指出，土地改革的基本目的，不是单纯地为了救济穷苦农民，而是为了要使农村

---

[1] 董志凯：《1949—1952年中国经济分析》，中国社会科学出版社1996年版，第318页。

生产力从地主阶级封建土地所有制的束缚之下获得解放，以便发展农业生产，为新中国的工业化开辟道路。① 在此精神的指导下，中央人民政府委员会通过并颁布实施《中华人民共和国土地改革法》，成为指导土地改革的基本法律依据。土地改革法规定："废除地主阶级封建剥削的土地所有制，实行农民的土地所有制，借以解放农村生产力，发展农业生产，为新中国的工业化开辟道路。"② 在具体的实践中，又采取了有别于新中国成立前土改的措施，以便更好地孤立地主、保护中农和小土地出租者、稳定民族资产阶级，具体表现在：保存富农经济；除土地、多余的房产、农具、牲畜和多余的粮食外，地主阶级其他财产不予没收；提高小土地出租者保留土地的标准；团结和保护中农。③ 到1952年冬、1953年春，全国除新疆、西藏等少数民族地区外，都如期完成了土地改革，占农民人口总数超过90%的贫雇农和中农获得了91.4%的耕地，贫雇农户均耕地面积12.5亩，中农户均耕地面积19亩。④

土改运动完成，使农民真正获得了土地的所有权，农业生产积极性普遍提升，农民纷纷购置农具、牲畜、肥料，实行精耕细作，农村社会展现出兴旺的生产景象，1952年同1949年相比，粮食产量增长44.8%，棉花产量增长193%，油料增长64%，⑤ 大大提升了农业生产水平，农民的生活水平也迅速提高。例如武汉市喻桥乡贫农陈友汉，在新中国成立前家里土地很少，没有农具和牲畜，每年只能收七担谷子，全家一年只能吃四斤油、七斤盐，土改后，他家分得土地15.4亩，并拥有较为齐全的农具，1953年收谷子32担，全家吃油48斤，盐28斤。⑥ 农村生产力的恢复与发展，为中

---

① 《刘少奇选集》（下卷），人民出版社1985年版，第34页。
② 《建国以来重要文献选编》（第一册），中央文献出版社1992年版，第336页。
③ 金冲及：《二十世纪中国史纲》（第3卷），社会科学文献出版社2009年版，第749页。
④ 杜润生：《中国的土地改革》，当代中国出版社1996年版，第560页。
⑤ 金冲及：《二十世纪中国史纲》（第3卷），社会科学文献出版社2009年版，第749页。
⑥ 《中南土地改革的伟大胜利》，中南人民文学艺术出版社1954年版，第133页。

国共产党农村文化建设打下了坚实的物质基础。

(三) 生产资料私有制的社会主义改造

随着国民经济的恢复与发展,中国经济结构内部的公私经济比重已发生了转折性变化,公有制与非公有制经济在经济成分上表现出了此消彼长的局面,公有制对国民经济命脉的控制也进一步增强。"工业总产值中公私比重,已由一九四九年的百分之四十三点八与五十六点二之比,变为一九五二年的百分之六十七点三与三十二点七之比。私营商业在全国商品总值中的经营比重,已由一九五〇年的百分之五十五点六降为一九五二年的百分之三十七点一,但在零售方面,私商经营一九五二年仍占全国零售总额的百分之六十七。"① 在农业方面,随着互助合作组织的发展,集体经济在农村中所占的比重也迅速攀升。这表明自新中国成立开始,中国便开始了"逐步地过渡到社会主义的时期,也就是社会主义成分在国民经济中的比重逐步增长的时期"②。因此,中共中央在广泛征求意见的基础上,1953年,正式提出了中国共产党在过渡时期的总路线,即"从中华人民共和国成立,到社会主义改造基本完成,这是一个过渡时期。党在这个过渡时期的总路线和总任务,是要在一个相当长的时期内,逐步实现国家的社会主义工业化,并逐步实现国家对农业、对手工业和对资本主义工商业的社会主义改造"③。这标志着对生产资料的社会主义改造正式开始,到1956年底,中国的生产资料所有制结构发生了翻天覆地的变化,农村中加入农业生产合作社的农户达到全国农户总数的96.3%④,全国私营工业户数的99%、全国私营商业户数的82.2%分别纳入了公私合营或合作社

---

① 金冲及:《周恩来传(1898—1976)》(下),中央文献出版社2008年版,第994页。
② 薄一波:《若干重大决策与事件的回顾》(上册),中共党史出版社2008年版,第161页。
③ 《建国以来重要文献选编》(第四册),中央文献出版社1993年版,第700—701页。
④ 周振华:《毛泽东思想与社会主义现代化建设》,重庆出版社1993年版,第76页。

的轨道，国营和集体经济成分已上升到92.9%[①]，公有制在整个经济领域全面确立，标志着社会主义的经济基础在我国基本确立。三大改造的进行，提高了我国的经济发展速度，从1953年到1956年，工业总产值平均每年增长19.6%，超过了第一个五年计划所预期的14.7%的速度；人民群众的生活水平也因此得到了提高，城市职工和农民的消费水平分别提高了38.5%和27.4%。[②] 生产资料社会主义改造的完成意味着我国确立了社会主义公有制的经济基础，标志着我国正式进入社会主义阶段。而此后发生在我国的一系列改革已属于社会主义制度范畴内的举措，为我国在发展方向上走出了一条社会主义基础上的、非西式道路打下了坚实的基础。此时的文化建设工作很大程度上可以说是服务于经济恢复和经济改造的，农村文化的重建工作亦是如此，波澜壮阔的经济建设场面成为农村文化建设的重要社会历史背景。

三 社会背景：社会结构与管理模式的转变

（一）社会结构的变革

新中国成立伊始，中国共产党便依据新政权的性质明确了社会各阶层的定位，即工人阶级为国家的领导阶级，工农联盟是国家的政治基础，民族资产阶级既是革命的盟友，也是革命的对象，知识分子则是一个中间阶层，既可为新社会和革命服务，也有可能成为资产阶级思想的载体，而国民党残余力量、地主、反革命分子则是新社会的敌人。随着政治体制和经济体制的革命，新中国的社会结构也发生了急剧的变化，在旧社会形成的地主阶级和官僚资产阶级这两大剥削阶级被消灭，社会结构趋于向"一元两极"的方向发展，"一元"则代表着无产阶级，"两极"则为工人和农民这两个

[①] 齐鹏飞、杨凤城：《当代中国编年史（1949.10—2004.10）》，人民出版社2007年版，第88页。

[②] 金冲及：《二十世纪中国史纲》（第3卷），社会科学文献出版社2009年版，第749页。

中华人民共和国成立初期无产阶级所表现的不同层面。① 这一社会结构契合了中国共产党对中国革命与社会改造的目标追求，即"建立一个在社会主义制度下以工人阶级和农民阶级为主体的国家"②。而具体到农村社会结构中，土改的完成提升了农民的政治和经济地位，镇压反革命运动则有力地打击了农村传统权威的势力，在此消彼长的过程中，使原本农村社会结构中地主与农民之间存在的支配与被支配的不平等关系被打破，原本分散为个体的农民，逐渐开始了阶级觉悟的萌发，农民协会、妇联、青年团等组织化程度较高的农民性群众组织被发展起来，一大批普通农民参与到农村政权的组织建设中去，实现了对农村社会的彻底改造。农村社会结构的颠覆性变化，使原本农村社会中存在的由地主阶级所主宰的文化网络失去了社会结构的依托，使农民积极参与的、以国家政权为依托的新的文化结构逐渐形成，打破了旧社会地主阶级对农村社会文化教育和意识形态话语权的垄断，为农村文化建设提供了良好的社会环境。

（二）群众运动式的社会统合

新中国成立之初，中国共产党面临着巩固政权、恢复经济和进行社会主义改造三个方面的重大任务，这就要求其必须以强有力的社会统合能力调动社会资源，以配合主要任务的实现。但现实情况却是"一穷二白"的经济基础、技术力量和人力资本的严重缺乏、社会管理体系的不健全及社会动员能力的不足，这些现实的困境严重限制了中国共产党的社会统合能力的发挥。回溯过往，中国共产党之所以能取得新民主主义革命的胜利，凭借的不仅仅是战场上的军事斗争，中国共产党领导下的群众运动为军事斗争提供了巨大的保障作用。中国共产党在新民主主义革命时期所领导的土地改革、减租减息、大生产运动、合作化运动，乃至

---

① 杨雪冬：《中国国家构建简论：侧重于过程的考察》，《学术季刊》2002年第2期。

② 张杰：《建国后中国社会结构的两次变迁与中国共产党执政思维的转变》，《理论学刊》2006年第4期。

整风运动等不但发动了广大人民群众起来支持和拥护革命，而且还加强了根据地自身的生存能力和政权的领导能力。因此，在中华人民共和国成立初期，要满足现实社会统合的需求，必须使群众运动在新政权和新环境下予以进一步的发展，正如美国学者汤森所说，"与面临紧迫任务时求助于钱袋的西方政府相比，中国政府往往求助于扩音器"①。他所说的"扩音器"是有利于政策执行的民众舆论和民众支持，也就是说，在遇到现实或潜在的危机时，中国共产党选择将动员群众作为渡过危机的主要方式，而群众运动也随之成为中华人民共和国成立初期基本的社会统合模式。正如周恩来所说，新中国成立后"我们先后进行了土地改革、抗美援朝、肃清反革命、三反五反和思想改造的五大运动……如果没有这些运动的胜利，便不可能在新中国成立不久的短短时间内，就取得社会主义革命的基本胜利。这些运动都是在党的领导下以群众性的斗争形式进行的，因为不采取这种形式，便不可能把广大人民群众动员起来取得运动的胜利"②。

具体到中华人民共和国成立初的农村社会，要构建新的农村社会结构体系，没有农民的参与是不可能实现的。要实现动员农民的目的，仅仅依靠思想教育和政策宣传的作用是有限的，必须从农民的切身利益出发，开展一系列群众性的运动，借此启发农民觉悟，鼓励农民参与到农村社会改造中去。据此，在新中国成立后不久，中国共产党便领导农民进行了剿匪反霸、减租减息等运动，铲除了农村社会长期存在的土匪恶霸和反动会道门骨干分子，维护了农村社会秩序，提高了农民生产积极性，促进了新解放区农业生产的恢复和发展，也启发了农民的觉悟，在运动中农民协会、青年团、妇联、民兵等各种社会组织逐步建立起来，进一步实现了农村社会结构的改造。

---

① ［美］詹姆斯·R. 汤森、布兰特利·沃马克：《中国政治》，顾速、董方译，江苏人民出版社1994年版，第283页。

② 《建国以来重要文献选编》（第十册），中央文献出版社1994年版，第302页。

四 文化背景：趋于破产的农村文化

鸦片战争后的百余年时间里，中国被迫拖入了近代化的进程中，在此期间各种运动、改革或是革命纷至沓来，但农村和农民却被排除在近代化的视野之外。尽管农民或主动或被动地参与甚至于领导了其中的活动，却始终与近代化的福利绝缘，近代中国历史性的剧变反而以空前的速度和规模将中国农村拖入悲惨境地之中，农村文化也在这一过程中走向了破产的边缘。

（一）近代化进程中农村文化趋于破产的表现

从客观上来讲，鸦片战争后的中国社会或被动或主动地迈上了近代化的道路，中国社会也进入了大变革的历史阶段，但以政治和经济为主导的变革反而加剧了农村社会的动荡，传统社会中存在的种种矛盾并未得到有效改善，反而朝着与近代化相反的方向恶化着。不可否认，多数西方国家的近代化之路是以对农村的极大破坏为代价的，但中国的近代化之路对农村的破坏却是极其惨痛的。《南京条约》签订后，中国农村被卷入了世界商品经济市场之中，但传统农村商品经济的萌芽未能有效与其嫁接，反而沦为西方国家资本原始积累的来源，被卷入全球市场的中国农民将棉花、大豆、烟草、花生等作物作为主要经济种植物，往往世界上发生的一次不大的市场动荡，就会导致一大批中国小型种植户的破产。因此，多数中国农民并未如愿借近代的商品化浪潮而发家致富，相反，这种低水平的、畸形的、温饱型的商品经济，使绝大多数农民或多或少地陷入了贫困化而无法自拔。

到了清朝末年，统治者将改革的目标又放到了科举制上。不可否认，在中国历史上发挥过重要作用的科举制，发展到晚清已走向了极端，过于重视其对知识分子的意识形态操控作用，过于强调服从意识的渗透，原本的人才选拔制度变成了繁复的文字技巧的展示，即便如此，农村读书人若想摆脱"面朝黄土背朝天"的命运，除科举外别无他途。但在教育近代化的浪潮中，废科举、兴学堂的热潮在清廷的倡导下兴起，这"一废一兴"看似是将中国教育制度接轨世界潮流的举措,实则断绝了农村读书人的出路,农村中的读书人要么出洋留学,要么进入城镇、都市,或是参加新军。农村知识分子前途无望,使普通农家子弟失去了最基本的读书机会。就这样,在教育近代化的进程中,农村的人才大量流失,这种流失也造成了农村无法独自培养人才的恶性循环。除此之外,自然灾害、社会动荡、苛捐杂税等王朝晚期所面临的老问题在近代中国的农村也变本加厉、空前严重。在近代化的浪潮与农村社会绕不开的老问题的合力下,农村这个农村文化赖以生存的家园遭到破坏,农村文化无可奈何地走向了衰败。

农村文化趋于破产首先表现在农村文化教育的缺失上。在传统的农村社会中,由于科举制的存在,崇文重教之风盛行,农民对典籍、对读书人的尊崇溢于言表,不少饱学之士受制于科举的苛刻无法封侯拜相,为生计所迫,也为得到一定的人格上的满足,纷纷设馆授徒、反教乡里。传统社会的农村教育是以科举为目标的应试教育,其教授内容均是官方意识形态解读的儒家经典学说,教授的道德目标是效忠于统治者的"五常""八德"。从统治者的角度来讲,他们是鼓励这种基层教育的,而农民也希望子女接受教育可以明礼仪,并可以进行简单的读写与计算。从客观上来讲,农村对设馆授徒的要求也比较简单,有位先生加上所房子再配上点文房四宝就可以了。因此,传统社会中的农村文化教育并不像我们想象的那样破败与不堪,通常可见十数人家的小村都有一所私塾。但到了清末民初,随着科举制的废除,农村教育场所不断遭到废弃,农村的书院、义学屡建屡废,农村受教育的人数也不断减少。尽管此后国民政府曾试图改进基层教育以推动农村文化教育的发展,但成效甚微,甚至有所倒退。民国二十年(1931),河北省有学龄儿童3236313人,其中,失学儿童竟有2088844人,失学率高达64.54%。① 山东省在民国二十一年(1932)学龄儿童有4260708

---

① 河北省政府秘书处编制:《河北省统计年鉴(民国二十年度附十八十九年度)——教育类》,第38页。

人，其中失学者为 3102938 人，占总数 72.83%。① 河南省于民国二十三年（1934）对广武、灵宝等 35 县进行调查，共有学龄儿童 1344629 人，其中失学者竟为 1020996 人②，占总数 75.93%。女孩受教育水平尤其落后，民国二十一年（1932），山东省的小学生为 1233789 人，而其中女生仅占 7.3%。据河南省民国二十三年（1934）的调查，镇平、巩县等 15 县共有学龄女童 226746 人，其中失学者即为 203654 人③，失学率高达 90%。斯诺在《西行漫记》中对陕北农村教育的描述似乎也成为近代中国农村教育的一个缩影，"在西北，在我们到达以前，除了少数地主、官吏、商人以外几乎没有人识字。文盲几乎达到百分之九十五左右。在文化上，这是地球上最黑暗的一个角落"④。

农村文化趋于破产其次表现在农民的价值信仰上的缺失与混乱。在以忠孝仁义为核心的儒家思想唱主旋律的传统社会中，农村有着一套完整的意识形态框架，并据此形成稳定的乡村道德秩序。除统治者所倡导的"孝顺父母、尊敬长者、和睦乡里、教训子孙、各安生理、勿作非为"这一圣谕广训外，农民也遵循着与其生活相适应的价值信仰。尽管其中不乏价值的机会主义和信仰的实用利己主义，但其依旧稳定而完整，主导着千百年来农民的精神世界。但到了近代，传统农村中依附于儒家道德观的一套完整而稳定的价值建构逐渐解体。例如，农民思想中的"义利观"在这一阶段彻底扭转。由于社会的巨变，到了近代社会，生存已成为农民的第一要务，为了谋生，农民传统的贵义贱利的价值观念受到了冲击，而商品经济以及由此而形成的商品意识冲破了农民固有的思想堤防，传统道德观中形成的"尚义赴义"不仅不合时宜而且显得迂腐不堪，贵义贱利的传统价值观也不再是什么"君子"崇尚的美德，反而在

---

① 山东省政府教育厅：《山东省中华民国二十一年度教育统计》，第 32 页。
② 河南教育厅编辑处印行：《中华民国二十三年上期河南地方教育视察报告》。
③ 郑起东：《近代华北乡村教育的变迁》，《中国农史》2003 年第 1 期。
④ ［美］埃德加·斯诺：《西行漫记》，董乐山译，生活·读书·新知三联书店 1979 年版，第 210 页。

某种程度上成了历史的痈疽和累赘。① 可以说，此时农民的价值体系中，好的没有继承，坏的却进一步凸显，在农民的价值追求中，个人得失之计为主，是非对错之分为辅。而原本在信仰方面就具有多元化和功利化的农民，在社会动荡的催化下，其直接表现就是农村中各种会道门组织林立，无论是集中于东南沿海大都市的青帮，还是遍及全国的洪帮系统的哥老会、天地会，以及西南的袍哥，势力莫不极大昌盛，甚至在有些地区达到了普及化的地步，帮会势力无所不在，神通广大。同样，农村里的各种教门也繁荣起来，这些以流民集团为骨干的教门，在北方某些地区也达到了普及的程度。

农村文化趋于破产还表现在农村文娱活动的缺乏上。传统农村社会的文娱活动是相对繁荣的，逢年过节有赛会和社火之类的活动，其原本的主要功能是敬神祭礼，但由于其周密的组织和安排，也演变成为农民在年节时的重要娱乐项目。在传统的农村社火中，不仅有鼓乐、舞狮、舞龙、踩高跷、扭秧歌等杂戏表演，还会出现巡游四方的仪仗表演，更会有成百上千的群众参与其中。比赛会和社火场面略逊的是香会，但也相当热闹，各地进香队伍里"旗幢鼓金者，绣旗丹旐各百十，青黄皂绣各百十骑，鼓吹步伐鼓鸣金者称是"。队伍中间"别有面粉墨，僧尼容，乞丐相，逞伎态憨无赖状，间少年所为喧哄嬉游也"②。但随着农村经济的凋敝和农村文化人才的流失，农村文娱活动也显露出发展的颓势，原来经常举行的乡村文娱活动出现了一定程度上的凋敝，农闲时节农村中的唱戏已属罕见，而村与村之间的赛会也时断时续，集市和庙会活动虽然还能持续，但也远不如从前红火。例如江苏省宝山县，从20世纪二三十年代开始，农村娱乐生活出现了由盛转衰的变化，"宝山这个连接上海、位于扬子江尽头南岸的小县，在十多年前（1925年前后）可说是康宁承平的世界……在夏秋之交田间初了的农闲时

---

① 乔志强、邓德艾：《在"义"与"利"之间——近代华北农民传统价值观的转向及其困守》，《山西大学学报》（哲学社会科学版）1996年第4期。

② 顾颉刚：《妙峰山》，上海文艺出版社1988年版，第31—32页。

节，有钱又有豪兴的少壮农民，集拥来拼凑些钱，搭个'草台'，唱几天'花鼓戏'，做几页'皮人影戏'，或者抬个'猛将'，来'看青苗'……到了秋尽冬来，棉花打在包裹，谷子装到囤下中，几个村庄联合起来，在附近庙上唱几天'草台戏'……可是这种盛世十余年来（1925—1935 年之间），年复一年减少，到现在已成为中年以上的人们口边的笑谈，小孩子们听而不见的故事了"①。1927 年对浙江衢州的农民调查也显示出农村娱乐生活的衰败，调查中说："至于说到娱乐，他们简直不知道是什么一回事。因为他们迫于生活的艰辛，哪里有这种闲情逸致，讲人生的娱乐呢？"②由此我们可以看出，在新中国成立前，农村社会结构的变化和农村经济的衰败，使"糊口与生存成为乡村农家生活的首要目标，遑论娱乐生活的发展了"③。

（二）农村文化趋于破产对农村文化建设的现实影响

与近代化福利失之交臂的中国农村不仅没有维系原本的发展轨迹，农村文化在此过程中也变得混乱而无序，基本上到了濒临破产的边缘，这也对农村文化的建设造成了诸多现实影响，农村文化教育的破败使农村趋于"武化"，价值信仰的缺失使公权力在农村中没有任何公信力可言，思想上无法融入近代价值观使农民作为一个阶层已被社会边缘化。

科举制被废除后，原本在农村社会自发形成的文化教育体系日趋瓦解，多数农民失去了接受最基本的文化教育的权利，农村的衰败和农业经济的不景气又使农村出现了"人口过剩"的状况，但中国的近代化经济发展却屡屡受挫，"过剩"的农民除极少数可享受到近代化提供的新工作机会外，不少农民沦为流民。民国以后，军阀混战迫使各军阀竭尽全力扩充军力，尽管军饷极低，风险极大，但依旧是"树起招兵旗，自有吃粮人"，当兵吃粮遂成为农村走投

---

① 《宝山农村的副业》，《东方杂志》1935 年 9 月 16 日，第 32 卷第 18 号。
② 《浙江衢州的农民状况》，《东方杂志》1927 年 8 月 25 日，第 24 卷第 16 号。
③ 董建波、李学昌：《20 世纪江浙沪农村社会变迁中的文化演进》，华东师范大学出版社 2010 年版，第 166 页。

无路的农民的首选"职业"之一。除当兵吃粮之外，生活的极端贫困使不少农民为了生存，铤而走险，沦为盗匪。民国以后，农村土匪活动地域之广、人数之多、为祸之烈和影响之大空前绝后，时人甚至讥诮当时中国的农村为"中华匪国"。军阀混战、土匪横行，对基层农村的社会秩序和安定造成了很大的影响，地主富户纷纷组建私人武装力量以防匡测。20世纪20年代以后，除数量庞大的正规军外，在基层社会还存在着"民团""团练"等名目的非正规军事力量。这就造成了对乡村的掌控取决于是否掌握乡村武装力量，因此，随着有文化有威望的士绅阶层离乡而去，农村的领导权逐渐落入掌握乡村武装的土豪劣绅手中。据加拿大华人学者陈志让考证，四川由军阀、团阀和高利贷者构成的"新"地主，虽然人数上与旧乡绅相差无几，但却占有87%以上的耕地，而旧乡绅所占耕地的比重不超过10%。① 总之，随着农村的读书人阶层或主动或被动地失去了对农村的掌控，在动荡的社会结构中，经过武装训练的人和大量的军械却散落在农村的各个角落，使农村在"武化"的路上越走越远。农村中原本崇文重教之风被打破，乡村义气等流民意识主宰了农民的意识形态，原本处于地下的或是半公开的农村武装组织得到认可，大规模地掌控了基层的权力，而农村作为一个组织其社会资源已接近枯竭，农村成为一个"类军事集团"，结构极其脆弱，成为社会危机的自燃点。

在传统农村社会中生活的农民，在政治观念上具有一定的实用主义气质，除税收政策之外，他们几乎不关心公权力的走向。因而在农民的政治意识架构中，并没有国家观念，他们所生活的地方被认为是"天下"，主宰天下的是一种超乎政治实体的东西，就是"天"。但"天"毕竟是虚幻的事物，"天"在人间的化身自然是被称作为"天子"的皇帝，而整个"天下"都归皇帝所有，即"普天之下，莫非王土"。但即便是被称作为"天子"的皇帝对普通农民而言也是遥不可及的，皇帝在农民意识架构中成为一个"神话人

---

① 陈志让：《军绅政权》，生活·读书·新知三联书店1980年版，第137页。

物"。而代表公权力和农民发生关系的是官,在农民心目中存在着原始的对天道的敬畏,所以农民对被称为"天子"的皇帝抱持的更多的是尊崇,而对与他们真正打交道的官心存更多的是一种敬畏。但到了清朝末年,原本被农民奉若神明的皇权的威望被侵略者和基层官吏的为非作歹不断削弱,原本留存在农民内心深处的对传统公权力的向心力被拔除。因此,到辛亥革命发生时,农民并不像市民和工人所表现的出的那种兴奋与积极,他们多是带着宿命的态度来旁观这场"政变"。民国建立之后,农民对公权力的漠视并未改善,反倒是军阀混战使"小皇帝"遍地都是,渴望安贫乐道的农民们对此更是无所适从,即便是看待与农民日常生活关系最密切的最基层的公权力,农民也试图将自己置身事外,冷漠地旁观着"官"们的粉墨登场。可以说,近代以来,农民传统价值观的瓦解,使中国农民对公权力的态度经过了从敬畏到不信任到冷漠,最终到蔑视的变化过程,这种心态将为新政权在农村中提升公信力、保证政策的顺利实施添置了巨大的障碍。

在传统社会儒家"士农工商"四民思想指导下,农民从表面上看似处于社会结构框架中较高的地位,尽管他们不会像士大夫一样能得到政府的优待,也不会像"工商"那样生活无忧,但农业是立国之本,农民也是这个重农国度中最为庞大的阶层,农民是极受统治者重视的社会阶层,因此有"民以食为天,国以农为本"之说。到近代以来,睁眼看世界的精英们经过对"中学"和"西学"的比较鉴别后,认为中国不唯"器"不如人,"道"亦不如人,精英阶层心目中"以夷变夏"、全盘西化的种子一经种下,在精英阶层对国家道路的设计中,农村这种讲"老道理"的地方和农民这些讲"老道理"的人自然会被抛弃。正如梁漱溟先生略带忧愤所说:"新路没有学成功,而旧路已被破坏不堪了。"[①] 把持话语权的精英阶层甚至以"学习外国与否"作为评判智愚之圭臬。因此旨在反对西方的义和团运动爆发时,效仿西方、力图变法救国的康有为、黄遵宪等社会贤

---

① 《梁漱溟全集》(第1卷),山东人民出版社1989年版,第610页。

达无不指义和团民为"愚者""乱民";到辛亥革命时,主持革命的革命党人对农民们减税、均田等传统要求视而不见,甚至对农民在革命中的不伦不类的作为和地位而感到可笑,革命党人甚至担心农民的参与会导致"义和团式"的社会剧烈动荡,即便是在掌握了全国行政权力之后,国民政府也继续忽视农民这个中国人数最多的社会阶层及他们的社会需要。可以说,随着农村文化的衰落,农村文化与中国近代的思潮进一步脱节,从而导致农民阶层被社会精英阶层的边缘化。随着农民社会地位不断地边缘化,农民在社会资源的分配和社会权利的享有上都遭遇不公平的待遇,心态上农民也形成了长期自怨自艾的态度,缺乏从传统到现代转变的心理动力。

第二节 中华人民共和国成立初期农村文化建设的条件

自 2013 年中央政府对金融业发展提出"用好增量,盘活存量"的八字指导方针后,经济管理学中"存量"与"增量"这对概念也被公众所广泛认知。在经济学中,"存量是指系统在某一时点时的所保有的数量",而"增量则是指在某一段时间内系统中保有数量的变化"①。如果将这一对概念运用于社会学之中,笔者认为,"存量"就是某一政策或行动实施前已具备的有利条件;"增量"则指某一政策或行动实施后可预测到的积极效果。在中华人民共和国成立初期,中国共产党进行农村文化建设,既具备了农村文化重建的有利条件,可以做好"盘活存量";又可以通过农村文化建设,实现提高农民素质、恢复农村社会秩序并将农业生产纳入国民经济体系中的目的,从而做到"用好增量"。

一 农村文化建设的"存量"分析
(一) 中国共产党在农村社会广泛的政治认同

在《费孝通传》中我们可以看到这样的场景。1949 年,费孝

---

① 成思危:《论中国社会主义市场经济制度下的发展计划》,《中国软科学》2005 年第 1 期。

通先生受中国共产党之邀赴当时中共中央所在地西柏坡共商国是,在去西柏坡的路上,费孝通看到有一队农民在没有军人用枪逼迫的情况下,点着灯笼、推着粮车,奔赴前线,为解放军运送军粮,长期在国统区生活的费先生从未见到过这样的场景,他被农民的自发行为所震惊,他感受到这些农民都拥有"内在自发的一致性",其内心深处都有一个"一致的目标:革命",他感受到了来自于农民支持的强大力量,中国就是依靠这个力量赶走了拥有飞机大炮的敌人,将来还要靠这力量来建设新中国。① 费先生所看到的场景,在解放战争过程中尤其是解放战争的收官阶段屡见不鲜,这也成为当时除共产党和国民党之外的中间路线者们津津乐道之事,即得到农民的拥护成为中国共产党夺取政权的最关键因素。不论农民是因为生活极端困苦而要求改变现状,抑或是农民试图以自己的力量改天换地,农民的支持和拥护是中国共产党取得新民主主义革命胜利的决定性因素。

  长期以来,土地一直被农民视之为最重要的生产资料,获得土地的所有权是中国农民梦寐以求的事情,中国共产党通过土改运动,满足了农民最迫切的现实利益需求,改变了近代以来农民啼饥号寒的生活窘境。胼手胝足的农民在物质利益获得满足的同时,被激发出了巨大的政治热情,农民从内心深处迸发出对共产党和人民政府的感激之情,"吃饭不忘毛主席,翻身不忘共产党"成为当时农民的广泛共识。湖南醴陵古塘乡的一个贫农,在分到土地后,难以抑制内心深处的激动情绪,跑了30多里路,只是为了做一些写着"中国共产党万岁万万岁,毛主席万岁万万岁""土地回老家,农民笑哈哈"的旗子,插在自己土改后分得的土地里。② 这种对中国共产党及其领袖的感激之情,成为农民实现对中国共产党政治认同的心理基础。

---

  ① 张冠生:《费孝通传》,群言出版社2000年版,第276—277页。
  ② 彭正德:《土改中的诉苦:农民政治认同形成的一种心理机制——以湖南省醴陵县为个案》,《中共党史研究》2006年第6期。

土改运动除在经济上对农民予以满足外，也对农村原有社会结构进行了瓦解，在新的农村社会结构中，农民体会到了"主人翁"的心理满足感，人民政府的工农属性也使农民感受到了人格上的尊重；同时，中国共产党在土改中所展现出的亲民、清廉、高效的工作作风满足传统农民对公权力的要求。因此，中华人民共和国成立初期农民对共产党一方面表现出感激，另一方面则是对国家政权强大力量的信任与敬畏。随着土改运动的进行和结束，根植于农民头脑中"人各有命，富贵在天"的传统命运观逐渐瓦解，取而代之的是政治觉悟和阶级觉悟的不断提升。经历土改运动中阶级斗争洗礼的农民，也逐渐认识到，造成他们生活困苦的根源不是命运和神灵，而是地主阶级的封建统治。于是，农民对命运和神灵的虔诚信仰被逐渐打破，取而代之的是对中国共产党、人民政府和领袖的崇拜与尊敬。一些农民深刻地感受到："敬了几十年神，也没有见过一颗粮，如今有了毛主席，领导大家翻身，减了租，反了恶霸，我只跟毛主席走，敬神干什么！"[①] 因此除了对中国共产党的感激之外，对中国共产党的信任与尊敬，也成为这一时期中国共产党在农村社会具有广泛政治认同的心理基础。农民对中国共产党广泛的政治认同感将使农民产生对党的政治体系和政治规范的信任感，这铸就了中国共产党在中华人民共和国成立初期文化建设的心理基础。

（二）农民对新时期文化建设的期待与渴求

在新中国成立前，农民在政治和经济上长期受地主阶级剥削，在文化地位上，农民也深受传统文化、宗法制度、旧文化体制的束缚，广大农民群众缺少享受精神文化的权利。正如毛泽东所说，"中国历来只是地主有文化，农民没有文化。可是地主的文化是由农民造成的，因为造成地主文化的东西，不是别的，正是从农民身上掠取的血汗。中国有百分之九十未受文化教育的人民，这个里面，最大多数是农民"[②]。同时，近代以来农村文化的衰败，导致

---

① 李立志：《土地改革与农民社会心理变迁》，《中共党史研究》2002年第4期。
② 《毛泽东选集》第1卷，人民出版社1991年版，第39页。

单调的农村文化生活无法满足农民对文化的需求。例如在抗战时期的革命根据地,边区政府或八路军便拥有规格较高、业务能力较强的剧团,这些剧团长期在农村进行下乡演出,但他们排演的剧目大多是苏联的大型话剧,这些剧目的内容并不符合农民对传统戏曲的品位要求,看这些戏剧只能权当做农闲时候的热闹罢了,即便如此,每逢演出台下的观众依然是人山人海,由此可看出农民从内心深处对精神文化是有极强的需求的。新中国成立以后,农民的社会地位极大地提升,农村的社会秩序日渐稳定,农业生产也日益恢复,农民对精神文化生活的渴求也日渐增强,其参与农村文化活动的积极性也极大地提升。在基层中国共产党党组织和政府的鼓励下,以戏曲表演为主要内容的农村剧团发展迅速,浙江省仅嘉兴、宁波、绍兴、临安等四个地区就有农村剧团1600个,全省农村剧团5000余个,参加农民在15万以上。[1] 在广东的农村地区,农民参与其中所形成的自办剧团的蓬勃发展,尽管离不开中国共产党和人民政府的支持与鼓励,但就内因而言,这种农民文娱活动的蓬勃发展归结于翻身后的农民普遍存在着强烈的文化需求。

从另一方面来讲,传统社会中农民对读书的尊崇之情源自科举制,概因其是普通农民可触的上升阶梯;但科举制被废除之后,农村中普通的读书人无法通过官方认可的途径实现从农民到"非农化"的转变,农民也始终无法通过正规渠道进入近代化的核心区域——城市,农民更无法融入城市生活之中。新中国成立之后,新政权的建设和工业化的进程对人力资源的需求极为旺盛,因此必须通过实现对农民的"非农化",以弥补劳动力资源的短缺。中华人民共和国成立初的农民"非农化"途径也十分有限,仅有少量的渠道可以实现身份的转变,如某一时期的城市招工招干、参军提干转干和高校招生毕业后进入城市非农产业等[2]。农民若想彻底摆脱

---

[1] 《中华人民共和国经济档案资料选编:农村经济体制卷》,社会科学文献出版社1992年版,第428页。

[2] 漆向东:《建国以来农民非农化途径考察》,《中州学刊》2008年第3期。

"面朝黄土背朝天"的农村生活,必须具备一定的可在城市立足的谋生手段,即一定的科学文化知识,成为脑力劳动者或具有熟练的技术手段而成为工厂中的体力劳动者,若想具备这些能力,基本的文化知识必不可少,这也成为农民对文化渴求的现实需求。

除此之外,"学而优则仕"也成为中华人民共和国成立初期乡村政权组织人才擢升的风尚,知识文化水平成为选拔农村基层干部的重要标杆,文化程度高的人有可能在乡村组织体系中获得更高的职位,在扫盲运动中学习成绩优秀者极有可能成为乡、村两级的农村基层干部。当时部分乡级干部,村支部书记、村委会主任、副主任(合作化时期改为合作社主任、副主任)、会计等村级组织的主要领导干部,几乎都是中华人民共和国成立初期的业余文化教育培养出来的,同时妇联主任、民兵连长、治保主任、调解主任、小组长等,也同样来源于此,可以说农民业余文化教育培养出的干部占据着农村管理者的绝大部分。[①] 正是这种以文化水平作为社会阶层流动标准的社会风尚,使农村社会在中华人民共和国成立初期在一定程度上恢复了崇文重教之风。因此,笔者认为中华人民共和国成立初期中国共产党开展农村文化建设的重要原因是农民对文化生活的强烈渴求。

二 农村文化建设的"增量"分析

中华人民共和国成立初期,中国共产党所面临的最重要任务就是如何恢复国民经济的发展、稳定城乡社会秩序,并在此基础上不断增加社会主义因素,使中国朝社会主义强国的方向迈进。但当时的中国毕竟是一个农业国家,农民人口占全国总人口的90%以上,如何处理好农民问题,将农村的发展恰如其分地置于国家发展架构之中,成为中国共产党在中华人民共和国成立初期农村工作的重要目标,农村文化建设也围绕这一目标而展开。因此,在中华人民共

---

① 李飞龙:《建国初期乡村社会的变迁——以农民教育的效果为中心》,《电子科技大学学报》(社会科学版)2009年第6期。

和国成立初期，农村文化建设可预见的"增量"就是恢复农村社会秩序、促进农业发展并服务于国家工业化、提升农民的综合素质。

（一）构建政治生活中政府与农民"中间力量"[①] 的需要

伴随着新生政权的建立和土改运动在全国范围内的展开，农村的社会结构发生了根本性变革。在传统社会农村政治架构中，士绅阶层以农村精英形象出现，在维持农村社会生活管理和自治的同时，扮演着衔接政府与农民个体的"中间力量"这一角色。近代以来，士绅阶层逐步淡出农村社会的舞台，传统农村社会中所形成的自治传统也应声瓦解。尤其是土改结束后，对于农民个体而言，实现了身份的自由、人格的平等和社会经济地位的提升，但政治架构中"中间力量"的消失，从国家社会治理层面来看，使新生的人民政权将直接面对无组织的、非系统的农民个体，这种"众声喧哗"的基层政权状况无法形成有效地政治沟通，下情无法上达，公权力无法实现"一呼百应"，尤其是土改完成后，小农经济在农村社会遍地开花，最基层农民的个体利益和国家发展的整体之间的矛盾也不断显现。重建政治生活中政府与农民个体之间的"中间力量"成为此时共产党农村工作的重要任务之一。在中华人民共和国成立初期，中国共产党凭借其所具有的极高政治威望和农村社会治理经验，通过农村文化建设这一手段，实现了政治生活中政府与农民的"中间力量"的构建。

在土改运动的进程中，中国共产党通过调动农民的积极性，用强制性手段废除了农村社会结构中的宗族权力和保甲体系，为了更好地构建农村政治网络，把广大农民组织动员起来参与新的基层政权建设，中国共产党借助大革命时期农会的工作经验，将最可靠和最积极的农民组织起来，形成了以农会为核心的过渡性农村基层政治架构。1950年中央政府颁发《农民协会组织通则》，其中规定，

---

① 中间力量：这一概念引自托克维尔的《旧制度与大革命》，又称"中间组织"、社会的"中间体"，处于公权力与民众个体的过渡环节，在日常政治生活中起着连接政府与个体的桥梁的作用，而在非常时期，则起到社会恶化制动闸的作用。

农民协会是"农民自愿结合的群众组织",承担着"保障农民的政治权利,提高农民的政治和文化水平,参加人民民主政权的建设工作"①。而在具体的农村社会生活中,农民协会在农村政治上担负着维护农村社会治安的义务,在农村经济上担负着保障农民生产、发展农村经济的责任,在此过程中逐渐演变为一级临时性的准政府组织,发挥着临时基层政权的社会治理功能,农会组织实际上充当了政治生活中政府与农民"中间力量"的角色,起到了上情下达的作用。因此,在土改进程中,党通过农村文化建设,一方面倡导农民的主体意识,批判传统宿命论,激发农民的斗争意识和反抗精神,将彻底摧毁农村社会中残存的旧的意识形态理论;另一方面宣传农民协会的政治优势,号召广大农民积极参加农会,从而改变其受压迫的地位,使他们获得了民主、自由和平等,进一步从根本上保障农民的政治权益。在中国共产党的宣传与号召下,到1952年6月,农会组织在各地已具备相当的规模,华北区绥远省的农民协会会员,已从土改前70多万发展到104.9万人;西北全区的农民协会会员已经发展到占总人口的30%到40%;中南全区农民协会的会员已有4000多万人;西南全区农民协会的会员已达3330万。②

土改运动完成以后,极大地提升了农民的生产积极性,农村的生产力水平显著提升,但土改仍维持着一家一户的小农生产结构,并未能改变农村生产资料的私有制结构。获得土地后的农民将注意力集中于改善自己物质生活条件上,纷纷订制增产计划,"发家致富"成为土改后农民的广泛共识。随着农业生产力的提升,农村获得土地的贫雇农通过努力劳作,逐渐演变为新中农阶层,土改后中农的比例由土改前的20%上升到土改后的60%③,农村的阶级结构出现中农化的趋势。而土地的私有无法阻止部分农民因生活所迫而出卖土地的行为,农民对土地的占有状况也随

---

① 《建国以来重要文献选编》(第一册),中央文献出版社1992年版,第346页。
② 《全国绝大部分地区完成土地改革》,《人民日报》1952年7月5日。
③ 陈吉元:《中国农村社会经济变迁(1949—1989)》,山西经济出版社1993年版,第88页。

之发生变化,这导致农村社会结构中新贫农和新富农阶层的进一步出现。1952年9月,中共中央华北局向中共中央报告说,据河北、山西、察哈尔三省的典型调查,新富农占总农户的2%强①。由于土改后农村所出现的新状况,中国共产党对农民个体生产的认可性也发生了变化。鉴于此,1953年12月,中共中央在《关于发展农业生产合作社的决议》中指出,土改后的农民一方面作为"劳动者"具有"发展互助合作的积极性",这种积极性可将农民"引向社会主义";但从另一方面来讲,农民也成为"私有者和农产品的出卖者",这决定农民具有的发展"个体经济的积极性",将发展为"农民的自发趋向是资本主义";农民作为小生产者的双重属性则"不可避免地在农村中产生了社会主义和资本主义这两条发展道路的斗争,而由于农业经济的恢复和逐步上涨,这两条发展道路的斗争,就越来越带着明显的、不能忽视的性质"②。这表明中国共产党已意识到土改后农民所暴露出的"自发资本主义倾向",这不仅不符合走社会主义道路所需的农业集体化和社会化的要求,也在一定程度上关系到政权的稳定性,要解决这一问题,只有将农民"组织起来",实现对农业的社会主义改造,才能化解在中国发展社会主义的基本要求与农村经济社会现状之间的矛盾,农业合作化运动随之开展。在合作化运动进程中,政府与农民之间扮演"中间力量"角色的也从农会逐渐转变为农业合作化组织,互助组、初级社、高级社先后在此过程中发挥着"中间力量"的作用。为动员农民群众加入农业合作化组织,中国共产党在农村文化建设中,采取形式多样的群众喜闻乐见的宣传工作,如黑板报、广播筒、宣传单等,对农民进行广泛动员,组织戏剧演出和宣传,举办社会主义训练班,并开展合作化模范评选活动,很大程度上打消了农民加入合作社的顾虑,提

---

① 《中国共产党历史》第2卷(上册),中共党史出版社2011年版,第128页。
② 《建国以来重要文献选编》(第四册),中央文献出版社1993年版,第662—663页。

升了农民参与合作化运动的积极性。到1956年12月，入社农户占全国农民比重高达96.2%，除西藏和几个省区的牧区以外，实现了农业的全面合作化。① 此后，在具体的农村社会生活中，合作社发挥着重要的作用，肩负着传达上级精神、制定农业发展计划，并将农业生产纳入国家计划的轨道中，发挥着"中间力量"的作用。

（二）将农业生产纳入国家工业化轨道的需要

新中国成立后，国家结束了持续百余年的动荡，中国共产党实现了真正意义上的国家统一，全国性的大市场随之确立起来；也建成了当时世界上鲜有的高效、廉洁政府，为真正大规模的国家经济建设奠定了基础。参照各国发展历史，此时摆在中国共产党面前的是两条截然不同的国民经济恢复与发展道路，一条是以保障人民生活资料的供给为前提，在国民经济的恢复与发展中按照农业、轻工业、重工业的顺序，逐步实现工业化。刘少奇在《国家的工业化和人民生活水平的提高》一文中指出，中国的工业化过程应遵循这样的道路前进，首先"必须恢复一切有益于人民的经济事业"；其次"以主要的力量来发展农业和轻工业，同时，建立一些必要的国防工业"；再次"要以更大的力量来建立我们重工业的基础，并发展重工业"；最后"就要在已经建立和发展起来的重工业的基础上，大大发展轻工业，并使农业生产机器化"②。另一条则是在"以苏为师"的背景下提出的"类苏联式"的工业化道路，即以重工业、轻工业、农业的先后顺序，进行国家的工业建设。"实现国家的社会主义工业化的中心环节是发展国家的重工业，以建立国家工业化和国防现代化的基础。"③ 而在发展重工业的过程中"相应地培养技术人才，发展交通运输业、轻工业、农业和扩大商业"④。对于新生的共和国而言，对比这两条摆在面前的国民经济发展道路，前

---

① 苏星：《新中国经济史》，中共中央党校出版社1999年版，第287页。
② 《刘少奇选集》（下卷），人民出版社1985年版，第4页。
③ 《建国以来重要文献选编》（第四册），中央文献出版社1993年版，第705页。
④ 《周恩来选集》（下卷），人民出版社1984年版，第109页。

者较为稳妥，在发展经济的同时兼顾了普通民众和农民的切身利益；而后者则可在极短的时间内奠定工业化基础。中国共产党权衡利弊后，选择了重工业、轻工业、农业的发展顺序开始了国家的工业化道路。

中国共产党在中华人民共和国成立初期选择优先发展重工业战略不仅取决于理论上生产资料要先于生活资料生产的政治经济学理论，更重要的原因取决于当时新中国所处的历史背景。一是在苏联的援助下，苏联优先发展重工业的经济战略对国民经济恢复阶段的经济结构产生了一定影响，使当时中国的经济结构有可能模仿苏联的模式发展前行，从而实现国家工业化的战略；二是朝鲜战争爆发及其由此带来的更加严峻的国际环境，使党和国家领导人对国家安全的形势倍感忧虑，尤其是抗美援朝战争的实践证明，国防工业的落后会给中国在对外战争和保卫区域和平带来巨大的困难，这加剧了中国共产党发展以国防工业为突破口的重工业的决心。因此，李富春代表国务院在全国人大一届二次会议上所做的《关于发展国民经济的第一个五年计划的报告》中明确指出，"优先发展重工业"是"社会主义工业化的中心环节"，"是使国家富强和人民幸福的唯一正确的政策"，"将为我国建立起社会主义的强大的物质基础"，只有发展重工业才能使制造业的技术得以改进，才能使"农业得到技术的改造"，"使运输业得到技术的改造"，"使国防更加巩固""保证人民的生活水平的不断提高"[1]。以重工业为主导的国家工业化战略随之被制定并执行开来。

从经济角度来讲，重工业主导下的国家工业化模式要求以资本的高积累和高投入为前提，但新中国是在战乱与动荡结束的年代建立的，国家和百姓手中的财富已消耗殆尽，可用于国家工业化的资金积累微乎其微，尤其是在实行"一边倒"政策的封闭环境下，可运用的国外资本也十分有限，苏联所提供的17亿卢布

---

[1]《李富春选集》，中国计划出版社1992年版，第135—136页。

长期贷款仅占中国工业基本建设计划投资的3%左右①。在此情况下，获取社会资本以迅速实现国家工业化最便捷、最有效，也是唯一的途径就是牺牲农民的利益，利用"工农业价格剪刀差"，从农业产品中攫取必要的资本积累。这一手段被当作国家工业化的必要战略一经确立，宏观的经济政策也随之产生，例如，低利率政策、低汇率政策、低投入品价格政策、低工资政策以及低生活必需品价格政策等。同时，以计划为基本手段的资源配置制度和没有自主权的微观经营制度（包括人民公社制度和国有企业制度）的相继确立，②确保了农村经济被迫纳入重工业主导下的国民经济轨道中来。

农业生产服务于国家工业化战略，就意味着农民将把个体辛勤劳作的一部分农产品无偿交予国家，供国家支配，但中国农业生产长期以来一直维持在一个较低的水平，农民的生活本来就不宽裕，尤其是翻身解放后的广大农民，最基本的要求是改善生活，增加消费，这与国家工业化的资本需求产成了强烈的矛盾。为缓解国家工业化建设与小农经济分散性之间的紧张关系，中国共产党一方面进行农业的合作化运动，使农民放弃个体家庭为单位的生产模式，转而投入集体劳作之中，将个体生产积极性转化为互助合作的积极性；另一方面，则进行广泛的宣传与动员，以思想教育的方式提升农民的政治觉悟，将拥护中国共产党和新生政权的道德热情转化为生产和纳粮的积极性，从而释放出巨大的物质力量。

（三）以党的意识形态引领农民主流价值构建的需要

中华人民共和国成立初期，整个社会处于全面转型的过程中，意识形态领域呈现思想多元化、价值观念混乱的状态，对于农民而言，则是旧的和新的两种意识形态并存，甚至交织在一起。农民头脑中既存在着以儒家意识形态为主导的、构建于血缘和宗姓基础之

---

① 《中国共产党历史》第2卷（上册），中共党史出版社2011年版，第201页。
② 林毅夫等：《论中国经济改革的渐进式道路》，《经济研究》1993年第9期。

上的、服务于自给自足小农经济的保守、闭塞的价值理念,同时也存在着政治地位、经济地位和社会地位提升后所表现出的主人翁意识的萌发。在政治观上,不少农民在思想上依旧沿袭着传统的政治观念,对新生政权存在着模糊的认识,其意识可及之处不过是与其现实生活休戚相关的物质及自身安全领域;同时通过土改运动、清匪反霸、阶级划分等运动的洗礼,部分农民的政治意识被逐渐唤醒,并主动参与到基层政权建设中,对新政权的认知也进一步清晰。在价值追求上,农民试图维系传统社会中所形成的稳定的生活方式和共同的价值取向,对新思想不自觉地采取了拒斥和怀疑的态度,价值追求也因此维持在"求稳不求变,求同不求异"的层面;部分农民在翻身后被调动起来的、巨大的革命积极性和政治热情在后革命时代也并未完全消退,其斗争激情"如脱缰的野马,再也勒不住了"[1]。而在物质观上,农民既存在着传统社会物质匮乏和物质占有不公条件下形成的"均贫富""平贵贱"心理,也存在着获得土地后力求发家致富的渴望,"光种点地不行,非想其他来钱道不可"[2]。在实现近代化和现代化的进程中,农村社会被视为极其重要的一个环节,农民价值认知上从传统到现代的转变,既是国家近代化和现代化的目标之一,也是推动国家发展的重要价值动力。尤其在实现国家工业化的进程中,近代社会以来各国工业化的实践证明,劳动者的专业化技能水平、分工的精密程度以及合作化水平是决定工业发展速度的重要因素,农村作为国家工业化进程中劳动力的重要来源,农民保守、闭塞的价值观与工业化进程中劳动者合作、敬业的态度格格不入,而马克思主义作为共产党人的价值信仰,其产生于工业化进程中的欧洲社会,其中所蕴含的科学精神和集体主义精神符合工业化进程中劳动者的思想要求,因此以共产党的意识形态引领农民的价值体系也被提上了日程。

---

[1] 汤晓丹:《路边拾零——汤晓丹回忆录》,山西教育出版社1993年版,第161页。

[2] 李立志:《变迁与重建——1949—1956年的中国社会》,江西人民出版社2002年版,第236页。

中华人民共和国成立初期，中国共产党由革命党转变为执政党，摆在其面前的首要任务是巩固和扩大政权根基，以防止反动势力对新生政权的颠覆。对此，毛泽东在七届二中全会上曾告诫全党指出："夺取这个胜利，已经是不要很久的时间和不要花费很大的气力了；巩固这个胜利，则是需要很久的时间和要花费很大的气力的事情。"① 刘少奇对这一问题也做出了指示："以后的工作，就是继续加强和巩固人民民主专政，防止反动分子复辟的阴谋，加强国防力量以保卫世界和平，防止帝国主义的侵略和进攻。"② 要实现政权的巩固，就必须扩大政权的群众基础，而农民作为当时占全国总人口90％以上的主要社会阶层，是中国共产党执政最重要的群众基础，也是党必须团结的对象。要实现对农民的团结，最有效的办法就是将中国共产党的意识形态变为农民的价值追求，并最终内化为农民的价值品质。正如亨廷顿在描述价值的传递与接受时所说，"要求人们把其忠诚和认同感从具体的、直接的群体（诸如家庭、氏族及村落）扩展到更大的、更少个人情感的集团（诸如阶级和民族）。同时，为了实现这个目的，它还日益要求人们依赖于普遍的价值观念而不是依赖于具体的价值观念"③。由此可见，以中国共产党的意识形态引领农民的价值成为当时稳定和巩固政权的客观需求。因此，在中华人民共和国成立初期，以中国共产党的精神观念体系和意识形态体系去代替原有的、不符合现代国家构建的价值体系，是农村文化建设的必然要求。

中华人民共和国成立初期的政治、经济、社会与文化环境对中国共产党的农村文化工作产生了深刻的影响，中国共产党在新民主主义革命时期的文化工作实践中，有着优良的传统，也累积了宝贵的经验，但新的背景要求共产党人必须有新的思路。列宁曾指出，"没有一个在任何环境和任何时期都善于进行政治斗争的坚强的组

---

① 《毛泽东选集》第4卷，人民出版社1991年版，第1438页。
② 《刘少奇选集》（下卷），人民出版社1985年版，第2页。
③ ［美］塞缪尔·亨廷顿：《变革社会中的政治秩序》，李盛平等译，华夏出版社1988年版，第33页。

织，就谈不到什么系统的、具有坚定原则的和坚持不懈地执行的行动计划"①，就不能有效地开展文化工作并利用文化工作去改造社会。中华人民共和国成立初期的中国共产党正是从当时特定的环境出发，审视其所面临的状况，合理判定文化工作在整个社会发展进程中的作用，科学安排农村文化建设的内容、正确选择农村文化建设的方法，以便"在一切条件下，在任何局势下，在各种情况下，都能实行自己的党的路线，以全党的精神去影响环境"，"以党的精神去影响群众"②。

---

① 《列宁全集》（第5卷），人民出版社2013年版，第2页。
② 《列宁全集》（第17卷）人民出版社2017年版，第338页。

第三章

农村文化建设的基本方略

新民主主义革命时期，毛泽东便对中国新文化的发展方向进行了描述，那就是无产阶级领导的、民族的、科学的、大众的文化。在1949年9月召开的中国人民政治协商会议第一届全体会议上，建设新民主主义文化被写入《共同纲领》，成为中华人民共和国成立初期文化建设的主要任务和方向，以此为导向彻底改变旧中国文化落后的局面，为人民群众提供丰富的文化产品，满足人民群众日益增长的精神文化需要，为向社会主义过渡提供精神动力和价值支撑。由此，中国共产党也开启了中华人民共和国成立初期的农村文化建设的深入探索之路，并在方针、原则、目标上提出了一整套行之有效的文化建设理论，构建了当代社会主义文化建设体系的最初理论框架的顶层设计。

第一节 农村文化建设的基本方针

中华人民共和国成立初期，中国共产党在对农村文化发展现状和农村文化建设经验进行总结的基础上，对当时农村文化的建设提出了一系列的方针和部署，以保证农村文化建设沿着正确的方向、采取正确的方法向前推进，这些方针继承和发展了中国共产党的新民主主义文化思想，体现了其文化建设的延续性和创新性。

一 以马克思主义指导农村文化建设

马克思曾经说过:"统治阶级的思想在每一时代都是占统治地位的思想。这就是说,一个阶级是社会上占统治地位的物质力量,同时也是社会上占统治地位的精神力量。"① 这说明作为上层建筑的文化,其具有特定的阶级属性,在社会生活中体现着统治阶级的意志。新中国是工人阶级领导的人民民主专政国家,工人阶级是国家政权的领导力量,马克思主义作为工人阶级的行动指南也成为新中国文化建设的指导思想。因此,刘少奇在全国宣传工作会议上明确指出:"用什么东西教育人民呢?就是用马列主义的思想原则。用马列主义的思想原则在全国范围内和全体规模上教育人民,是我们党的一项最基本的政治任务。我们要向社会主义、共产主义前进,首先就要在思想上打底子,用马列主义的立场、观点和方法来教育自己和全国的人民。"②

中华人民共和国成立初期,农民在两千多年封建思想浸淫下所形成的天道不变、生死由命、富贵在天、君臣父子、男尊女卑等封建观念依然根深蒂固,而由此所塑造的农村文化极不符合新民主主义和社会主义文化的发展要求,但这些封建思想并不会随着新中国的成立而自动消失,农民若不掌握科学的文化理论,以廓清思想中的消极因素,很难实现农村文化的健康发展。因此,农村作为中华人民共和国成立初期文化建设的重要阵地,必须用马克思主义指导其开展、解放农民的思想,保证农村文化的前进方向。1950年1月,中共中央在对《关于第一次全国工农教育会议的报告》的批示中指出:文化教育"首先要反对买办的、封建的、法西斯主义的思想,建立为人民服务的思想。但是为了建立和巩固为人民服务的思想,应当提倡和鼓励马克思列宁主义世界观和毛泽东思想的学习。这种提倡和学习,目的是在保证和贯彻目前历史时期的新民主主义

---

① 《马克思恩格斯全集》(第3卷),人民出版社1960年版,第52页。
② 《刘少奇选集》(下卷),人民出版社1985年版,第82页。

建设"①。由此确定了用马克思主义指导农村文化建设、改造农民思想的具体方针。此后，在不同的场合，中国共产党都一再强调必须坚持马克思主义的指导地位，在农村文化中用马克思主义的世界观和方法论指导实践行动，坚决肃清农村中封建主义思想残余对农村文化的腐蚀，保持农村文化建设的方向。毛泽东在1954年9月第一次全国人民代表大会上明确指出："指导我们思想的理论基础是马克思列宁主义。"② 为农村社会主义的文化建设奠定了思想基础、明确了指导方向，有力地推动了中华人民共和国成立初期的农村文化建设。

二 围绕农业生产进行农村文化建设

在文化与经济的关系上，恩格斯曾指出："政治、法律、哲学、宗教、文学、艺术等的发展是以经济发展为基础的。但是，它们又都互相影响并对经济基础发生影响。并不是只有经济状况才是原因，才是积极的，而其余一切都不过是消极的结果。这是在归根到底不断为自己开辟道路的经济必然性的基础上的互相作用。"③ 这说明马克思主义经典作家在关于文化与经济关系的认识上认为，将经济视作文化发展的基础，但不能够片面地理解为文化的发展是绝对被动的、静态的；相反，文化将对经济的发展释放出巨大的能量。对此，毛泽东也指出："一定的文化（当作观念形态的文化）是一定社会的政治和经济的反映，又给予伟大影响和作用于一定社会的政治和经济。"④ 因此，在新中国成立前夕召开的政协会议上，毛泽东指出，新中国成立后，"随着经济建设的高潮的到来，不可避免地将要出现一个文化建设的高潮"⑤。并且号召全党、全国人民要高度重视文化建设工作，特别是对工农群众的文化工作。

---

① 《建国以来重要文献选编》（第一册），中央文献出版社1992年版，第91页。
② 《毛泽东文集》第6卷，人民出版社1999年版，第350页。
③ 《马克思恩格斯全集》（第39卷），人民出版社1974年版，第199页。
④ 《毛泽东选集》第2卷，人民出版社1991年版，第663—664页。
⑤ 《毛泽东文集》第5卷，人民出版社1996年版，第345页。

"农业的恢复是一切部门恢复的基础,没有饭吃,其他一切就都没有办法。"[①] 在全国获得解放的背景下,如何提高农业生产力水平、增加农业产量,是整个国民经济恢复和发展的基础,也是一切农村工作的中心任务,农村文化建设也必须围绕农业生产的恢复与发展这个中心任务而展开。因此,必须进一步提高农民的科学文化水平,解放农民的思想,使农民积极参与到农业生产中来,为恢复和发展农业生产服务,并不断适应即将到来的大规模的经济建设对农民素质的要求。

从1953年开始,大规模的农业合作化运动在农村社会展开,其基本目标是要通过互助组、初级社和高级社逐步将农民组织起来,走向合作化的道路,以适应社会主义所需的农业生产的社会化。为了有效地配合合作化运动的开展,须进一步推进农村文化建设,一方面提高农民的文化水平,以具备最基本的读写与计算能力,从而满足合作生产劳作评计工分、制订生产劳动计划的需要;另一方面还应提升农民的思想觉悟,使农民认识到合作化的本质,让农民从内心深处理解合作化运动对农业生产和农村生活的积极作用。因此,在合作化运动开始以后,中央指出,"今后农民业余文化教育,必须紧紧跟随着和密切结合着农村互助合作运动和农业生产的发展,积极地有计划地扫除农村中的文盲,并逐步提高农民的文化水平,有效地为农业的社会主义改造和发展农业生产服务"[②]。由此可见,当时的农村文化建设围绕农业合作化运动展开,并在此过程中提升农民的思想文化素质,切实为农业生产服务。

三 完善组织领导推进农村文化建设

不断完善组织领导建设是中国共产党在革命与建设实践过程中的重要工作内容之一,完善的组织领导体系是中国共产党在革命与建设过程中充分发挥战斗堡垒作用的重要保障,也成为中国共产党

---

① 《周恩来选集》(下卷),人民出版社1984年版,第5页。
② 《建国以来重要文献选编》(第六册),中央文献出版社1993年版,第262页。

进行其他各项工作的组织载体。在中华人民共和国成立初期的具体工作中，中国共产党的组织领导体系，尤其是基层党组织发挥了巨大的作用。一是在方针政策的宣传落实上，发挥着政治引领、保障执行的作用，基层党组织必须对党的路线方针政策进行积极、广泛地宣传，并保证其在基层的贯彻和落实。二是在联系群众方面，发挥着上情下达、凝聚群众的纽带作用，基层党组织和党员来自于群众，也便于深入群众、听取民意、关心民众疾苦、了解民众情绪，一方面为基层民众排忧解难，另一方面将民众的意见和要求向上反映，做好下情上传。三是完善自身建设，发挥模范带头作用，普通民众对中国共产党的形象的最直观的认识来自于其基层组织状况，因此，中国共产党基层组织就必须搞好自身建设，增强战斗力，充分发挥先锋模范作用，增强群众对中国共产党党组织的向心力，发挥中国共产党对群众的引领作用。随着中国共产党基层党组织在农村地区的普遍建立，其在农村地区全面领导的功能定位也不断显现，并逐渐成为农村各项事业的领导核心，农村文化建设的组织领导体系也在此过程中不断完善。

中华人民共和国成立初期，农村社会原有的社会组织结构被瓦解，原本在农村文化中起主导作用的宗族势力被打破，农村文化的组织领导体系也出现了一定的真空，在文化建设过程中也出现了一些问题。"做宣传工作的人很少，宣传机构不健全，宣传人员的能力不强，这是我们的一个弱点。"[①] 为解决这一问题，中国共产党充分发挥农村基层组织的领导作用，并不断调动农民群众参与农村文化建设的积极性，中共中央在文化工作的组织领导方面提出了"政府领导、依靠群众组织、各方面配合"的原则，实现对文化工作"统一领导、分工合作，将工作做好的目的"[②]。在具体的农村文化建设实践中，中国共产党各级组织大量选拔农民出身的党员干部，组织其进行集中强化式的理论学习培训，广泛补充到基层组织

[①] 《刘少奇选集》（下卷），人民出版社1985年版，第84页。
[②] 《建国以来重要文献选编》（第一册），中央文献出版社1992年版，第432页。

中，并迅速充当起农村文化建设的政治辅导员角色。① 同时以"宣传网"为组织依托，持续广泛地进行中国共产党的文化建设理论和政策方针宣传，广泛选拔基层文化工作模范，发挥其示范带头作用。在强大的农村文化建设舆论氛围中，绝大多数农民群众都参与到农村文化建设的进程中，从中国共产党农村基层组织的"点"到广大农民群众的"面"，各级组织领导体系逐步构建和不断完善起来。在此影响下，各地农村纷纷成立文化宣传队，农民出身的文化宣传员和取材于农村生活的活动内容，使农村的文化产品体现出浓郁的乡土气息，表达了农民群众的真实感受，取得了广大农民群众的情感认同和内心共鸣，有力地推进了中华人民共和国成立初期的农村文化建设。

第二节 农村文化建设的基本原则

中华人民共和国成立初期中国共产党农村文化建设基本方针的提出，指明了农村文化建设的基本道路，保证了农村文化建设的前进方向。但农村文化建设工作有其特殊性，为了更好地协调各方面关系，保证中华人民共和国成立初期农村文化建设的实效性，中国共产党也在工作过程中明确了农村文化建设的基本原则。

一 普及与提高相结合的原则

在著名的《在延安文艺座谈会上的讲话》中，毛泽东对文化"如何去服务"问题进行了鞭辟入里的解析，即提出了文化建设工作应坚持"普及与提高"相结合的著名论点。这一论述深刻地回答了列宁就文化工作曾经提出的问题，"当工农大众还缺少黑面包的时候，难道我们要把精致的甜饼干送给少数人吗？"② 同时，这一论点

---

① 谢迪斌：《破与立的双重变奏：新中国成立初期乡村社会道德秩序的改造与建设》，湖南人民出版社2009年版，第141页。
② 中国人民大学国际政治系编：《马克思 恩格斯 列宁 斯大林论科学社会主义》（第四卷），中国人民大学出版社1988年版，第114页。

也对中国文化发展不平衡的状况提出了普及与提高相结合的解决办法，并为中华人民共和国成立初期农村文化建设提供了应坚持的基本原则，即在考虑农民群众对文化特定需求的前提下，坚持普及与提高相结合，切实保障农民在农村文化建设进程中的主体地位。

新中国成立前的很长一段时间里，中国的文化事业长期被帝国主义和官僚地主阶级所掌控，并成为维系其剥削和为统治地位服务的工具，文化性质具有浓厚的半殖民地半封建性。旧的文化体制、文化机构设置、文化工作内容和文化产品形态，都严重地脱离了社会生活和生产的现实需要，具有悠久文化历史和丰富文化传统的中国，在文化上表现出的则是愚昧、落后，广大的人民群众享受文化的权利基本被剥夺殆尽。为了给新中国重建经济、政治、社会秩序而寻求新的文化价值资源，新中国成立之初在代行宪法的《共同纲领》中便明确指出，新中国的文化建设"以提高人民文化水平、培养国家建设人才、肃清封建的、买办的、法西斯主义的思想、发展为人民服务的思想为主要任务"[1]，明确指出了新中国文化建设要将人民大众作为主要对象，以提高人民文化水平为重要任务，即在文化建设过程中要坚持"普及与提高相结合"的原则。在此精神的指导下，人民政府着手对文化教育、文学艺术、医药卫生等事业进行有步骤、有计划的整顿和改革，从根本上改变了旧中国遗留下来的半殖民地、半封建的文化体制，消除了帝国主义和封建买办势力在文化领域的影响，使整个国家的文化事业成为为人民服务、为新中国建设服务的重要力量，极大地丰富了人民群众的精神文化生活，并提高了中华民族的文化水平，为新政权建设提供了大量人才。

在中华人民共和国成立初期中国共产党领导的农村文化建设实践过程中，坚持普及与提高相结合的原则，首先应切实保障农民群众的文化权益，这就要求文化工作者要生产出反映农村实际生产生活的、被农民群众广泛接受的、通俗易懂的文化产品。在农村文化建设的内容上应尊重农民的文化需求，贴近农民生活、

---

[1] 《建国以来重要文献选编》（第一册），中央文献出版社1992年版，第11页。

反映农业生产；在文化建设的形式上，应采取平实化、通俗化的表达方式，不仅使文化产品和文化样态为农民创作，而且要为农民所广泛接受，最终能使农民所利用；在文化建设的方式方法上，应积极组织、开展具有乡土气息的群众性文化活动，充分发挥并调动农民群众的文化创造性。坚持普及与提高相结合的原则，其次要提高农民群众的整体文化水平，这就要求农村文化建设必须具有科学的、健康的价值指向，能够反映新中国社会发展的步伐，切实提升农民群众意识形态的进步性、价值取向的革命性和文化水平的科学性。据此，在中华人民共和国成立初期的农村文化建设过程中，中国共产党始终坚持以马列主义的观点和方法去教育农民，提高农民群众的思想觉悟；增强爱国主义和时事政治的教育，扫除民族自卑心理，提高民族自尊心和自信心；结合农业生产开展广泛的扫盲运动，提高农民群众的科学文化水平。

二 批判与继承相结合的原则

社会意识遗产的继承归根到底要受社会存在及其发展的制约，每个历史时代的社会文化都不是当时的人们凭空创造出来的，而是在正确地吸收和借鉴前人已有的文化成果基础上加以创新，才能实现文化的繁荣与发展。以扬弃的态度对待古今中外的一切文化理念，批判地继承人类文化成果，是马克思主义文化理念的重要内容。因此，列宁指出，"只有确切地了解人类全部发展过程所创造的文化，只有对这种文化加以改造，才能建设无产阶级的文化，没有这样的认识，我们就不能完成这项任务"[①]。中国共产党在文化工作的实践中，始终坚持马克思主义文化理论的这一观点，在新民主主义革命时期，毛泽东就曾说过："继承中国过去的思想和接受外来思想，并不意味着无条件地照搬，而必须根据具体条件加以采用，使之适合中国的实际。"[②] 只有这样做，才可以更好地发展中

---

① 《列宁全集》（第39卷），人民出版社2017年版，第334页。
② 《毛泽东著作专题摘编》（下），中央文献出版社2003年版，第1583页。

国的新文化，以便为人民提供更好的精神食粮，为革命与建设提供更充足的精神动力。在对待传统文化的态度上，毛泽东认为，"我们这个民族有数千年的历史，有它的特点，有它的许多珍贵品。……从孔夫子到孙中山，我们应当给以总结，承继这一份珍贵的遗产。这对于指导当前的伟大的运动，是有重要的帮助的"。因此，如果在文化上彻底否定其继承性，就意味着对历史的割裂，"学习我们的历史遗产，用马克思主义的方法给以批判的总结"①。这就要求在文化建设上，"清理古代文化的发展过程，剔除其封建性的糟粕，吸收其民主性的精华，是发展民族新文化，提高民族自信心的必要条件"②。

  对传统文化批判地继承也成为中华人民共和国成立初期农村文化建设的重要方针之一。在传统社会中，农村文化在教育农民、维系农村稳定、发展农业生产中曾发挥过一定的作用，并在此过程中形成了独具特色的文化形态。但是，传统的农村文化形成并发展于封建时代，其中依然残存着腐朽的、愚昧的内容，无法适应新中国成立后新型农村社会发展的需要。因此，要推动农村文化建设的发展，就必须辩证地看待农村文化形态，既要剔除其中残留的封建的、腐朽的东西，也要继承和发扬其中优秀的、精华的成分，从而体现新时期、新农村文化的民族特性。例如在当时农村的戏曲改革工作中，在《关于戏曲改革工作的指示》中明确指出，"必须革除有重要毒害的思想内容，并应在表演方法上，删除各种野蛮的、恐怖的、猥亵的、奴化的、侮辱自己民族的、反爱国主义的成份。对旧有的或经过修改的好的剧目，应作为民族传统的剧目加以肯定，并继续发扬其中一切健康、进步、美丽的因素"③。对农民喜闻乐见的戏曲曲目在改造的基础上加以保留，并"推陈出新"，进一步丰富了农民的文化生活。

---

① 《毛泽东选集》第2卷，人民出版社1991年版，第533—534页。
② 同上书，第707—708页。
③ 《建国以来重要文献选编》（第二册），中央文献出版社1992年版，第251页。

三 因时制宜与因地制宜相结合的原则

文化产生于人类的社会物质实践，文化所处的社会环境对其发展产生重要的影响，不同地区的文化形态和文化发展水平也不尽相同，因此要改变文化发展状况，并产生积极的效果，就必须根据不同环境和现实状况对其施加不同的影响。中华人民共和国成立初期，中国共产党面临着复杂的农村文化建设局面。首先，与工业生产不同，农业生产要适应农时节气，"掌握季节，不违农时"是农业生产最基本要求之一，由此造成了农民群众参与农村文化建设的时间有限；其次，从空间上来看，这一时期不同地区农村文化发展水平具有不平衡性，文化形态存在差异性，农民对统一文化产品的认可程度也有所不同。面对这一现实局面，中国共产党在中华人民共和国成立初期农村文化建设的进程中，坚持因时制宜与因地制宜相结合的原则，审慎推进农村文化的建设进程，并取得了较好的成果。

季节性和周期性是农业生产的两个重要特征，这就决定了农民与市民或工人在生产时间上存在一定的差异性。中华人民共和国成立初期的农村文化建设围绕农业生产而展开，因此其必须照顾到农业生产的时令性，这也决定了农民参与农村文化建设的时间有限。土改结束后，获得土地的农民农业生产的积极性被极大地调动起来，农民群众渴望通过辛勤的劳作改善其物质环境，因此日常生活的大多数时间被农业生产所占据，这进一步挤占了农民参与农村文化建设的时间。针对这一现实状况，中国共产党在领导农村文化建设的进程中采取因时制宜的原则，在农闲时节广泛开展农村文化活动。对农民的文化教育活动大多放在农闲时的冬季或不用参加劳动的晚上，采取冬校和夜校的方式；对农民的宣传活动也大多放在晚上，采取"开夜会"的模式；农民的文娱活动，则多数放在冬季年关的农闲时节；农村体育活动则在农业生产间隙广泛开展。坚持因时制宜的原则，有效地利用了农民农业生产活动以外的时间，极大地提升了农村文化建设的效果。

文化发展水平的不平衡是指不同地区文化建设在总体上所呈现

出的程度上的高低和发展速度的快慢。在新中国成立前，半殖民地半封建的社会性质造就了不同地区发展水平的不均衡，东部沿海地区有较好的农耕条件，在历史上也开埠较早，近代化的思想观念在潜移默化中影响着当地农村的文化发展，这一地区的农民的思想更为开放、眼界更加开阔。靠近城市的农村处于农业社会与工业社会的过渡地带，其文化形态也受到工业思想影响，文化发展水平也略高于远乡农村地区。平原地区的耕作条件优于山区，交通也更为便利，更易于接受近代化思潮，平原地区农村的文化发展水平则优于山区农村。不同地区不仅存在着文化发展水平的不均衡现象，由于不同的历史传统和迥异的风俗习惯，农村地区的文化形态也存在着巨大的差异性，尤其是少数民族农村地区和偏远农村地区。针对中华人民共和国成立初期农村文化的这一状况，中国共产党在推进农村文化建设的进程时坚持因地制宜的原则，这是中国共产党实事求是工作作风在农村文化建设过程中的现实表现。在具体的农村文化建设实践中，中国共产党的基层文化工作者广泛深入农村地区，考察不同地区的文化历史背景和风土人情，试图在尊重传统、尊重农民生产生活的基础上，将农村文化建设统一到中国共产党的总方针上来，从而使农村文化建设的具体措施可以被农民群众所认可和接受，在积极参与到农村文化建设的过程中，推进农村文化的发展。

第三节　农村文化建设的基本目标

中国共产党人认为文化将"影响和作用于一定社会的政治和经济"[1]，这就意味着文化建设将对政治和经济工作具有能动的反作用，文化工作应服务于一定的政治和经济工作。正如刘少奇所说："我们的宣传工作是不能离开当前的中心工作的，并且是为了保证各项中心工作的完成的。"[2] 因此，文化建设的目标就应对中心工

---

[1]《毛泽东选集》第2卷，人民出版社1991年版，第663—664页。
[2]《刘少奇选集》（下卷），人民出版社1985年版，第86页。

作提供强有力的保障和支撑。中华人民共和国成立初期,中国共产党的中心工作就是要实现把我国从落后的农业国建设成为先进的工业国,从而在此基础上实现向社会主义的过渡,农村文化建设也紧紧围绕这一中心工作展开,农村文化建设的目标也是实现工业化背景下农民角色的转变和增加农村的社会主义因素。

一 国家工业化背景下农民角色的转变

对于中国共产党来说,新中国的成立标志着其领导下的新民主主义革命的胜利,但从马克思主义的理论来讲,无产阶级政党无论是取得民族民主革命的胜利,抑或是取得一国社会主义革命的胜利,都不意味着其革命使命的终结,只是在为实现全人类共产主义社会而不断革命的道路上增添了一个砝码。因此,在一国获取革命胜利后,要继续进行怎样的革命和如何革命,仍有待于进一步研究和探索。在现实条件下,无产阶级政党获得一国革命的胜利后,当务之急是应从革命党(即领导人民为夺取全国政权而奋斗的党)向执政党(即领导人民掌握全国政权并长期执政的党)转变,合理运用和充分发挥国家政权的力量,推动经济、政治、文化、社会发展,逐步建成和实现社会主义社会,为未来进入共产主义社会准备和积累物质、精神条件。[①] 对于中国共产党而言,获取国家政权在理论上虽不是革命的终结,但执政的重任已摆在眼前,完成从革命党向执政党角色的转变成为其自身建设的重要任务。而此时的农民的角色也应从新民主主义革命的主力军转变为新民主主义国家的建设者,因此,此时农村文化建设应以实现农民角色的转变为首要目标。

(一)"严重的问题是教育农民"

1949 年 6 月,毛泽东在论述新政权形态的著名文章《论人民民主专政》中提出了一个著名论断:"严重的问题是教育农民",

---

① 王贵秀:《从革命党到执政党——中国共产党政治成长中的地位转变与角色转换》,《中共中央党校学报》2008 年第 4 期。

这一论断的提出说明中国共产党在新民主主义革命胜利的前夕已经意识到革命胜利后农民角色的转变问题。

在中国共产党七届二中全会上，毛泽东指出："从现在起，开始了由城市到乡村并由城市领导乡村的时期。"① 这既标志着中国共产党农村包围城市的革命道路的成功，也表明新民主主义革命胜利后党的工作重心将由农村转向城市，实现国家的工业化成为新中国成立后的重要任务。马克思主义认为，"大工业及其所引起的生产无限扩大的可能性，使人们能够建立这样一种社会制度，在这种社会制度下，一切生活必需品都将生产得很多，使每一个社会成员都能够完全自由地发展和发挥他的全部力量和才能"②。这就意味着，从马克思主义理论上来讲，社会主义只能建立在工业化和城市化的基础之上。而从中国发展和巩固政权的现实情况来讲，毛泽东指出："要中国的民族独立有巩固的保障，就必须工业化。我们共产党是要努力于中国的工业化的。"③ 由此可以看出，发展工业化是实现社会主义的当务之急，也是民族富强和独立的根本保障。因此，在全国政协一届一次会议通过的《共同纲领》规定，中国要"发展新民主主义的人民经济，稳步地变农业国为工业国"。这就不只是党的一般号召，而是以国家临时宪法的形式，确定了经济发展的战略目标。④

实现国家的工业化被确立为国家经济领域的最主要目标之后，各项工作也围绕这一目标而展开。毛泽东在中华人民共和国成立初期时说："中国的主要人口是农民，革命靠了农民的援助才取得了胜利，国家工业化又要靠农民的援助才能成功。"⑤ 这意味着，工业化要从农村中汲取必要的资金，在现实工作中，用工农业价格剪

---

① 《毛泽东选集》第4卷，人民出版社1991年版，第1427页。
② 《马克思恩格斯全集》（第4卷），人民出版社1958年版，第364页。
③ 《毛泽东著作专题摘编》（上），中央文献出版社2003年版，第827页。
④ 陈答才：《论周恩来对中国现代化理论与实践的贡献》，《陕西师范大学学报》（哲学社会科学版）2011年第4期。
⑤ 《建国以来重要文献选编》（第一册），中央文献出版社1992年版，第322页。

刀差的方式获取农业剩余价值，实现对农产品剩余价值的汲取，成为国家开展大规模工业化所需资本的最主要来源。"就是发展为农民所需要的大量生活资料的轻工业的生产，拿这些东西去同农民的商品粮食和轻工业原料相交换，既满足了农民和国家两方面的物资需要，又为国家积累了资金。"① 采用价格这一隐蔽的手段，从农民手中获取农业剩余，保证了原材料和劳动力的低成本，实现了工业产品的超额利润。但随着工业化的不断推进，农民所要付出的日渐增多，如何通过对农民感情伤害最小的方式获取农业剩余，成为摆在中国共产党面前的重要问题。因此，从"教育"着手，以这一柔性的手段缓解工业化进程中农民与国家的矛盾是中国共产党理性的选择。可见，"严重的问题是教育农民"这一论断的提出，其实质是中国共产党面临国家工业化这一历史重任，如何实现农民从民主革命的主力军转为工业化所需资本的提供者的角色转变。

（二）以农村文化建设推动农民的角色转变

新民主主义革命胜利后，中国共产党的角色和地位都发生了质的变化，由努力通过暴力手段获取革命胜利的革命党，变为一个社会主义大国的执政党。角色的变化促使中国共产党工作的视角和出发点都发生了变化。新中国成立后，农民的角色由革命的主力转变为国家的建设者，而中国共产党对农民的态度则由化农民参与革命的积极性为发展生产、建设国家的积极性。

但在中华人民共和国成立初期，农民在新民主主义革命阶段所形成的革命热情并未衰退，尤其是在土改过程中伴随着对阶级划分和阶级斗争的宣传，通过向农民灌输地主在与农民的交往中对农民的剥削与巧取豪夺，进一步激发了农民思想上继续革命的合理性，并将农民的不满对象从恶霸地主扩大到整个地主阶级，最终推而广之到所有的富人阶层，"重贫轻富"的价值观在农村社会蔓延。早在1948年解放区的土改运动中，习仲勋便发现了农民思想中的这种错误苗头，在土改中形成的"贫农团"的成分很复杂，一些贫农

---

① 《毛泽东著作专题摘编》（上），中央文献出版社2003年版，第830页。

确实是因为"地坏、地远，或人口增加"，或自然灾害所致贫，有的却是"因为吃、喝、嫖、赌，不务正业而致贫者"，而后者在所有贫农中所占比重达到四分之一，这一部分人的思想将导致"贫农团一组织起来，就是向中农身上打主意，'左'的偏向，亦由此而来"①。与此同时，平均主义、农民社会主义等"落后的""倒退的"思想在农民群众甚至是共产党的基层组织中滋生，这种由小农意识演变而来的"继续革命"思想，在建设时期若不进行及时抑制或正确引导，必定对农村社会秩序和农业生产造成不良影响，将导致农民的翻身、农业的生产和农村的秩序三者之间内在关系形成紧张局面。从另外一个角度来讲，土改完成后，农民的利益关注点发生了变化，从获得土地变为如何使土地增值，因此"发家致富"的思想是土改后农民的普遍观念。尽管从客观上看，这种"发家致富"思想是土改后政治和经济翻身的农民提升自己经济实力的现实反映，但中国共产党则对这种个体生产的积极性做出了否定的评判，认为这是土改后小农私有观念膨胀的表现，如果任其发展将必然导致资本主义的萌芽，并对国家的工业化和政权的稳定造成伤害和冲击。

据此，要解决国家的发展和农民小农意识之间的矛盾，就必须通过包括"教育农民"在内的一系列文化建设任务，实现农民角色的转变，将农民这一"落后的生产方式"的代表，纳入国家工业化与社会化的体系中，便成为中华人民共和国成立初期农村文化建设的目标。

二 增加农村的社会主义因素

中华人民共和国的成立并不代表中国共产党革命事业的终结，根据马克思主义继续革命理论，其不过是社会主义革命的起点。中共中央起草的《关于建国以来党的若干历史问题的决议》对新中国成立之后三十二年的历史进行评价时，开篇便指出："中国共产党

---

① 《习仲勋文选》，中央文献出版社1995年版，第47页。

在中华人民共和国成立以后的历史,总的说来,是我们党在马克思列宁主义、毛泽东思想指导下,领导全国各族人民进行社会主义革命和社会主义建设并取得巨大成就的历史。"① 因此,新中国成立后的第一个历史阶段,我们称其为社会主义革命时期,而根据这场革命的内容和特点,《决议》也进行了科学的论述:"从一九四九年十月中华人民共和国成立到一九五六年,我们党领导全国各族人民有步骤地实现从新民主主义到社会主义的转变,迅速恢复了国民经济并开展了有计划的经济建设,在全国绝大部分地区基本上完成了对生产资料私有制的社会主义改造。"② 也就是说,中华人民共和国成立初期政治、经济、社会、文化各项工作的总原则,是在工作中不断增加社会主义因素,以使中国向社会主义过渡。由此可见,中华人民共和国成立初期农村文化建设的基本原则,也是增加农村的社会主义因素。

(一)农村社会主义化要求的提出

中国共产党在新中国成立前夕召开的七届二中全会上便已指出,在全国革命胜利以后,中国将进入新民主主义社会阶段,中国共产党的主要工作和根本任务就是要稳步地促进相互联系的两个转变,即中国由农业国转变为工业国、由新民主主义社会转变为社会主义社会的发展方向。但在何时实现新民主主义向社会主义过渡的问题上,中国共产党并没有制定确切的时间表。中华人民共和国成立初期,中国共产党曾经预计通过10—15年的新民主主义建设时期,以便从容地向社会主义过渡。对此,毛泽东也认为,新民主主义革命的胜利是"完成新民主主义到社会主义的过渡的准备",要实现从新民主主义社会向社会主义的过渡,我们要"努力发展经济",使"经济上完成民族独立,还要一二十年时间"③;在向社会主义过渡的方式上应"从容地和妥善地","在国家经济事业和文

---

① 《中国共产党中央委员会关于建国以来党的若干历史问题的决议》,人民出版社1981年版,第7页。
② 同上书,第11页。
③ 《毛泽东文集》第5卷,人民出版社1996年版,第146页。

化事业大为兴盛了以后，在各种条件具备了以后，在全国人民考虑成熟并在大家同意了以后"①方可进行。随着中华人民共和国成立初期民主主义革命的胜利完成，国家经济恢复的迅速实现，中国的政治、经济形势都发生了崭新的变化，根据这些新的变化，中国共产党对向社会主义过渡的战略进行了调整，提出并完善了社会主义过渡理论，这对农村的社会主义化也提出了新的要求。

从1949年到1952年中华人民共和国成立初的三年时间里，中国在政治和经济上都发生了巨大的变化。政治上，民主主义革命残留任务胜利完成，工人阶级领导下人民民主专政的新生政权更为稳定；经济上，公有制经济不断发展壮大，在国民经济所占的比重和重要性都显著提高，经济中的社会主义因素也不断增强。根据现实政治、经济形式新变化所提出的新要求，中国共产党对原本所设计的"从容地和稳妥地"向社会主义过渡的计划进行了调整，即立即采取社会主义工业化和社会主义改造并举的方针，完成经济上的社会主义革命任务，确立社会主义的经济基础和经济制度。经过反复商讨和酝酿后，中共中央于1953年9月提出了过渡时期的总路线，即"要在一个相当长的时期内，逐步实现国家的社会主义工业化，并逐步实现国家对农业、对手工业和对私营工商业的社会主义改造"②。随着过渡时期总路线的提出，农村社会主义化的要求也被提出，"小农经济是分散的和落后的，一家一户就是一个生产单位，土地是分成小块经营的，农具还是古老的，耕耘靠人力和畜力，无力采用农业机器和新的耕作制度……如果不对它实行社会主义改造，农村中少数人就会发展成为富农剥削者，而多数人就不得不忍受贫困甚至破产的痛苦。因此，必须按照社会主义的原则来逐步改造我国的农业"③。这表明新的任务要求已对农村社会提出，那就是围绕向社会主义过渡的

---

① 《毛泽东文集》第6卷，人民出版社1999年版，第80页。
② 《建国以来重要文献选编》（第四册），中央文献出版社1993年版，第495页。
③ 同上书，第713—714页。

战略目标对农村进行社会主义改造。

(二) 农村文化建设中社会主义因素的提升

随着农村的社会主义改造被提上日程，农村文化建设的社会主义化也随之产生。农村文化的社会主义化并不像农业合作化运动那样以迅猛的方式而完成，但其对农村文化形态和农村文化发展方向都造成了深远的影响。事实上，从新中国成立起，农村文化的社会主义改造就已经产生，以向社会主义文化过渡为目标而出现的新民主主义文化，是由无产阶级领导的，是世界无产阶级社会主义新文化的一部分，因而"具有社会主义的因素，并且不是普通的因素，而是起决定作用的因素"①。马克思主义在文化建设中指导地位的确立，确保了新民主主义文化向社会主义文化的前进方向，这也决定了新民主主义文化随着社会的改革与发展必然会过渡到"反映社会主义社会和社会主义经济"的社会主义文化。

中华人民共和国成立初期，在社会性质上是社会主义因素不断增长的七年，因此，文化建设中的社会主义因素不断增长也必然随之而来。正如毛泽东所说："社会的生产力和社会的生产关系相结合，就是社会的生产方式。社会的生产方式是一切社会制度、政治制度和精神生活的基础。"②但历史进程的推陈出新与承前启后是一个复杂的过程，文化现象尤其如此。文化上的社会主义化是不可能一蹴而就的，其变化表现在新的文化样态不断孕育，旧的、落后的、非社会主义的文化样态不断腐朽、削弱。因此，在农村社会向社会主义过渡的进程中，不断加强对农民的社会主义宣传，融入社会主义因素，提倡社会主义精神，反对自私自利的小农倾向，用"社会主义和集体主义的思想教育"改变农村社会主义化过程中"退社""单干"等极端方式，使农民接受社会主义社会所应坚持的价值理念，"这就是要用明白易懂而为农民能够接受的道理和办法，去教育和促进农民群众逐步联合起来，把落后的小规模生产的

---

① 《毛泽东选集》第2卷，人民出版社1991年版，第704—705页。
② 《毛泽东文集》第5卷，人民出版社1996年版，第55页。

个体经济变为先进的大规模生产的合作经济"①，使广大农民"愿意在党的领导下逐步地走上社会主义道路"，并相信党"能够领导农民走上社会主义道路"②。通过农村文化建设，不断增加农民思想中与农村文化生活中的社会主义因素，使农村社会向社会主义整合与发展，是此时农村文化建设的基本原则。

---

① 《建国以来重要文献选编》（第四册），中央文献出版社1993年版，第715页。
② 《毛泽东文集》第6卷，人民出版社1999年版，第430—431页。

第四章

农村文化建设的主要内容

中华人民共和国成立初期,农村文化建设在中国共产党的农村工作中处于重要的地位,并在现实中发挥着积极的作用。从共产党人的情感上来讲,农民作为新民主主义革命胜利的重要动力,在政治上和经济上翻身后,应积极推动农村文化建设,以满足农民群众的精神文化需求;从客观上来讲,中华人民共和国成立初期中国共产党所面临的严峻局面,需要文化建设以实现政权的稳定、经济的发展和社会的改造;从农民自身的角度来看,在新中国成立前的很长一段时间里,农民遭受着地主和资本家的双重剥削,其基本的文化权利被剥夺,长期处于思想的愚昧和文化上的缺乏状态,而新中国成立后的农民"深深地感到不识字会怎样地影响自己政治上的进步和生产技术的提高,因此他们渴望摆脱没有文化的状态"[1]。农民基于自己生产生活的切身需要,以及在新生政权中"主人翁"意识的萌发,也被国家欣欣向荣的前景所鼓舞,对文化生活的渴望积极而强烈。因此,在顶层驱动和底层需求的推动下,以道德革新、教育普及、文娱改造和体育卫生事业起步为主要内容的农村文化建设轰轰烈烈地展开了。

第一节 社会道德的革新

传统社会中以"忠孝仁义""礼义廉耻"为核心的社会道德观

---

[1] 皇甫瑾:《学习文化提高生产》,《新华月报》1954年第11期。

在农村社会维系了上千年的核心价值地位,其中固然有对农民道德塑造和对农村社会稳定的积极作用,但其中也掺杂着"主辱臣死"的愚忠、"卧冰求鱼"的愚孝、"失节事大"的愚贞和"夫死殉夫"的愚节,这些将传统社会道德演绎到极致而为之的封建礼教,明显不符合中华人民共和国成立初期农村社会发展的需求,更不符合农民对个体解放的追求。因此,在中华人民共和国成立初期,农村社会的改造与发展中,剔除束缚在农民身上千百年来的道德枷锁,是此时中国共产党农村文化建设的第一要务。

一 新政治观对旧道德观的破除

新民主主义革命胜利后所形成的人民民主专政的国家体制,改变了国家和社会政治生活的主体,使人民群众上升为社会政治生活的主人,劳动人民随之成为社会政治生活的力量基础,也改变了人们在剥削社会所形成的旧的政治认知模式,其直接精神效果则是人民大众日益高涨的革命斗争和建设热情的迸发,为建设新世界而释放出的政治参与意识得以普遍确立,随后包括旧的道德观在内的一切旧世界被这种迸发出的热情所打碎,服务于新的政治主体的道德观随之形成。

(一)政治观与道德观的关系

政治观就是人们对政治问题的总看法、总观念,包括人们的政治立场、政治方向、政治路线等思想政治认知状况。道德观是"对社会道德现象和道德关系的整体认识和系统看法"[①],简而言之就是人们在社会实践活动中对是非善恶的评判标准。政治观与道德观作为人类维护与协调社会利益关系的不同价值理念,在人类社会的历史活动中分别发挥着不同的效用,二者相互修补对方的内在缺陷并充实着对方的外在张力。但人类进入阶级社会以后,人与人之间的利益关系发生巨大变化,政治观与道德观的相互作用也发生了变

---

① 徐少锦、温克勤:《伦理百科辞典》,中国广播电视出版社1999年版,第1060页。

化，道德观失去了其维护与协调社会利益关系的社会基础，政治观对道德观的支配作用随之显现。正如恩格斯所说，"一切以往的道德论归根到底都是当时的社会经济状况的产物。而社会直到现在是在阶级对立中运动的，所以道德始终是阶级的道德；它或者为统治阶级的统治和利益辩护，或者当被压迫阶级变得足够强大时，代表被压迫者对这个统治的反抗和他们的未来利益"[1]。

由此可见，人类的道德观在社会历史进程中，是受到政治观的影响和浸润的，其不断生成政治的规约性，特别是代表统治阶级的、占社会主导地位的道德观及道德行为实践更将凸显出其政治性特征。因此，在具体的社会实践活动中，道德观往往被政治观所"裹挟"，形成政治观与道德观的"合谋"，政治即道德、道德即政治，因而统治阶级所追求的政治认同成为正确道德观的现实表现，并成为道德不容置疑的"光环"，从而形成一种政治的"泛道德化"。正如马克思所说的那样，"意识在任何时候都只能是被意识到了的存在，而人们的存在就是他们的实际生活过程"[2]。而随着政治观对道德观的解构，社会结构与主体样态也呈现出新的变化。首先个体表现在精神、家庭、血缘等个体层面的价值状态将与公共事务相结合，而个体"对自己私事的关心同参与公共生活结合起来了"[3]，个体的德性也受到政治制度的规约，个体将生活在国家与社会同构一体的模式中。其次，随着政治观对道德观的冲击，公共领域与私人领域的界限日渐趋于模糊，两者呈现出交错重叠的状况，这也将使得政治观与道德观定位于整个社会生活，从而导致政治与道德的全方位"泛化"[4]。再次，在政治观对道德观解构的过程中，个体将在社会关系中趋于依附状态，个体的价值将被绝对的

---

[1] 《马克思恩格斯全集》（第26卷），人民出版社2014年版，第100页。
[2] 《马克思恩格斯全集》（第3卷），人民出版社1960年版，第29页。
[3] ［美］乔治·霍兰·萨拜因：《政治学说史》（上卷），邓正来译，上海人民出版社2008年版，第34页。
[4] 曾楠：《政治认同问题的伦理审视——基于政治与道德的互动张力》，《南昌大学学报》（人文社会科学版）2014年第2期。

威权所粉碎，个体的自主意识将趋于隐匿和隐退，个体在意识形态层面将出现蜷缩矮化的特征。

（二）新政治观对旧道德观的瓦解

马克思主义认为，自从阶级社会产生以来，"至今所有一切社会的历史都是阶级斗争的历史"①，即"社会发展各个阶段上被剥削阶级和剥削阶级之间、被统治阶级和统治阶级之间斗争的历史"②。阶级斗争的根源来自于生产力与生产关系的矛盾运动，也就是经济利益的冲突所导致的不同阶级间的对立与斗争，"这就是一部分人反对另一部分人的斗争，就是广大无权者、被压迫者和劳动者反对特权者、压迫者和寄生虫的斗争，雇佣工人或无产者反对私有主或资产阶级的斗争"③。而阶级斗争的具体表现则不仅包括剥削阶级与被剥削阶级之间的斗争，也包括代表新的生产关系的剥削阶级与代表旧的生产关系的剥削阶级之间的斗争，可以说阶级斗争是生产方式内部矛盾运动在阶级社会的直接表现。因此从社会进步的角度来看，对剥削阶级的每一次斗争，都不同程度上削弱了剥削阶级的统治基础，迫使其做出生产关系的调整，因此，革命阶级与被压迫阶级反对反动阶级和剥削阶级的斗争是推动社会发展的直接动力。而马克思在总结其阶级理论时指出，"我所加上的新内容就是证明了下列几点：（1）阶级的存在仅仅同生产发展的一定历史阶段相联系；（2）阶级斗争必然导致无产阶级专政；（3）这个专政不过是达到消灭一切阶级和进入无阶级社会的过渡"④。

在中华人民共和国成立初期，中国的社会性质是新民主主义社会，即毛泽东在《论联合政府》中所说的："以全国绝对大多数人民为基础而在工人阶级领导之下的统一战线的民主联盟的国家制度"⑤，而其政权组织形式则是"无产阶级领导的，以工农联盟为

---

① 《马克思恩格斯全集》（第4卷），人民出版社1958年版，第465页。
② 《马克思恩格斯全集》（第21卷），人民出版社1965年版，第3页。
③ 《列宁全集》（第7卷），人民出版社2013年版，第169页。
④ 《马克思恩格斯全集》（第49卷），人民出版社2016年版，第79页。
⑤ 《毛泽东选集》第3卷，人民出版社1991年版，第1056页。

基础，但不是仅仅工农，还有资产阶级民主分子参加的人民民主专政"①，这就意味着中华人民共和国成立初期的政权组织形式不同于其他阶级社会少数人对多数人的专政，但这同样承认在新民主主义社会中，依然存在着阶级对立，具体到农村社会就是普通农民与地主阶级之间的对立。因此，根据马克思主义的阶级斗争推动社会进步发展理论，为了进一步实现中华人民共和国成立初期对农村社会的改造、农民的解放和农业的发展，就应进一步发动农民群众，以阶级斗争的形式继续瓦解地主阶级在农村社会的影响。为在农村进一步推进阶级斗争，农村社会在中国共产党的组织下，以群众运动为主要方式的阶级斗争行为，直接运用革命专政手段或威慑力，在全国范围内开展"镇压反革命"运动，对历史上的反共分子、恶霸地主及"伪保甲长"等，依据其罪行程度，分别采取镇压、监禁、管制等措施，打击了乡村传统权威的势力，彰显了人民民主专政的力量。同时进行的土改运动，其本质是农村中异常尖锐复杂的阶级斗争。在土改运动过程中，根据土地占有的多寡提出了阶级划分政策，并遵循了"依靠贫、雇农，团结中农，中立富农，有步骤地有分别地消灭封建剥削制度，发展农业生产"②的土改总路线，使原来在农村中占据主导地位的地主、富农阶级的土地被分割，从而权威失落、声望扫地；而农村社会中原本处于最底层的贫雇农则成为农村的领导阶层。而在农村政权的组织建设上，严厉打击地主阶级，依靠以贫雇农为核心的阶级队伍，在此基础上建党（党支部、党小组），建政（村委会），建立民兵、妇联、治保小组，将党和政府的制度架构牢牢扎根在农村最底层，据当时中央农村工作部所做的《农业合作社第一年五个省（区、市）农业生产合作社典型调查》显示，支委、社管委、生产队长、会计等村干部的组成中，贫下中农出身的农民分别占到84.7%、84.7%、84.4%和

---

① 《毛泽东文集》第5卷，人民出版社1996年版，第135页。
② 《建国以来重要文献选编》（第一册），中央文献出版社1992年版，第303页。

78.1%。[1] 在农村的日常生活中,在入党、参军、入社、招干等可实现社会地位上升的工作中不同阶级存在着不同的待遇,中农、贫农、雇农出身的人往往被视作为重点培养对象,这些重点培养对象自觉成为农村日常生活中的积极分子,并成为农民向农村精英阶层流动的必要条件和跻身更高社会阶层的基本前提。通过中华人民共和国成立初期农村社会的阶级斗争,阶级出身这种先赋性的政治条件成为农民生活的政治优势,从而演绎了同一阶层社会成员的不同政治分野。[2] 以地主阶级为代表的剥削阶级已基本退出了农村社会生活的舞台,随之而来的是意识形态上代表地主阶级的传统价值被中国共产党所倡导的阶级政治观所取代,广大农民的阶级觉悟被彻底激发出来,阶级意识显著增强,埋藏于内心深处的阶级感情被彻底唤醒,并将阶级意识内化为其自身的政治观,"庄稼人向着庄稼人""天下农民是一家"的思想,都说明了阶级感情已开始逐步瓦解以宗族和血缘为基础的道德观。

二 新道德观的塑造

中华人民共和国成立初期,农村通过以阶级斗争为主要手段的社会改造,束缚在农民道德观上的落后的、封建的意识形态开始瓦解,并在此基础上形成了与新中国农村社会经济结构、政治制度与意识形态相适应的道德观念。

(一)爱国主义情感的提升

在传统中国农民的价值世界中,有着简单而质朴的政治观和道德观,但二者在农民的精神世界中似乎并没有任何交集。农民意识形态领域政治观与道德观平行的特质,从根本上讲是农民长期生存于自给自足的自然经济条件在精神世界的反映,这种意识形态特质一定程度上保证了传统农村社会的稳定,但却缺乏明朗的国家观念

---

[1] 李立志:《变迁与重建:1949—1956 年的中国社会》,江西人民出版社 2002 年版,第 56 页。

[2] 杨娜:《浅析建国初期中国农民阶级的社会分化》,《探索》2004 年第 2 期。

和强烈的民族意识。随着新意识形态对传统道德观的瓦解，农民意识形态领域政治观与道德观逐渐相交，其重要表现便是爱国主义情感的提升。第一表现在农民将爱国作为一种道德义务。道德义务在道德结构体系中处于最基本的地位，其对道德行为具有一定的规范性，并在外部压力下完成道德行为。中华人民共和国成立初期，出于对稳定政权的需要，翻身后的农民阶级发自内心地表现出对执政党和新生政权的感激之情，中国共产党将爱国主义作为一种义务凝入农民道德观的重塑中。1951年《人民日报》的元旦社论《在伟大爱国主义旗帜下巩固我们的伟大祖国》，号召全国人民"兴起爱国主义的高潮"，引导人民群众把热爱祖国同热爱中国共产党、热爱新中国结合起来，把爱国主义同革命英雄主义结合起来，把爱国主义同劳动竞赛结合起来，把爱国主义同国际主义结合起来。第二表现在将爱国作为一种道德标准。1951年《人民日报》的元旦社论同时指出："中国人民今天的爱国主义并不是什么抽象的东西，它的内容，就是反对帝国主义侵略和封建主义压迫，就是保卫中国人民民主革命的果实，就是拥护新民主主义，就是拥护进步，反对落后，就是拥护劳动人民，就是拥护中国与苏联和人民民主国家的以及全世界劳动人民的国际主义联盟，就是争取社会主义的前途。"[1] 这向全国人民指明了什么是爱国主义，怎样去树立爱国主义。在农村社会道德观重塑的过程中，爱国主义与农民道德观相结合，并逐渐形成了以支援国家建设为荣的道德标准[2]。例如在当时全国范围内掀起的爱国增产节约运动中，不少农民群众将增产的成果捐献出来，并被确立为道德模范，这种道德模范的树立和被广泛认可，表明爱国与否已上升为一种评判道德价值观的标准。第三表现为将爱国作为一种道德需求。将爱国作为一种道德需求，表明农民已将爱国内化为自己道德品质的一种追求。土改后获得土地的农

---

[1] 《胡乔木文集》（第1卷），人民出版社2012年版，第453页。
[2] 谢迪斌：《论建国初期中共对乡村社会国家意识的培养》，《求索》2007年第11期。

民认为生活的巨大改善源自共产党领导的革命，在经济上翻身后，不能只顾自己而忘记了国家，并意识到只有将爱国主义转化为生产积极性，支援了国家建设，才可以更好地保护来之不易的生活。因此，在抗美援朝过程中，广大农民群众踊跃报名参军，各地出现母送子、妻送夫、兄弟争相参军、全家送亲人的感人事迹；后方农民也广泛掀起爱国增产运动支援抗美援朝，苏南农民1951年抗美援朝捐献的款项共达50823264千元（旧币），占全区捐献总额的22.51%[①]。

（二）新型劳动观的确立

劳动是马克思主义理论体系中的核心概念，马克思认为，"全部人的活动迄今为止都是劳动"[②]，人类社会发展的历史就是劳动的发展史，并将劳动喻之为社会围绕运动的太阳。在揭示了劳动本质的基础上，马克思又创造了劳动价值论，详细阐释了商品经济的本质和运行规律，提出了商品价值规律，揭露了资本家对工人阶级的剥削以榨取最大限度的剩余价值。这表明在资本主义生产关系中，工人阶级无法完全占有劳动价值，从而使工人与劳动的关系，变为一种紧张的对立关系，劳动在此过程中发生了异化。为了实现对自由劳动的追求，马克思提出了劳动解放论，认为彻底消灭私有制，将使劳动者从被束缚和奴役的状态中解放出来，工人才可以完全拥有自己的劳动成果，真正享受劳动所带来的快乐，才能实现"人以一种全面的方式，就是说，作为一个总体的人，占有自己的全面的本质"[③]。由此可以看出，在马克思主义理论中，劳动被赋予了史无前例的优越与神圣，劳动遂成为"检视一切事物是否合乎人的理性的唯一标准"[④]。劳动观是毛泽东思想的重要组成部分，

---

① 李德芳、杨素稳：《中国共产党农村思想政治教育史》，中国社会科学出版社2007年版，第152—153页。
② 《马克思恩格斯全集》（第3卷），人民出版社2002年版，第306页。
③ 同上书，第303页。
④ 曾涛：《"劳动"与人：马克思哲学的革命性及其哲学意义——"以劳动创造了人本身"为中心》，《广西社会科学》2011年第7期。

其在继承马克思主义劳动观的基础上，进行了延伸与阐发，其劳动观的基本价值取向强调要重视劳动、尊重劳动者，尤其是体力劳动者。除此之外，毛泽东进一步提出了劳动所能发挥出的对思想和精神进行规训与改造的功效，他认为以劳动为基本手段，利用劳动在传统价值中的道德高度实现对社会成员改造的目标，尤其是对于剥削阶级，应让他们参加劳动而实现对他们的改造，正如毛泽东在《论人民民主专政》中所说："对于反动阶级和反动派的人们，在他们的政权被推翻以后，只要他们不造反，不破坏，不捣乱，也给土地，给工作，让他们活下去，让他们在劳动中改造自己，成为新人。"[①] 对于知识分子，毛泽东认为他们也应该积极参与体力劳动，在体力劳动中与工农兵相结合，因此在对知识分子的思想改造过程中，将是否愿意参加体力劳动作为改造成功与否的一个重要衡量标准，"然而知识分子如果不和工农民众相结合，则将一事无成。革命的或不革命的或反革命的知识分子的最后的分界，看其是否愿意并且实行和工农民众相结合"[②]。

在传统农村社会中，出于对土地的特殊情结，也使劳动成为农村中不同阶层所共同尊崇的基本美德。因此《论语》中有"四体不勤，五谷不分，孰为夫子"这种对读书人的质疑与挖苦，也有民谚中"七十二行，种田为王"，"没有乡下泥腿，饿死城里油嘴"对勤于劳动的肯定。但近代以来，随着农村社会传统的、相对稳定的伦理道德的解体，农民的劳动观也逐渐出现了变化，原本被视为美德的劳动，逐渐演变为糊口的手段，在出卖劳动力的过程中不少农民常常被唾弃或侮辱，失去了最基本的作为人的"尊严"。新中国成立以后，农村社会所进行的土改运动满足了农民对土地的渴求，调动了农民的劳动积极性；随后为配合抗美援朝运动而开展的爱国增产竞赛运动，进一步使农民过去被压抑的劳动积极性得到充分涌现和发挥，农民的劳动自觉性空前高涨。在此过程中，农民的

---

① 《毛泽东选集》第4卷，人民出版社1991年版，第1476页。
② 《毛泽东选集》第2卷，人民出版社1991年版，第559页。

劳动观也悄然发生了变化，原本仅被视为"发家致富"手段的劳动，与抗美援朝运动和国内的政治斗争紧密结合起来，使农民可以朴素地理解劳动在推动社会发展和改变个体命运过程中的重要作用。当时的文艺工作者的一些作品在描绘了新社会农村变化的同时，也反映了普通农民劳动观的变化。例如赵树理小说《福贵》中的福贵试图通过劳动恢复旧社会失去的尊严，重新获得乡村社会的认可；秦兆阳的《改造》则直接描述了新社会是怎样将一个没落的小地主转变为离开"劳动"就觉得"活着没意思"的过程。可以说，在中华人民共和国成立初的短短几年中，新的劳动观在农村社会普遍确立，不仅仅使"劳动光荣"的观念得以重塑，劳动的自信心重新恢复，也使劳动赋予了农民国家主人的主体意识，使农民从社会的边缘被社会重新吸纳并走向社会结构的中心。

（三）对物质欲望的克服

任何一种道德观想被人们接受并具有一定的秩序性，其根本动力都源于人们对现实需要的满足。这就意味着人们在遵守某种道德承诺时，其所期许的是某种回报，这也是理性人所必须追问的道德基本问题。在新中国成立以前，包括农民在内的中国大部分社会成员，将现实道德的满足感放在对遥远未来的追求上，这极大地减轻了现实社会兑现道德回报的社会成本。

新中国成立以后，通过对农村社会传统的旧道德进行瓦解，基本确立了唯物主义的意识形态体系，因此不可能将农民对道德的现实追问转移到来生，这就必须在当下兑现农民道德实践的回报。但中华人民共和国成立初，农村的生产生活条件依然落后，并且要进行大规模的国家工业化，农民将自身的物质消耗维持在最低水平，以保证对工业和城市的物质资料供给。因此，农村无法在物质上对农民的道德实现现实回报，这便造成了农村道德实践动力"二律背反"[①]的矛盾状态，这就是一方面要消解农民道

---

① 二律背反（antinomies）是18世纪德国古典哲学家康德提出的哲学基本概念，指双方各自依据普遍承认的原则建立起来的、公认为正确的两个命题之间的矛盾冲突。

德观中唯心主义色彩浓厚的、将道德的理想与归宿放在彼岸与来世的道德动因；另一方面却无法在现实世界中兑现农民遵守道德秩序的物质上的回报与奖赏。为解决这一矛盾，新的意识形态架构将道德回报既不放在唯心主义框架中的来世或彼岸世界，也没有通过物质激励予以实现，而是将道德回报定义为某种现实的承诺和希望，这种道德回报是可以实现的，即使它不会出现在这代人身上，也会回报在他们的下一代或下几代人的身上。概括起来就是号召农民为了未来的美好生活，而在当下的道德回报上必须进行物质上的克制，而只注重现在的道德回报，追求当下的物质享受与精神放纵，则被认为是不道德的。

对现实物质欲望的克服，其价值渊源是对马克思主义理想的追求，就是要将当下物质生活的匮乏加以升华，成为一种绝对目标，使一切活动与这一绝对目标发生关系，同时也使自己的当下活动具有方向感和意义。[①] 这也正如奥伊肯所说："把生活看作整体，这乃是有理性的人的渴望，他不能完全沉湎于流逝的瞬间，而必须追求某种包罗一切的目标。"[②] 因此，在农民道德的重塑上，中国共产党将农民的道德回报引向对共产主义理想的追求上，而将物质的和彼岸世界的回报视作为"还没有获得自身或已经再度丧失自身的人的自我意识和自我感觉"[③]。这一道德动力机制在中华人民共和国成立初期的农村社会，其最大的作用就是将农民引向对未来生活的美好向往中。而毛泽东对中国农村社会的未来早就有过美好的描述："合若干之新家庭，即可创造一种新社会。新社会之种类不可尽举，举其著者：公共育儿院，公共蒙养院，公共学校，公共图书馆，公共银行，公共农场，公共工作厂，公共消费社，公共剧院，公共病院，公园，博物馆，自治

---

① 陈学明：《唯物史观与共产主义信念》，《浙江学刊》2006年第3期。
② [德] 鲁道夫·奥伊肯：《生活的意义与价值》，万以译，上海译文出版社1997年版，第2页。
③ 《马克思恩格斯全集》（第3卷），人民出版社2002年版，第199页。

会。合此等之新学校，新社会，而为一'新村'。"① 农民对这一"新村"蓝图的向往和追求变成了无穷的道德动力，但现实的却是物质资料的极大匮乏，因此，当时新道德之一就是对现实物质欲望的克服，并由此使无私奉献、艰苦奋斗、勤俭节约的美德在农村社会广泛确立。

三 农村新道德环境中的移风易俗

中华人民共和国成立初期，中国共产党在农村文化建设的过程中十分注重扫除旧社会留下来的愚昧落后的风俗习惯，推动农村社会风俗的转变。随着农村社会道德的革新，农民群众对农村的社会风尚也有了新的要求，积极主动地参与到扫除农村封建愚昧色彩严重的风俗习惯中，积极推动农村社会风气的转变。

（一）新型家庭婚姻观的确立

家庭婚姻观念在农村的社会生活中发挥着重要的作用，在浓厚的封建思想浸淫下，农民形成了一套完整而相对稳定的家庭婚姻观念，这种传统的家庭婚姻观念为传统农村社会中家庭的稳定、血缘的纯洁和宗族的繁衍发挥了一定的作用，但在这种思想支配下所形成的男尊女卑、包办婚姻等社会风气阻碍了农民个体的解放。新中国成立后，伴随着农民新道德观的形成，一个迥异于旧社会的新型家庭婚姻观念也逐渐在农民的头脑中确立起来。

首先表现在树立男女平等的观念、提升农村妇女社会地位上。在新中国成立前，在旧道德环境的束缚下，许多公共空间排斥女性的介入，为打破这一教条的农村道德规范，使妇女广泛参与到农村的社会生产与管理中，使妇女彻底放弃"依赖男人，轻视劳动"的思想，中国共产党在农村文化工作中号召广大农村妇女走出家门，从而获得经济独立和自身的彻底解放。刘少奇在1950年关于土改的报告中便明确指出："农民协会应切实注意吸收农民家庭中的妇女来参

---

① 《毛泽东早期文稿》，湖南人民出版社1990年版，第454页。

加，并吸收妇女中的积极分子来参加领导工作。"① 毛泽东更是十分重视在生产劳动中解放妇女的问题，他强调："为了建设伟大的社会主义社会，发动广大的妇女群众参加生产活动，具有极大的意义。在生产中，必须实现男女同工同酬。"② 到1954年，《中华人民共和国宪法》明确规定："中华人民共和国妇女在政治的、经济的、文化的、社会的和家庭的生活各方面享有同男子平等的权利。"③ 这也使得农村妇女群众的劳动生产积极性进一步提高，例如山西省平顺县西沟村在劳动生产过程中，建立了评比表彰制度，每年每季都进行评比模范工作，1953年秋后评模，8个妇女当选，而其中申纪兰、张胜秀、吕桂兰等更是参加了妇女从来未做过的盖房子、捆玉茭杆等农活，使妇女群众的自信心也随之极大地提高。

其次表现在农村婚姻习俗的变化上。1950年6月出台的《中华人民共和国婚姻法》是中华人民共和国第一部法律，其中明确规定："废除包办婚姻、男尊女卑、漠视子女利益的封建主义婚姻制度"，"结婚须男女双方本人完全自愿，不许任何一方对他方加以强迫或任何第三者加以干涉"④。这标志着新政权以法律的形式保护婚姻自由，废除封建婚姻制度，禁止包办婚姻，禁止父母对婚姻的干涉；废止了长期存在的事实上的一夫多妻制度，明确一夫一妻、男女平等。在农村社会，基层组织也对《婚姻法》进行广泛的宣传和解读，使长期存在的包买办婚姻、纳妾、童养媳等现象得以终止，结婚的目的也由传宗接代转向结婚当事人追求真正的爱情，恋爱自由、婚姻自主、简化婚礼、晚婚晚育的社会新风尚在农村社会广泛确立起来。在婚后家庭地位上，明确夫妻双方在家庭中权利平等、地位平等，民主和睦的新家庭大量涌现，新型的婚姻家庭关系在农村社会初步建立。

---

① 《刘少奇选集》（下卷），人民出版社1985年版，第45页。
② 《毛泽东文集》第6卷，人民出版社1999年版，第452—453页。
③ 中共中央党校党史教研室选编：《中共党史参考资料（八）：生产资料所有制的社会主义改造和国民经济第一个五年计划时期》，人民出版社1980年版，第113页。
④ 《建国以来重要文献选编》（第一册），中央文献出版社1992年版，第172页。

（二）对封建迷信思想的破除

新中国成立前，由于社会动荡和农村物质条件匮乏，农村形成了千奇百怪的神灵崇拜，延续下来了诸如关于"神明、鬼魂、祖先、圣贤及天象"的"民俗宗教"或"普化宗教"，广大农村地区迷信思想泛滥，烧香、拜佛、求神、算卦、抽签等迷信活动盛行，农民试图借此实现对安身立命的期许。一些农民面临蝗灾，甚至将蝗虫视作为"神虫"，不仅不及时扑杀，反而采取磕头烧香的办法驱赶"神虫"，由此而导致作物受灾、庄稼减产的现象比比皆是。受封建迷信思想的影响，迷信组织也普遍存在，例如新中国成立前"神会"是苏南地区广泛存在的封建迷信组织，据对苏南高淳县薛城乡的调查显示，在该地结束土改前，各种"神会"达24个。[①] 但从根本上讲，农村社会中弥漫的迷信思想是以传统的小农生产方式和宗法血缘的社群结构为根基的，尽管其产生于下层的被统治阶级，但其与上层统治阶级在经济上和精神上的束缚有密切联系。

新中国成立以后，农村社会秩序趋于稳定，农民物质生活水平和精神生活水平都有了一定的提高，农村基层组织也利用各种手段进行了一定的宣传，使农民群众逐渐摆脱了"命里八尺，难求一丈"的宿命思想，并意识到迷信思想的本质是封建统治阶级统治、愚弄人民的工具，认识到过去的艰辛是由于地主阶级的剥削造成的，只有依靠自己的力量才可以改变个人的命运。"在共产党和人民政府领导下才能真正翻身，其他什么'鬼''神'都是骗人的东西。"[②] 很多农民已开始自觉破除迷信，自动退出道、会门，收掉关公像、不供灶神；敬鬼、事神、烧香、供佛等封建迷信活动大幅度减少；即便是逢年过节，不少农民也不购买灶爷、黄裱、香、纸金箔等迷信用品；家中摆放的家堂、神主、灶神、佛爷等偶像也很

[①] 王瑞芳：《农村土改后恶风陋俗的革除与新民俗的形成》，《当代中国史研究》2009年第1期。

[②] 江浩：《舞阳康庄乡的新气象》，《长江日报》1950年7月4日。

少有人再去供奉,求雨、结阴亲等迷信活动在中华人民共和国成立初期的农村基本绝迹。而农村中曾广泛存在的庙宇大多数也在这一时期被拆毁,职业从事迷信活动的人更没有立足的空间,大都转而参加生产。①

(三) 朴素革命新民俗的形成

中华人民共和国成立初,翻身的农民为了表达对美好生活的憧憬,在传统的习俗中融入了土改、解放、宣传毛泽东思想、共产党好、社会主义好等反映新时代的具有政治意义的内容,并逐渐形成了农民群众所特有的、朴素的革命民俗。春节是农村社会一年中最重要、最隆重的节日,贴春联是春节的重要风俗之一,鲜艳美观的春联既可以装扮喜气节日景象、渲染喜庆祥和的气氛,春联的内容也代表了人民群众对来年美好生活的期许。在新思想的影响下,当时的春联内容基本看不到传统的"喜""贵""财"等字眼,而是被赋予了更多的时代和政治意义。当时农村常见的春联有表达对共产党和毛主席的感恩之情的,如"翻身感谢共产党,幸福不忘毛主席","安邦定国全凭共产党,兴家立业多亏解放军";有颂扬土地还家的土改运动的,如"分田分地分房屋阖家欢喜,迎春迎福迎朝阳满门幸福";有赞美翻身生活的春联,如"想从前封建压迫整日价愁衣愁食,看今朝民主自由成年间有吃有穿","翻身辞旧岁,生产迎新春";等等。当时的年画也响应人民政府"彻底抛弃封建迷信的旧形式,创造适合翻身农民需要的新作品"的号召,其内容也不再是简单地反映富贵有余、福禄寿等个体生活的,而是被赋予了更多的时代意义新内涵。例如反映时事政治的,以"百万雄师下江南""毛主席大阅兵""开国大典"为内容的年画,也有反映农村新生活的,如"贫雇农大会""学文化""向毛主席汇报"等年画。这些都体现了在中华人民共和国成立初期,传统的节日文化习俗与新的价值观念相结合并形成了新型的民俗文化。

---

① 李晓晨:《新中国建立前后华北农村破除迷信探析》,《中共党史研究》2005年第4期。

"翻身感谢共产党,幸福不忘毛主席"是中华人民共和国成立初期翻身农民精神世界最真挚的情感,共产党及领袖毛泽东在农民心目中有着不可比拟的崇高威望,农民也自发形成了一种崇敬共产党、敬仰毛主席的新型民间习俗。不少农民出于对共产党和毛主席的感激,将过去门上贴的门神撕掉,换上了毛主席像;也有农民将佛龛中供奉的菩萨换成毛主席像,并将毛主席看作"活菩萨",一时间贴毛主席像、摆放毛主席像成为广大农村的新时尚。湖南零陵的农民伍宗元将神像换成毛主席像后激动地说:"我香也不烧了,神也不供了,我新分的堂屋里,要挂一张毛主席的像。早晨起来看看他,晚上睡觉看看他。"[①] 农民群众自发形成的这种新民俗,反映了翻身后农民从内心深处所迸发出的对共产党和毛主席的崇敬之情,这种朴素的革命新民俗在一定程度上反映了农民骨子里残存的务实求验的心理,但在无形中却形成了一种强大的精神资源,为党动员广大农民参与农村社会改造奠定了坚实而广泛的心理基础。

第二节 文化教育的普及

中华人民共和国成立以后,中国共产党通过一系列的社会改革和意识形态的改造,将农村社会中原本存在的传统的、宗教的或是宗族的政治权威瓦解,取而代之的是中国共产党领导下的现代的、世俗的、革命的基层政治权威体系,迅速打碎了旧的农村基层政权,确立了新的政权体系。在此过程中,教育承担着重要的农村文化建设和改造功能。任何教育都不是简单的语言传授,其中隐含着一定的价值内涵,而这种基本的价值内涵被视作受教育者进入社会的许可证。因此,在中华人民共和国成立初期的农村文化建设实践中,推动文化教育的普及不仅提升了农民的知识文化水平,其接受

[①] 龙先礼、王守仁:《一切都变了样——记土地改革后的零陵株山乡》,《新湖南报》1951年9月28日。

教育的过程也是一次"再社会化"的过程,一定程度上促进了农民对新生政权、主流价值观的理解与认可。

一 文化教育"为生产建设服务"的提出

近代以来,中国农村的文教事业随着农村文化精英外流、农村文化的衰败和农村社会的"武化"出现了极大的倒退。"劳动人民的子女,虽不能说绝对没有受教育的权利,但因经济、政治、社会、思想多方面的限制,能受到教育的实在属极少数。不然的话,中国何至于有占全人口百分之八十的文盲?而这百分之八十的文盲中,农和工的子女又占了绝对的大多数。"[①] 到新中国成立前夕,中国农村文盲比重占到九成以上。

由于缺少最基础的文化储备,到中华人民共和国成立初期,农民还基本上沿用着千百年来的原始农具,依靠手工和畜力依然是农业耕作的主流,甚至"刀耕火种"的原始耕作方法也大量存在。农民目不识丁不仅阻碍了他们使用现代农具发展农业生产力,更为严重的是导致他们缺乏最基础的算数与识字能力,无法组织较为复杂的农业合作,从而无法适应现代社会条件下的劳动组织和劳动制度。如贵州省贵定县麻芝管理区在新中国成立之初90%以上的干部、群众都是文盲,缺少最基本的科学文化知识给农民的生产生活造成了很多实际的困难。由于不认识字,"评分时只好划'道道',时间一久,就不知道'道道'是些什么了,全队工分无法结算,社员生产不安,甚至引起争吵",有些农民甚至由于缺少最基本的文化知识将农药"六六粉"的比例配错,导致农作物被毁,新式农器具也因不会用而被搁置起来。[②] 农民普遍存在的极低的文化水平很大程度上阻碍了农业的近代化与现代化,也成为农民从农业生产者转变为工业生产者的重要梗阻,一定程度上阻碍了国民经济的恢复

[①] 董渭川:《新中国的新教育》,中华书局1951年版,第86页。
[②]《人民教育》资料组:《适应农业合作化需要大力开展农村扫盲工作》,《人民教育》1956年1月号。

与发展，并阻碍了中国的工业化进程。

从现实经验的角度来看，苏联在十月革命胜利之后，苏共面对劳动人口中文盲比例逾九成的严峻形势，列宁于1919年签署了旨在普及教育的扫盲法令，并于1920年成立了以加里宁为主席的全俄扫盲委员会，规定58岁以下的苏俄公民都有识字的权利和义务，号召全国人民为扫除文盲而奋斗。通过针对全民的教育普及运动，"苏联首先大力扫除了占全国人口百分之八十的文盲，使这些因受压迫、受剥削而成为文盲的男女睁开眼睛，一个个成为有文化、有教养的人"[①]。人民知识文化水平的普遍提升为苏联的工业化进程提供了大量的高素质劳动力，为苏联在20世纪二三十年代的工业奇迹提供了强大的人才保障，同时，也加速了苏联的社会主义化运动。因此，在新中国成立初"以苏为师"的背景下，在实现国家工业化目标的指引下，在不断增加社会主义因素的要求下，中国共产党领导下的农村教育普及运动亟待开展。

鉴于此，《共同纲领》中便对新政权的文教政策进行了规约，"中华人民共和国的文化教育为新民主主义的，即民族的、科学的、大众的文化教育。人民政府的文化教育工作，应以提高人民文化水平、培养国家建设人才、肃清封建的、买办的、法西斯主义的思想、发展为人民服务的思想为主要任务"[②]。由此可以看出中华人民共和国成立初期，中国共产党将"教育为工农服务，为生产建设服务"的方针以国家根本大法的形式明确提出。在这一方针的引领下，农村的文化教育工作有了明确的政策指向，即"为生产建设服务"。从此针对农民群众而开展的教育普及运动大规模展开，并成为国家教育发展的重要政策目标和政策任务。"正因为工农是国家的主体，而现阶段工农又最缺乏文化，因此我们必须首先用主要的力量给工农以教育。"[③] 中国的教育重心也随之发生了根本性转变，

[①] 董渭川：《新中国的新教育》，中华书局1951年版，第37页。
[②] 《建国以来重要文献选编》（第一册），中央文献出版社1992年版，第10—11页。
[③] 何东昌：《中华人民共和国重要教育文献》，海南出版社1998年版，第17页。

从以精英教育和教育精英为主导的教育体系转变为以普及教育主导下的教育体系,针对农民的教育成为普及教育的工作重点。因此,人民政府进行学制改革,大力发展初等教育、开展农民业余教育和扫盲运动等措施保障农民充分享有受教育的权利和机会。

在具体的农村文化建设实践中,应努力使文教工作为"生产建设服务",努力避免"扫盲工作不能和生产工作、中心工作很好地结合起来"的现象,避免"影响学员的学习情绪",避免"其他工作同志对扫盲工作有意见","保障中心工作的胜利完成"①。通过对这些要求的贯彻与执行,农村文化教育工作极大地促进了当时农民的文化素养和劳动技能的提升,促进了农业生产力的发展,也为城市的工业建设提供了劳动后备军,为农业合作化的开展提供了智力保障。"不少农民在农校毕业之后,都成为农业生产战线上的积极分子;其余不能常年坚持学习者,亦有不少进行了自学和小组复习,为进一步提高文化打下了基础;此外,还组织了很多回乡参加劳动生产的高初小毕业生进行了文化补习,并参加各种社会文化活动及帮助村干部和农业社工作,在生产与工作中积极要求提高。"②这表明围绕"农业生产"展开的农村教育工作取得了巨大的成效。

二 农村扫盲的开展

中国人民政治协商会议第一次会议所制定的《共同纲领》明确指出:"有计划有步骤地实行普及教育,加强中等教育和高等教育,注重技术教育,加强劳动者的业余教育和在职干部教育。"③ 这表明新生的人民政权将"教育普及"当作教育工作的总方针,国情生产工作加强"劳动者业余教育"。1949年12月,教育部颁布《关于开展1949年冬学工作的指示》,指出冬学对农村开展识字教育的

---

① 《运城镇整顿扫盲工作总结报告》,1953年9月,运城镇人民政府扫除文盲委员会,运城市盐湖区档案室藏,编号:58—58—29。
② 《山西省一九五四年农民业余文化教育工作总结》,1955年4月,山西省教育厅,运城市盐湖区档案室藏,编号:58—58—65。
③ 《建国以来重要文献选编》(第一册),中央文献出版社1992年版,第11页。

意义，全国应普遍推广。1950年9月，第一次全国工农教育会议召开，对推行工农教育的重大意义进行了说明，并就教育对象、教育内容及具体的方法进行了部署，会议明确指出："推行识字教育，逐步减少文盲。"① 这标志着扫盲运动的健康起步。1949—1952年，通过中国共产党和人民政府的正确引领，扫盲运动取得了卓有成效的成果。在1949年冬季结束土改的地区有1000万农民参加冬学，1950年参加冬学的农民数量超过2500万，到1951年秋季转入农民业余初等学校的农民有1100余万人，② 三年分别扫除文盲65.7万、13.72万、13.75万人③。

土改运动结束以后，农民在政治上和经济上都获得了巨大的改善，为了进一步解决生产和生活上的诸多不便，扫盲运动在农村进一步发展，并且随着"速成识字法"的推广，扫盲运动在农村进入了一个高潮阶段。"速成识字法"是中国人民解放军西南军区某部教导员祁建华在总结指战员识字教育的经验中得出的，是一种借助注音字母的辅助作用，利用汉字字形、字义、字音相同与相异的不同特点，来提高识字速度的方法。这一方法一经诞生便在社会上获得广泛认可，教育部在1952年5月《关于各地展开"速成识字法"的教学试验工作的通知》中要求"在全国范围内，在广大的工人农民中间普遍地推行速成识字法，有计划地有步骤地扫除文盲"，同时指出，在广大工农劳动人民中进行扫盲运动，是国民经济恢复与发展的必要条件，也是一项重要而紧迫的政治任务；该文件对扫盲的标准进行了规定，可使扫盲对象认识2000字左右，可以阅读通俗书报和写三五百字的短文。为推动扫盲运动的发展，中共中央成立了扫除文盲工作委员会，各地遂纷纷成立扫盲组织，扫盲运动在全国范围内如火如荼地展开。农村则根据现实生产生活条件，成立

---

① 《建国以来重要文献选编》（第一册），中央文献出版社1992年版，第432页。
② 国家教育委员会成人教育司：《扫除文盲文献汇编（1949—1996）》，西南师范大学出版社1997年版，第302页。
③ 《中国教育年鉴》编辑部：《中国教育年鉴（1949—1981）》，中国大百科全书出版社1984年版，第578页。

"地头学习小组""炕头学习小组"等配合扫盲运动；在扫盲教师队伍建设上，则提出"以民教民，能者为师"，"教师条件很平常，识字就能教文盲"，提倡"十字先生""百字先生"，"扫除文盲人人有责，教人识字是一项光荣的任务"，"亲教亲，邻教邻，夫妻识字，爱人教爱人，儿子教父亲"。农村社会也随之出现了"读书声声响，处处是课堂，互教又互学，师生大家当"的热烈学习场景，农村扫盲运动呈现出良好的发展态势，1953年有1200万余农民进入常年民校，1900余万人上冬学，到冬学结束的时候，有308万学员在历年学习的基础上脱盲。①

1953年，农业合作化运动在全国范围内展开，为配合合作化运动，将扫盲运动纳入农村合作化发展规划体系中，进一步改善农村落后文化状况，中共中央号召："要加快扫除文盲的速度，必须依靠群众发动群众，掀起一个大规模的群众性的识字运动。"② 扫盲教育工作再次被提到重要地位上。1955年6月，中央政府颁布《国务院关于加强农民业余文化教育的指示》，其中要求"必须紧紧跟随着和密切结合着农村互助合作运动和农业生产的发展，积极地有计划地扫除农村中的文盲，并逐步提高农民的文化水平，有效地为农业的社会主义改造和发展农业生产服务，要求在过渡时期内基本上扫除农村中的青壮年文盲"③。1956年3月29日，中共中央和国务院发布《扫除文盲的决定》，将扫除文盲定为国家发展的战略，扫盲运动由此被提上了空前的高度。决定要求："在全国范围内积极地有计划地有步骤地扫除文盲，使广大劳动人民摆脱文盲状态，具有现代的文化，这是我国文化上的一个大革命，也是新民主主义社会建设中的一项极为重大的政治任务，要大张旗鼓地开展。"④ 农村采取了"农闲多学、农忙少学、大忙放学、忙后复学"

---

① 何东昌：《中华人民共和国重要教育文献》，海南出版社1998年版，第424页。
② 关世雄：《加快速度，扫除农村文盲》，《光明日报》1955年12月20日。
③ 《建国以来重要文献选编》（第六册），中央文献出版社1993年版，第262页。
④ 《中共中央文件选集（一九四九年十月——九六六年五月）》（第22册），人民出版社2013年版，第379页。

等形式，做到了"学习方法大家找，怎么方便怎么好。安排活茬挤时间，能学多少学多少"，"见物识字"，"见字问字，见人问人，处处是课堂，一片读书声"。到1956年，全国农民扫盲入学人数达到6200多万人，占全国14岁以上青壮年农民总数的30%。[①] 由此可见，以扫盲为主要手段的教育普及在农村地区广泛开展，农民群众的教育权利得到了有效的保障。

第三节 文娱活动的改造

文娱活动作为农民精神文化生活的一部分，发挥着满足农民现实精神文化享受的作用，发展农村文娱活动，是农村文化建设的重要内容。在中华人民共和国成立初期的农村文化建设过程中，中国共产党一方面积极推动各式各样的新型文化产品，另一方面对农村旧有文娱活动进行改造，以丰富充实农民文化生活。

一 文娱活动的"小渠道"教育作用

在传统社会中，看戏、听戏是农民最主要的文娱活动之一，一些农民甚至自己搭台编戏，自娱自乐，参与其中。一般的农村传统的集市与庙会期间，搭台唱戏是必不可少的娱乐活动，一些村落的宗祠也配有戏台，逢年过节、婚丧嫁娶，必有戏曲活动以调节气氛。尽管从形式上看略显单一，但其具体的内容却包罗万象，有才子佳人的偶遇、有传奇故事的再叙、有历史事实的演绎，其精神也掺杂着因果报应、扬善弃恶、忠孝节义的传统价值观，既有对儒家理想的家庭伦理道德的宣讲，也有对国家所倡导的社会伦理的宣扬，更寄托着乡民关于今生来世的种种向往。从旧传统戏曲的内容和其中所包含的价值期许来看，戏曲可作为教育的"小渠道"，通过更为形象的艺术传播手段，传播历史知识、

[①] 《中国教育年鉴》编辑部：《中国教育年鉴（1949—1981）》，中国大百科全书出版社1984年版，第578页。

文化传统及灌输道德主题，对农民价值观的形成起到了单纯的说教和文字所无法比拟的作用。① 因此，传统的价值理念也凝结于传统的戏曲活动中，对农民的价值观、是非观和伦理观有很强的教化作用。例如，以《窦娥冤》《蝴蝶梦》为代表的公案戏，一般以宣扬惩恶扬善、鞭挞见利忘义这种鲜明的道德观为主导，戏曲人物也表现出忠奸善恶、黑白分明的社会形象，其所遵循的价值观念与农民朴素的道德观念有着强烈的契合，并激起农民听众强烈的爱憎之感，使农民的道德追求在戏曲世界中实现共鸣和再现。同时，戏曲中所宣扬的道德训诫，也不断被农民内化为日常生活的价值准绳和是非准则，并在一定程度上支配着传统农村生活的日常行为规范和道德观念。

戏曲这一农民最主要的文化娱乐形式，是由民间说唱艺术演化而来，其创作具有口头性、群众性和即兴性特征，尽管元代以后的戏曲剧本大多由饱学之士创作而成，但其主要受众毕竟是普通百姓，为迎合受众，戏曲内容在代代相传过程中代代嬗变，因此，传统的戏曲中沉淀着民间文化和民间艺术形态。在旧社会，统治阶级也将戏曲作为传播其统治思想、禁锢百姓的重要工具，但戏曲在宣教专制统治者的"主流意识形态"的过程中也不断掺入民间意识形态的因素。源自反叛故事的水浒戏、瓦岗戏其中所包含的民间精神自不必说，戏曲中充斥着对专制统治者的不敬与戏谑；而一些备受百姓推崇的公案戏，也将帝王的形象描述得昏庸无能、好听谗言、迫害忠良，借此将"圣上"的失德形象与百姓所渴望的清官形象形成鲜明对比，以讽刺专制统治者的颠顸。正如周作人先生所说："利用神话来编喜剧，中国人民的智慧是很可佩服的，《闹天宫》之利用玉皇大帝、太上老君来陪衬一个毛猴，《天河配》之用西王母来陪衬一对牛女（耕织的男女），都

---

① David Johnson, Andrew J. Nathar, Evelyn S. Rawski, *Popular Culture in Late Imperial China*, University of California Press, 1985, pp. 182 – 185.

转变成很好的戏剧。"① 而农民在这种"小渠道"教育的作用下，一方面既坚决地维护传统的忠孝思想，另一方面也有类似于"手执钢鞭将你打"的对封建社会"主流意识形态"的蔑视与戏谑。到中华人民共和国成立初期，主流意识形态领域已基本构建了全新的政治观和道德观，中国共产党在农村文化建设中试图借助戏曲这一农民群众喜闻乐见的文娱活动形式，实现对共产党意识形态的宣传与灌输。

二 "戏改"运动

在传统社会中，戏曲艺术不仅作为农民的主要文娱活动而存在于他们的日常生活中，戏曲的组织和表演也集中于农村社会的小舞台上。但到近代以来，随着农村社会的衰败和戏曲艺术商品化程度的提升，戏曲的主要舞台被搬到了城市，但戏曲艺术的品位未能随着从农村到城市的转变而得以提升。相反，进入城市大舞台后的戏曲，从内容上看，原本以宣扬正义、同情弱者、反抗压迫、怒斥奸佞和歌颂美好爱情为主导的剧目，逐渐转变为宣扬色情迷信、丑化劳动人民的《盗魂铃》《铁公鸡》《血滴子》等。而20世纪初所兴起的新文化运动，将戏曲视为"传统社会的垃圾"而进行了全盘否定，取而代之的是西方世界传入的电影和话剧，后两者在新文化运动推动者的宠爱下得以欣欣向荣，而传统戏曲则被排斥在外，日渐衰微。② 尽管如此，农民群众对传统老戏的热爱程度依然没有衰退，陈晋曾在《文人毛泽东》中这样描写道，"毛泽东在陕甘宁边区工人代表大会的晚会上，看了秦腔《升官图》《二进宫》《武家坡》等戏，也很高兴地对工会负责人齐华说：你看老百姓来得这么多，群众喜欢这种形式"③，这从侧面反映出了农民群众对戏曲艺术的钟爱。正是这一原因，中国共产党在新民主主义革命时期也积极利

---

① 黄裳：《关于周作人》，《读书》1989年第9期。
② 王新民：《建国初期戏曲改革的经验与教训》，《南京社会科学》1994年第10期。
③ 陈晋：《文人毛泽东》，上海人民出版社2005年版，第187页。

用戏曲这一农民群众喜闻乐见的形式进行意识形态的宣传与灌输，共产党的文艺工作者与根据地的民间艺人紧密结合，逐渐放弃了原本宣传工作中阳春白雪的宣教方式，以戏曲的形式开辟了宣传工作的新天地。在抗战过程中，革命文艺工作者采用老戏掺入新内容的方式，将抗日口号掺入男女演员的打闹之中，将农民的新生活融入戏曲活动中，《招女婿》《小姑贤》《货郎担》等戏曲就在当时的根据地应运而生，在丰富了农民群众相对贫乏的文化生活的同时，利用观众高度参与其间的民间活动实现了意识形态的宣教。

中华人民共和国的成立标志着中国主流意识形态的基本面发生了彻底转变，"解放""革命""统一""建设"等流行词语是当时主流意识形态领域"新常态"的反映，新生的人民政权在面对巩固政权、恢复国民经济等基本任务时不能缺少精神文化的动力和支持。以意识形态的整合与重塑为核心的思想文化领域的破旧立新运动在新生政权的操持下蓬勃展开，作为马克思主义信仰者的中国共产党人将艺术工作视作为意识形态领域的重要载体，在宣传新的主流意识形态过程中，将戏曲作为农民喜闻乐见的文娱活动形式，对其进行改革则成为农村文化建设的重要内容，从而消除传统戏曲中存在的对主流意识形态的干扰、疏离和消解。1949年7月，周恩来在第一次中华全国文学艺术工作者代表大会的政治报告中就改造旧文艺做出专门论述后，戏曲改革的号角由此拉开。新中国成立后不久，文化部戏曲改进局成立，其主要职责为审定戏曲改进局所提出的修改和改编的剧本，对戏曲改革工作的计划、政策及其他相关事宜进行部署，戏曲内容的审定标准也被确立为"宣扬封建道德与迷信、宣扬淫毒奸杀、丑化及侮辱劳动人民的戏曲应该加以修改，少数最严重者要停演，但在审定中应注意区别迷信与神话，区别恋爱与淫乱"，其目的是要在戏曲领域确立以历史唯物主义和爱国主义的观点作为审定剧目的主要标准，鼓励各种戏曲形式、风格的自由竞争，以促成戏曲艺术的繁荣局面。毛泽东提出的"百花齐放，推陈出新"则成为执政党指导下戏剧发展方向的高度浓缩与精炼的表达式。1951年5月5日，中央人民政府政务院发布《关于戏曲改革工作的指示》（简称《五五指示》），明确提出了"三改"方针，即改人、改制、改戏，并赋予戏曲改革以重大的社会使命，即将戏曲改造成以民主精神与爱国精神教育广大人民的重要武器。《五五指示》成为戏曲改革的指导方针，表明戏改工作的实质就是要把广大旧艺人从政治上、经济上解放出来，把旧艺人培养成娱乐人民、教育人民的新社会的文艺工作者，进而充分发挥戏曲的娱乐群众和教化群众的功能。在对戏曲内容的解读上，借助主流舆论体系，形成了新意识形态下戏曲的评论和解释系统，使戏曲真正成为主流意识形态的重要宣教平台。针对以戏改为核心的农民文娱活动的改革，其目的是通过消解戏曲内容中缘自民间的荒诞与低俗，取而代之的是经国家意识形态强力整合而擢升为之的"人民性"，从而引导矫正农民群众的审美趣味，规范农民对历史和现实的想象方式，再造民众的社会生活秩序和伦理道德观念，从而塑造出新时代、新政权、新意识形态标准下所需要的"人民主体"属性。①

但以戏曲为代表的文化娱乐形式，毕竟有别于意识形态领域中政治或宗教的类别，其对公众的首要功效是通过娱乐实现精神上的享受与放松。因此，在中华人民共和国成立初期进行"戏改"工作，最大的现实问题在于如何实现主流意识形态标准下观念与趣味间彼此妥协的微妙平衡，从而最大可能地满足群众的审美情趣。这就要求在具体的工作中，深入挖掘传统戏曲中蕴含的丰富养分，并对其加以梳理整合，取其精华、弃其糟粕，使其融入新中国主流文化体系中，为新中国的文化建设服务。时任戏剧改进局局长的田汉在当时便指出："审查旧戏时应注意迷信与神话的区别，因不少的神话都是古代人民对于自然现象之天真幻想，或对旧社会的抗议和对理想世界的追求。这种神话是对新社会不但无害而且有益的"，他认为，"民间传说一类的东西常有一种不易模仿而容易破坏的人

---

① 张炼红：《从民间性到"人民性"：戏曲改编的政治意识形态化》，《当代作家评论》2002 年第 1 期。

类幼年时代的美,修改此类剧本也应注意,不要轻易加以破坏"[1]。因此在当时对戏剧内容的改编上,竭力把握传统与现代的统一,例如在对传统戏曲《白蛇传》的改变过程中,无论如何删改,无法剔除在农民思想中已根深蒂固的关键内容——"仙凡之恋",但这与中华人民共和国成立初期所宣扬的反封建迷信严重不符,因此在具体的修改中,淡化了白素贞身为妖邪的强悍生猛之气,而另一方面却突出与之作对的法海的跋扈与嚣张,这就使白素贞这一形象虽为"妖",但是善良的和弱势的,从而站稳了"受害者"和"被压迫者"的立场。借此体现被压迫的弱者的反抗永远是具有天然合理性的正义斗争,这其中也暗含着以阶级斗争为核心的政治意识形态中极力宣扬的"革命"和"反抗"精神。[2]

三 新编戏剧曲目的涌现

中华人民共和国成立初期,对农村文娱活动的改造,除表现在对传统戏曲的改造上,还表现在新编戏剧曲目的涌现上。例如当时浙江省农村地区或新编或从其他剧种移植了一些新曲目:《红色的种子》《江姐》《太湖女儿》《海岛女民兵》《祥林嫂》《红色医生》《忠魂曲》等,这些剧目既有反映共产党人革命斗争的,也有反映民兵保家卫国的,还有反映旧社会劳动妇女悲惨命运的[3]。这些新编剧目的大量涌现,不仅丰富了农民的精神文化生活,也适应了当时农村社会改造的现实状况,将中国共产党的政策宣讲渗透到戏曲内容中,增添农村文化娱乐活动的主流意识形态色彩,能够有效地配合对农民的政治和主流意识形态的宣传教育。例如1954年春节前夕,山西省运城专区运城镇由镇文化工作者组织了"力量雄厚、形式多样、节目众多、内容丰富"的戏曲活动,其中"宣传总路线

---

[1] 田汉:《为爱国主义的人民新戏曲而奋斗》,《人民日报》1951年1月21日。
[2] 张炼红:《从民间性到"人民性":戏曲改编的政治意识形态化》,《当代作家评论》2002年第1期。
[3] 董建波、李学昌:《20世纪江浙沪农村社会变迁中的文化演进》,华东师范大学出版社2010年版,第134—135页。

的43个，普选的15个，买公债8个，婚姻法的6个，其他方面10个"，通过这些戏曲活动，进一步加强了对农民的思想教育工作。

首先是大张旗鼓地向群众宣传了总路线，群众的社会主义觉悟普遍提高，认清了走社会主义道路的重要和自己的长远利益，因而群众或自动组织或自动参加农业社。西街农民岳跟财说："互助组我以前没搞好，今回一定要下决心搞好哩！不搞好将来就享不了福。"这是他看了《走社会主义路》后对他的启示。通过各种形式宣传了普选的重要性，如《一张选民证》，群众认识到了普选的重要意义，认为新社会就是好，如北街宋大娘说："老辈子哪有过这事，眼下毛主席让咱闹这选举大事，叫咱掌好'刀把子'。咱可要顶事哩！这事情可来的不容易啊！"通过参加活动，许多群众受到了自我教育，提高了爱国主义思想而实际的行动起来，路家巷妇女姚桂英认识到国家工业化的需要，自愿认购公债一百一十多万元。许多群众看了《不能走那条路》后，给农民指出了发展方向，大大克服了一些人正要走资本主义道路的错误想法，作用是很大的。①

同时，通过戏曲新编，在镇压反革命运动中也发挥了积极的作用。例如1951年，运城专区解县"三区的三娄寺村，支部领导的宣传网排演了《枪毙恶霸崔成壮》的剧和宣传了'赤社村坏分子烧麦事件'后，大大提高了群众的政治警惕，特别是宣传了赤社村烧麦事件，对大家的麻痹思想启发很大，当时正是麦收时节，没宣传这事以前，群众麦子放在场里（在村外）无人看管，听了这事以后，各家麦场都有人睡着护麦。"②

---

① 《运城镇五四年春节文娱活动情况专题报告》，1954年3月，运城镇文教科，运城市盐湖区档案室藏，编号：58—58—51。
② 《解县宣传网工作的总结》，1951年12月，解县县委宣传部，运城市盐湖区档案室藏，编号：1—31—2。

第四节 体育卫生事业的发展

体育卫生事业是文化工作的重要组成部分，也是中华人民共和国成立初期中国共产党农村文化建设的重要内容。发展农村体育卫生事业，不仅关系到农民群众的身心健康，也直接关系到新中国初创时期农村经济的恢复、农业生产的发展和国防事业的巩固。因此，在中华人民共和国成立初的农村工作中，中国共产党从农民群众的健康出发，对农村体育卫生事业的发展给予了高度的重视和切实指导，有力地推动了新中国农村地区体育卫生事业的进步和农民健康水平的提高。

一 农村群众体育事业的蓬勃开展

新中国成立前，农村社会的体育活动仅局限于打拳、举石、弈棋、赛会等少数项目，且由于农民群众的物质生活水平较差，粮食短缺，降低运动量而减少体力消耗成为农民重要的"保养"方式，因而农民参与体育运动的人数也十分有限，农村体育活动的匮乏和参与群体的单一，不仅使得农民的文娱生活相对单一，农民群众的身体素质也相对较差，近代国人更是被列强蔑称为"东亚病夫"。新中国成立后，百废待兴的国家生产建设事业需要人民群众旺盛的精力和健康的身体，保卫新生人民政权也需要人民群众强健的体魄和钢铁般的意志，对于农民群众而言，土改后获得土地的农民日常劳动量大幅提升，更需要健壮的体魄予以保障，翻身的农民也试图通过直接、有效的表达方式寄托对新生活的憧憬，鉴于此，新中国成立之初便制定了以增强人民体质、为国家经济建设和国防建设服务为目标的群众体育战略，农村群众体育事业是其中的重要环节。

《共同纲领》中对体育事业便做出了"提倡国民体育"的指示，其明确了新中国体育事业的发展方向是面向广大人民群众的，是致力于体育运动普及的。1949年10月，朱德在中华全国体育总会筹备会上指出："现在我们的体育事业，一定要为人民服务，要为国防和国民健康的利益服务。"① 1952年6月，中华全国体育总会副主席荣高棠提出了发展国民体育事业的总方针："在现有的基础上，从实际出发并与实际相结合，使体育运动普及和经常化，积极地发展体育运动，增强人民体质，为加强生产建设和国防建设而服务"②。6月10日，毛泽东在为新成立的中华全国体育总会题词时提出了"发展体育运动，增强人民体质"，这集中表达了毛泽东对发展群众体育事业的期望和要求，也明确了新中国成立初发展群众体育事业的目标是使体育运动在群众中普及化和经常化，在此基础上发展生产力，保卫和建设新中国。

在中共中央发展群众体育事业精神的鼓舞与支持下，农村群众体育事业坚持"服从生产，坚持业余、自愿原则，开展简单易行的体育活动"③的基本思路，围绕农业生产和国防建设这一中心任务，农民群众进行了有趣、实用的体育锻炼活动，在去农田的路上，进行跑步或竞走；在田间休息时，则组织起来进行做操、拔河、引体向上、跳高、跳绳、扔手榴弹等活动；农业生产结束后则进行篮球、排球、乒乓球、单双杠等活动；节假日则在农会的组织下进行较大型的体育比赛。在农忙季节，农民群众则根据农业生产的特点，在劳作的间隙进行体育锻炼，例如在下地前做简单的臀部运动，在挑担前做简单的跳跃活动，使关节得到舒展，也提高了生产效率。针对农村体育设施短缺的客观条件，农民群众或因地制宜，利用现有的场地进行锻炼，或集思广益，对现有的条件加以简单改造，满足开展农村群众体育运动的要求。在田间，利用松软而未进行打夯的农田进行跳远；两个人拖着横杆，则可进行跳高；将

---

① 傅砚农、曹守和：《新中国体育指导思想研究》，人民出版社2012年版，第25页。

② 《中华人民共和国体育运动文件汇编》（第一辑），人民出版社1955年版，第16页。

③ 傅砚农、曹守和：《新中国体育指导思想研究》，人民出版社2012年版，第44页。

废弃的磨盘做杠铃，则可进行举重；利用抬箩筐的绳子，则可进行跳绳或拔河。不少农村形成了"篮球架子在中央，单杠双杠在两旁，木马独在南边站，跳高跳远北边藏，举重器材地下躺，爬杆爬绳拴在大树上"的体育运动空间格局。而为了解决农民体育运动观念淡薄的问题，农会组织舞龙、武术等农民群众喜闻乐见的体育项目，同时抽汉奸、跳房子、踢毽子、放风筝、玩冰车、撂转头等趣味性强且器材简易的体育活动被推广开来，既锻炼了农民的身体，也使农民群众的创造力和想象力被发挥出来。中华人民共和国成立初期，农村群众体育事业克服了农村地区体育基础相对薄弱、体育设施较差的客观条件，使农村群众性体育事业蓬勃展开，到1957年，全国农村有3万多个基层体育协会，拥有90多万会员，常年参与各种体育活动的农民多达2000多万[1]。参与体育锻炼的农民体质有了明显改善，精神状态也更为饱满，为农业生产带来了巨大的好处。

二 农村医疗卫生事业的健康起步

农村医疗卫生事业是指以农村居民为主要服务对象，以农村居民的健康为中心，利用相关的医疗卫生资源，融医疗、保健、预防、健康教育及指导为一体的基层卫生服务活动。农村医疗卫生服务事业是保障农村社会健康发展、农村人力资源生产和再生产的必要条件，也是农村社会兴旺发达的重要标志之一。新中国成立前，农村医疗卫生事业基本缺失，农村医疗卫生条件极差，广大农民基本上处于缺医少药、疾病丛生的困境。1947年全国范围内县级医院不过1437所，且医疗设施极度落后匮乏；县级以下除一些药铺外，没有任何医疗机构[2]。以山西运城为例，截至1949年，安邑、解县两地总人口19万，仅有县级医院2所，卫

---

[1] 中国群众体育现状调查课题组：《中国群众体育现状调查与研究》，北京体育大学出版社1998年版，第20页。

[2] 黄树则、林士笑：《当代中国的卫生事业》（下），中国社会科学出版社1986年版，第2页。

生技术人员11名，仅有听诊器、注射器、剪刀、体温计等基础医疗设施，仅可以治疗一些常见病、多发病。① 除医疗卫生硬件设施落后外，农民日常生活中广泛存在着不良的卫生习惯，缺乏基本的卫生常识，超过半数的农民将粪堆堆在院内，有的甚至堆在窗下或水井旁，人畜饮水共用现象严重，由此造成饮用水细菌严重超标，极大地增加了感染疫病的可能性。农村地区医疗卫生条件的落后导致农村地区医疗卫生问题十分突出，农民看病非常困难，因找不到医生而延误治疗的情况时有发生，而霍乱、鼠疫等传染病给农村地区带来极大的危害，农村居民死亡有一半以上是因为可预防的传染病耽误治疗所导致。②

　　旧中国遗留下来的农村医疗卫生问题，成为中华人民共和国成立初期中国共产党和人民政府面临的重大而紧迫的问题，解决好农村医疗卫生问题关系到农民的健康、农业的发展和农村的稳定。1949年10月，第一届卫生行政会议在北京召开，会议在总结了民主革命时期根据地和解放区卫生防疫事业经验的基础上，立足于新中国的现实国情，提出了"预防为主，卫生工作的重点应放在保证生产建设和国防建设方面，面向农村、工矿，依靠群众，开展卫生保健工作"的卫生工作方针，③ 由此形成了新中国卫生工作面向工农兵、预防为主总方针的基本雏形。1950年8月，全国卫生会议召开，毛泽东指出："卫生工作是关系着全国人民生老病死的大事，是一个大的政治问题，党必须要把它管好。"④ 并为大会题词："团结新老中西各部分医药卫生工作人员，组成巩固的统一战线，为开展伟大的人民卫生工作而奋斗。"⑤ 并在此基础上形成面向工农兵、预防为主、团结中

---

① 运城市地方志编纂委员会：《运城市志》，生活·读书·新知三联书店1994年版，第552—555页。
② 黄永昌：《中国卫生国情》，上海医科大学出版社1994年版，第9页。
③ 彭明：《20世纪的中国——走向现代化的历程（社会生活卷1949—2000）》，人民出版社2010年版，第322页。
④ 《中共中央文件选集》（十六），中共中央党校出版社1992年版，第12页。
⑤ 《毛泽东著作专题摘编》（下），中央文献出版社2003年版，第1653页。

西医的卫生工作三大方针。1952年12月，第二次卫生工作会议召开，周恩来提议卫生工作要与群众运动配合，"卫生工作与群众运动相结合"也成为卫生工作的重要方针，遂确立了新中国卫生工作的四大方针。

卫生工作四大方针的提出，为新中国卫生防疫事业奠定了基础，也为农村医疗卫生工作的开展提出了明确的指导，农村医疗卫生事业在此指导下健康起步。首先将医疗基础设施建设作为农村医疗卫生事业的重点。中华人民共和国成立初，政府投入了大量人力物力建立和发展农村医疗卫生机构，培养了大量卫生技术人员，切实改变农村地区缺医少药的局面。到1952年上半年，仅东北地区便建立农村区卫生所1110个，中心村卫生所840个，培养从事医疗预防工作人员53796人，其中医生6375人[1]，基本构建了从城市到农村的医疗网络。其次，开展广泛的农村卫生防疫宣传工作。面对农民群众卫生健康知识匮乏、封建迷信思想严重和不良卫生习惯广泛存在的状况，各地党和政府纷纷开展针对农村地区的卫生宣传教育活动，利用冬学、识字班的课堂条件，通过漫画、标语、黑板报、拉洋片等形式对农民进行卫生常识教育，将疾病的预防与医治知识教给农民，并动员广大农民群众与疾病作积极的斗争。通过广泛的宣传教育工作，使农民群众了解了常见疾病的致病与防治机理，提高了农民的健康防病意识，为控制疾病的蔓延与流行起到了积极的作用。最后，开展爱国卫生运动。依据"预防为主，卫生工作与群众运动相结合"的卫生工作方针，为动员并组织农民参与到医疗卫生事业中，在全国范围内开展了旨在扑灭病媒虫害、改善环境卫生、减少和防止疾病发生的爱国卫生运动，并提出了"一捕五灭八净"的运动要求，即捕鼠，灭蝇、蚊、虱、蚤、臭虫，孩子、身体、室内、院子、街道、厨房、厕所、牲畜圈都要干净。尤其是朝鲜战争爆发后，针对美国有可能对中国开展细菌战的情况，农村

---

[1] 武衡：《东北区科学技术发展史资料·解放战争时期和建国初期（医药卫生卷）》，中国学术出版社1988年版，第111页。

地区适时提出了"打死一个苍蝇就是消灭一个美国鬼子"的口号[①]，推动爱国卫生运动的深入发展。在运动过程中，男女老幼、上下一致，充分动员了群众，发挥了群众的积极性和创造性，使农村的卫生面貌和卫生习惯焕然一新。

中华人民共和国成立初期农村地区医疗卫生事业的开展，有效地抑制了疫病在农村地域的流行和蔓延，天花几近绝迹，霍乱得到清除，极大地改变了农村地区的卫生面貌，使农民群众的身体素质明显得到改善，人均寿命显著提升，促进了新中国公共卫生事业的发展，也为我国农村卫生医疗事业奠定了坚实的基础。

---

① 徐国普：《新中国成立初期中国红十字会研究（1949—1956）》，人民出版社2013年版，第122页。

第五章

农村文化建设的机制方法

中华人民共和国成立伊始,中国共产党便着手在中央统一领导下进行全国范围内的农村文化建设,到1956年,农业合作化运动胜利完成,在农村生产力状况得到明显改善的同时,农村社会也基本构建了符合当时社会经济发展需要和政权稳定需求、体现社会主义意识形态诉求的文化体系。在不到七年的时间里,在近乎崩溃的农村文化基础之上,取得辉煌的农村文化建设成就离不开符合农村现实状况和农民生活特点的机制方法。本章将以中华人民共和国成立初期山西运城①的农村文化建设为例,对当时农村文化建设的机制方法进行论述。

第一节 强化自上而下的农村文化工作组织

新中国成立以后,原本的农村社会组织体系被彻底瓦解,取而代之的是中国共产党领导建立的以基层党组织为核心的新型农村社会组织体系,这一全新工作体系使普通农民与中国共产党保持着良好的互动关系,实现农村社会生活的适度管控,农村文化工作以此为组织依托,有效地调动了农民参与农村文化建设的热情,保证农

---

① 本书中"运城"的现代行政区划为运城市盐湖区,该行政区管辖范围于1961年7月由原解县、安邑县合并为运城县而形成,此后先后演变为运城市(县级市)、盐湖区;而中华人民共和国成立初期该地并未设立专属行政区划,因此本书将该地称为"山西运城",其在这一历史时期具体管辖区域包括安邑县、解县、运县。

民群众的文化权利得到落实。

一 新型农村政权组织的构建

新中国成立初的七年时间里，中国共产党将新民主主义的政治理念、建设目标准确地贯穿于新中国的各项建设任务及相关政策方针中去，中国共产党的组织建设也在此过程中不断完善和健全，这一组织体系一方面使中国共产党内部的党内民主生活保持正常稳定，另一方面也保证了中国共产党对大政方针制定和执行的正确有力，对社会事务的管控张弛有度。对农村社会而言，在土改和农业合作化运动中所构建的全新的农村政权组织体系，使中国共产党对农村社会生活的领导更为直接和有效。农村文化工作的相关组织是农村新型组织体系中的重要组成部分，其构成了上呼下应、上令下行的组织结构，促进农村社会良好文化氛围的形成，保证了中国共产党农村文化建设的不断推进。

自秦始皇统一中国以来，传统的中国社会便存在着"内核—边缘"的社会治理结构[1]，即皇帝作为国家统一的象征，在社会权力金字塔中处于"塔尖"地位，拥有至高无上的权力，但囿于管理能力和技术手段的落后，无法对最基层的社会实现有效的实施管理，"王权止于县政""山高皇帝远"便成为基层社会治理模式的现实表现。而传统的中国农村在宗族与血缘的支配下，也形成了稳定而持续的社会组织结构，即表现出"产生于乡村社会内部的自治权和来自于乡村外部的行政权二元一体的特点"[2]。毛泽东在《湖南农民运动考察报告》中指出，在传统的社会结构中，从中央到农村共存着三种权力支配系统："（一）由一国、一省、一县以至一乡的国家系统（政权）；（二）由宗祠、支祠以至家长的家族系统（族权）；（三）由阎罗天子、城隍庙王以至土地菩萨的阴间系统以及

---

[1] 徐勇：《乡村治理与中国政治》，中国社会科学出版社2003年版，第314页。
[2] 徐勇：《中国农村村民自治》，华中师范大学出版社1997年版，第112页。

第五章　农村文化建设的机制方法

由玉皇大帝以至各种神怪的神仙系统——总称之为鬼神系统（神权）。"① 在新中国成立前的农村社会中，文化活动的组织与发展也基本暗含于这三种权力体系之中。国家政权系统作为农村社会生存与发展的权力依托，主导着农民的精神寄托与是非观念；宗族势力作为农村权力的绝对核心，操控着农村文化中的教育与文娱活动；而神仙体系作为农村权力中的精神核心，控制着农民的意识形态和伦理道德系统。因此，构建新型的政权组织结构，实现中央权威与基层乡村治理的互通，将原本处于离散状态的中国农村统一起来，使社会资源得以最大限度的合理配置，成为包括农村文化建设在内的新中国建设事业的必要条件。正如金耀基所说："中国的现代化过程中，最主要的现象之一便是过去'中心'与'边陲'非常松弛隔绝的关系（山高皇帝远）已变成为'中心'与'边睡'双方打通而密切关系。"②

伴随着新中国的成立，传统的社会权力体系被彻底瓦解，中国共产党凭借其领导新民主主义革命所积累的群众资源以及人民群众对新政权强大的政治认同，迅速重建了触及基层的社会权力与组织体系。在中国共产党"一元化"的政治领导下，在"我们应当将全中国绝大多数人组织在政治、军事、经济、文化及其他各种组织里，克服旧中国散漫无组织的状态"③的思想指导下，全国上下的政治生活紧密团结在以毛泽东为核心的中共中央周围；各级共产党的干部经过战争考验，具备极高的组织意识和较强的行政素养，可以自觉遵守和执行高层意志和决策；在基层社会中，中国共产党的组织体系也因亲民的工作作风和高效的工作态度得到基层群众的高度依赖，并通过共产主义的美好愿景和马克思主义意识形态的吸引力，广大人民群众在共同稳定的社会心理基础之上，形成了以中国共产党基层组织为核心的社会组织结构，彻底结束了传统农村"一

---

① 《毛泽东选集》第1卷，人民出版社1991年版，第31页。
② 罗荣渠、牛大勇：《中国现代化历程的探索》，北京大学出版社1992年版，第7页。
③ 《毛泽东文集》第5卷，人民出版社1996年版，第348页。

盘散沙"的社会组织结构。在此基础之上,政务院于1950年12月先后通过《乡(行政村)人民代表会议组织通则》和《乡(行政村)人民政府组织通则》,决定设立乡级人大和政府,统一对乡级社会事务予以管理。在土改运动中,中国共产党的基层党组织通过对政策的上情下达、对农村社会阶级成分的划分、对农村事物的直接领导和对其他组织人事的任免进一步巩固了在农村权力结构中的核心地位,实现了对农村"传统的、宗教的、种族的等等五花八门的政治权威"的取代,实际掌握了农村政治权力,标志着中国农村社会自治传统的终结。这一全新的触及农村社会政治、经济、文化思想的政权组织体系在农村社会治理过程中可更有效地利用资源,并释放出更大的政治效用,形成了对农村社会"可控""易控"的管理链。

以新的农村政权组织体系为依托,中国共产党及中央政府先后颁布了一系列指示、文件、通知和讲话,强调农村文化建设的重要作用,确保从中央到地方的各级政权组织重视农村文化建设工作,并将农村文化建设视为"国家进行社会主义建设中的一项极为重大的政治任务"[①]。农村新型的政权组织体系,积极而广泛地对农村文化建设的重要意义和迫切性进行了深入的宣传,通过树立典型、表扬模范、批评落后,提高了普通农民对文化建设的认识和了解,使农民从内心深处流露出对文化生活的渴望与企盼,从而造就了强烈的农村文化氛围,有效地实现了对农民参与农村文化建设的动员,可以说新型的农村政权组织体系成为农村文化建设得以实现的有力保障。

二 以"宣传网"为核心的农村文化建设组织

中华人民共和国成立初,为应对纷繁复杂的建设任务,中国共产党延续了革命战争年代高度组织化和半军事化的行政结构,这种组织模式,有利于上情下达,具有很高的运行效率,在整合社会资

[①] 何东昌:《中华人民共和国重要教育文献》,海南出版社1998年版,第595页。

源和组织社会动员方面具有无可比拟的优越性。但具体到农村社会，共产党的基层组织多是由上级委派组建，并非产生于本乡本土，缺乏对基层社会管理具体实践的了解，因此在具体的基层实践工作中则形成了中国共产党基层党组织和地方群众团体相结合的工作格局。而在文化建设的过程中，则是以中国共产党基层党组织为依托，逐渐完善针对人民群众文化建设的宣传网。"必须有系统地建立对人民群众的经常性的宣传网，即在党的每个支部设立宣传员，在党的各级领导机关设立报告员，并建立关于宣传员报告员工作的一定制度"，在基层宣传员的组成上，"党的每个支部应当挑选党员，青年团员和支部周围的人民群众中自愿在党的领导下担任宣传工作的劳动模范和其他革命积极分子担任宣传员"，在具体的宣传工作中，"为了动员各种革命组织共同从事宣传，支部宣传员会议应当规定党、青年团、工会、农民协会、合作社等组织之间的适当的分工"[1]。而在这个工作网中，农村文化建设是重要的工作内容之一，"在农村中，区委员会应当建立宣传员传授站的制度，由区委委员经常分别召集几个支部的宣传员或宣传员的代表，传授宣传内容和宣传方法，分发和讲解宣传资料"[2]。为配合这种工作局面，在中共中央层面则成立农村工作部，并按照业务不同分设五处，其中"第五处——主办有关乡村建政、农村负担、文化教育、卫生、人民武装的政策方针及其他不属于一、二、三、四处的事项"[3]，从而使农村文化建设有了相应的职能领导部门。在这一从上到下遍布全国的文化宣传网中，农村的每一个宣传员均来自于本村，他们利用其自身的优势，将上层精神与农村具体的生产生活实践相结合，架起了上级组织与普通农民间的桥梁。这一宣传网不仅对农民进行自上而下的政策、精神的宣传，而且对上可实现农民对中国共产党基层党组织的监督作用，从而将普通农民整合到共产党

---

[1] 《建国以来重要文献选编》（第二册），中央文献出版社1992年版，第2—3页。
[2] 同上书，第3—4页。
[3] 《建国以来重要文献选编》（第三册），中央文献出版社1992年版，第411页。

的宣教与监督体系中，实现上下互通、互动。

根据中央所做的"建网决定"，各省、地委都进行了相关指示。解县的宣传网工作于1951年初开始建立，在具体的建网工作中，该县宣传部门"组织干部学习建网文件，开办宣传员训练班，重点实验"，"在抗美援朝、镇压反革命、爱国丰产三大运动中发展"，到当年底：

> 全县49个农村俱乐部，18个机关支部，8个工厂支部完全建立起宣传网。共拥有宣传员590个，男504，女86，党员169，团员129，群众256，报告员34个，自从8月份建立起12个传授站后，贡献群众报告120次，听传授的人达到3500多人。随着宣传网的建立，农村中的读报组、黑板报、广播通、报纸也大大发展了。据10月份不完全统计，现在全县共有280个读报组，订《山西日报》、《山西农民》、《山西画报》及其他报纸共1437份，经常听报群众1705人，大众黑板报增加到476块，家庭黑板报增加到474块，广播通增加到134个。①

伴随着宣传网的建立，"党在农村中的宣传力量便空前壮大起来，通过它的广泛宣传，开展了各种工作，人民群众的觉悟提高了，群众和党、政府的关系密切了，全体人民在政治上更加团结了"。在抗美援朝过程中，宣传网发挥了巨大的思想教育作用。

> 使（抗美援朝）运动规模空前地开展起来，全县有百分之八十的群众受到了抗美援朝思想教育……增产捐献中，二区雷家坡村经宣传员朱笃信在大会上宣传后，激发了人们的爱国热情，讨论时杨小成说："听了笃信的话就想起了我的翻身，要不是共产党来，我休想（过上）今天这光景，现在美帝侵略

---

① 《解县宣传网工作的总结》，1951年12月，解县县委宣传部，运城市盐湖区档案室藏，编号：1—31—2。

咱，我要把今年增产的5斗麦子拿出来，收拾美国鬼子。"全村在他的带领下，共捐献小麦95石3斗4升，谷子7斗，棉花1886斤，人民币27万元；三区南扶村，宣传员看到抗美援朝总会号召后，即在村展开宣传，全村捐献小麦60余石，全县属该村开始最早。二区西张耿修订爱国公约时，宣传员起了很大作用，全村7个宣传员，检查爱国公约时，曾开过三次会，专门研究这个问题，修订公约开始了，宣传员又按巷分了工，先从互助组开始修订，后又逐渐到单干户，利用开小组会的宣传，使全村百分之九十的群众订立与修订了爱国公约；三区娄寺今年10月发动群众给志愿军捐书时，支部领导首先开了全体宣传员会，经研究之后，又向党团干部进行动员。此后，宣传组长领导宣传员，用广播通广播、黑板报登载，又在村政府的评选劳模会上做宣传，经过这样一系列的宣传之后，宣传员肖占斌、吕文彬二人首先带头买了两本《战斗在前方》，接着党团干部纷纷购买了53本，这样带动全村群众献书348本。①

中华人民共和国成立初的电影放映工作也从侧面反映出这一自上而下组织建设工作的落地情况。1954年1月，中共中央在对中央文化部党组《关于目前文化艺术工作状况和今后改进意见的报告》的批示中明确指出，要"逐步发展放映网"，在农村的放映工作中"以发展流动放映队为主，并应在整顿和巩固现有放映单位的基础上积极地稳步地发展"，而在放映工作的组织管理方面，"建立和健全各级文化主管部门管理电影的专门机构或专门人员，以加强对放映工作的管理。注意对不同观众（特别是农村观众）的影片选择，认真加强对影片内容的宣传解释工作。在农村放映中，应注意不妨碍生产，并应严格制止强迫摊派现象。注

---

① 《解县宣传网工作的总结》，1951年12月，解县县委宣传部，运城市盐湖区档案室藏，编号：1—31—2。

意加强对放映人员的训练培养及经常的教育"①。因此，在中华人民共和国成立初期，电影不仅从城市走向了农村，也成为农民生活的重要组成部分，更成为推动乡村变革的重要工具。在短短的几年时间里，《白毛女》《光荣之家》《丰收》《幸福的生活》等电影作品随着农村电影放映队深入田间地头，使农民群众耳熟能详，这些以不同主题为重点的电影艺术品，在宣传抗美援朝、推动土改和农业合作化运动中发挥了重要的宣传作用。

第二节 推动全员参与的农村文化建设格局

中华人民共和国成立初期，面对纷繁复杂的工作重任，可供中国共产党利用的社会资源却十分有限，为将全体社会成员动员起来，以最有效的方式实现社会资源的整合与社会治理，中国共产党在社会动员模式上选取了群众运动这一在革命战争年代形成的、行之有效的社会组织手段。土改运动、镇反运动、农业集体化运动等接踵而至的群众性社会运动充斥于农民的日常生活之中，对当时农村社会结构和农业生产都产生了深远的影响，为调动农民积极参与到农村文化建设中，推动建设全员参与的农村文化机制，中国共产党将群众运动始终贯穿于农村文化建设之中，并主导着对农民参与农村文化建设的动员。

一 "动员型参与"和农村文化建设

与西方政治学所理解的群众运动不同，发生在中华人民共和国成立初期的群众运动，并非具有独自行为能力的行为者的自发行动，而是在其他组织或个人策动下发生的"动员型参与"②。简言

---

① 《建国以来重要文献选编》（第五册），中央文献出版社1993年版，第31页。
② 关于动员型政治参与的基本界定，见 Samuel Huntington, Joan Nelson, *Political Participation in Eveloping Countries*, Harvard University Press, 1976, chap. 1；关于20世纪50—70年代中国农民的动员式政治参与，见 John Burns, *Political Participation in Rural China*, Berkeley: University of California Press, 1988。

之，中华人民共和国成立初期发生在中国的群众运动，是中国共产党及其领袖凭借广泛的政治认同和号召力、依据不同主题动员群众参与的结果。因此，发生在中华人民共和国成立初期农村文化建设中的群众运动，其实质是用群众运动的方式推动全体农村社会成员参与到文化建设中来。社会学家艾森斯塔特认为，农民在社会生活中一般是"最为消极、最无精致目标、最少组织性的阶层"[1]，对中国农民而言，作为社会阶层中的实用理性主义者们，对于不可直接转化为现实物质利益的农村文化建设，他们在心理上具有天然的惰性。尤其是在中华人民共和国成立初期那个特殊的时代背景下，看得见的敌人已基本被消灭殆尽，分到土地的农民认为发展农业生产，保证物质上的满足成为当务之急，而参与文化活动甚至会影响到农业生产效率。例如当时在农村社会萌发的"李四喜思想"，便反映了土改完成后农民和农村干部对思想政治工作"松气"的现象。"土改完成了，他分了田，就想专门回家生产，不愿意干工作，不愿意开会，干部去劝他，他急得哭起来说：'我一生受苦没得田，现在分了田，我已经心满意足了，还要干革命干什么呢？'"[2]而对于学习文化知识，也普遍存在着"生产紧张、家务多、时间难以安排"的畏难情绪，"壮年妇女认为学了文化没处用，在家里没文化也行。一般的认为年纪大心乱，学不了。孩子多家务重的妇女则认为没有工夫学文化，要叫学就随大流吧……认为'生产忙、家务重、孩子多，老学不行，该歇歇啦'"[3]。

而从另一个角度来讲，在对社会事务的参与上，农民又具有较强的从众心理，正如梁漱溟先生所言，"彼此互以对应为重，一个人似不为自己而存在，乃仿佛之为他人而存在"[4]，即个体在社会活动中不自觉地感受到群体的压力，在判断和行为上表现出与大多

---

[1] ［美］艾森斯塔得：《帝国的政治体系》，阎步克译，贵州人民出版社1992年版，第211页。
[2] 章正发：《分了田不干革命是不对的》，《新湖南报》1951年7月18日。
[3] 于素云：《发动妇女坚持经常学习的经验》，《吉林教育》1959年第18期。
[4] 《梁漱溟选集》，吉林人民出版社2005年版，第412页。

数人的一致性。因此，动员农民投身于农村文化建设中，应给农民营造出强劲的参与氛围，让农民感受到身边其他人对新的价值形态、健康的风尚习惯以及要求进步的强烈渴求，从而带动每个个体参与到农村文化建设之中，以群众运动的形式动员农民参与，成为中国共产党熟悉而高效的选择。

二 群众运动推动下的农村文化建设

回顾中华人民共和国成立初中国共产党以群众运动的方式动员农民参与农村文化建设，可追溯到土改的过程中。土改运动本身就是一场由共产党主导发动的大规模群众运动，在这场运动中也夹杂着农民的阶级意识的萌发与形成。为赋予土改更多的合理性与合法性依据，不仅要让农民获得土地，使其在经济上翻身，更要让他们在思想上产生"主人翁"意识，实现思想上的翻身。因此，在土改工作进行之前，中国共产党的基层党组织和基层党员干部便向农民灌输"劳动创造财富""农民养活了地主"的思想，在土改运动的进行中，则通过面对面的"诉苦"与"控诉"，利用诸如《白毛女》之类的戏剧宣传，利用恶霸地主土地及财产来源的非道德性和不正当性，反推出整个地主阶级的罪恶性，从而在意识形态上确立穷人与富人、农民与地主之间的阶级对立，进一步动员农民广泛参与到土改运动之中。土改完成之后，在生产资料所有权得以重新划分的推动作用下，中国共产党稳定了基层政权，农民获得了物质与精神的"双翻身"。因此，随着中国共产党在农村社会权威的提升，传统宗法意识和民间信仰的衰微，以群众运动为主导动员农民参与并推动的农村文化建设模式逐步形成，即在农村文化建设中，调动一切支持的因素和说服那些不赞成的人，并改变他们的态度。

在具体的农村文化建设过程中，动员农民的参与，首先进行的是集中反复的宣传，促进运动的产生与发动，动员农民参与到文化建设中的宣传工作尤其应该如此，要通过各种宣传手段，烘托出一种氛围、营造出一种气势，形成强烈的动员效果。其次，则应通过利益诱导，驱动群众参与规模的不断扩大。马克思认为，人们奋斗争取的一切都同其利益相关，"'思想'一旦离开'利益'，就一定会使自己出丑"[①]。可以说，利益是协调个人与社会之间关系的纽带。从微观上讲，社会的发展是实现对个人利益诱导的结果，在中华人民共和国成立初期的历次群众运动进程中，利益的诱导都以关键性因素出现在运动的发生与发展之中。对于当时的农民而言，柴米油盐等琐碎的日常更贴近于他们的现实生活，通过社会运动获取利益是他们的理性选择，因此，发动动员群众参与到群众运动之中，就应适当地给予物质的、精神的抑或是政治的利益诱导。正如邓小平后来所说，"不重视物质利益，对少数先进分子可以，对广大群众不行，一段时间可以，长期不行。革命精神是非常宝贵的，没有革命精神就没有革命行动。但是，革命是在物质利益的基础上产生的，如果只讲牺牲精神，不讲物质利益，那就是唯心论"[②]。以群众运动的方式动员群众加入农村文化建设之中，最后则表现在借助榜样和典型的示范带动与引领作用。一般而言，榜样或典型代表着运动主导者试图努力的方向，他们在运动中超出了普通群众的水平，却产生于普通群众之中，对运动的参与者而言更有直接的说服力和吸引力。先进的典型或榜样已经确立并被宣传开来，将克服群众的观望与胆怯心理，从而有助于动员群众。正如毛泽东所说，"应当注意收集和传播经过选择的典型性的经验，使自己领导的群众运动按照正确的路线向前发展"[③]。在中华人民共和国成立初期中国共产党动员农民参与到农村文化建设中，树立榜样、学习先进典型是不可缺少的关键环节，并有力地推动了运动的开展。在1950年运城镇所开展的"工作学习竞赛运动，以实际行动抗美援朝"运动中，充分体现了在广泛宣传的基础上，辅之以激励和榜样的带动效应，以推动运动开展的工作模式。

[①] 《马克思恩格斯全集》（第2卷），人民出版社1957年版，第103页。
[②] 《邓小平文选》（第2卷），人民出版社1994年版，第146页。
[③] 《毛泽东文集》第5卷，人民出版社1996年版，第80页。

从（五〇年）十二月份起（到五一年一月底为时两个月）我镇各学校、各冬学要开展学习竞赛运动，其目标，为推动我镇文教工作，做好人民教育事叶（业），同时美帝正在侵略朝鲜和企图侵略中国侵略东亚侵略全世界的时候，我们除大力进行实时（时事）宣传外，还应做好我们的工作和学习，以实际行动抗美援朝保家卫国，通过这一运动要奖惩工作、学习努力、积极者，成绩卓著和被评选为模范者，分别予以通报表扬、奖状、奖章等名誉奖励和物质奖励。反之，对于工作学习不力、闹情绪、犯错误分别予以通报批评或物质处分。

在具体的运动中，也制定了具体的奖励标准和条件：

模范生条件：①努力学习、各科成绩均在九十分以上者。②遵守校规，响应政府及学校号召，按期完成工作和作叶（业）者。③帮助同学为群众所拥护者。④在运动中能起带头作用、能接受别人批评、勇敢大胆批评别人、有集体主义精神者。⑤遵守学校纪律、不迟到、不早退、不旷课、不请假者。

模范组条件：①除组内有模范生外，组内各科成绩平均在八十分以上。②全组团结并团结外组和全校师生。③除事故病假，全班同学能按时到校学习者。④全组遵守校规、响应政府及学校号召，按期完成学习计划及各组任务。

模范班条件：①除具备模范生和模范组条件外，全班学习成绩平均在七十六分以上者。②全班团结并能团结外班及全校师生。③全班遵守校规、响应政府及学校号召，保证按期完成学习计划及各项任务。④经常到校学习（的）占全班人数百分之九十五以上者。①

---

① 《运城专区运城镇开展工作学习竞赛运动以实际行动抗美援朝》，1950年12月，运城镇政府，运城市盐湖区档案室藏，编号：8—1—1。

第五章　农村文化建设的机制方法　　　　171

在中华人民共和国成立初农村的思想整治改造、扫盲运动、爱国卫生运动中，在广泛宣传基础上，辅之以典型与示范的激励作用，从而号召群众广泛参与的群众运动都对这些宏观政策的执行产生了重要的推动作用。而具体到地方上，各地区也根据实际情况组织开展了相应地群众性运动，以积极推动文化工作的开展。例如，安邑县于1956年按照当年中央文化教育工作"全面规划、加强领导和又多、又快、又好、又省"的方针，为配合"社会主义建设蓬勃发展，农业合作化运动的高潮和社会主义改造的全面胜利，为使文化建设迅速赶上新形势的发展"，结合该县文化建设实际情况，针对性地采取措施，开展了诸如"三好一比运动""四好运动""一个好戏运动""先进生产者运动"等一系列群众性的工作竞赛运动，并"组织了文化系统各单位研究制定了互相配合、协同作战的'协约书'。通过肃反运动和工资改革，加强了政治思想领导工作，开展了批评与自我批评，普遍提高了同志们的社会主义觉悟，加强了团结，激发了工作生产的积极性和创造性"。在这些运动的推动下，该县1956年的农村文化建设有了"新的发展"：

农村俱乐部185个，各种文艺单一组织有：图书室90个、业余剧团140个、社火队187个、歌咏队83个、幻灯站33个、午（舞）蹈组31个、农村展览站99个、说唱组13个、秧歌队81个、美术音乐研究组59个、读报组1107个、黑板报704块（不包括家庭黑板报）、广播组374个。以上各种组织形式，不但能（组织）小型多样、内容丰富，经常新鲜的活动，而且大部已得到巩固和提高。①

第三节　开展灵活有效的农村文化建设形式

农民是农村文化建设的主体，而中华人民共和国成立初期的农

---

①《安邑县一九五六年文化工作总结》，1957年1月，安邑县委宣传部，运城市盐湖区档案室藏，编号：12—3—379。

民普遍肩负着十分繁重的劳动任务，而农村也有其特殊的文化生长土壤，因此采用怎样的文化建设形式解决好农民参与劳动生产和文化建设的矛盾，并使全新的文化体系可以在农村扎根生长，在农村文化建设的实践中显得十分重要。中华人民共和国成立初期，中国共产党的文化工作者创新了文化建设形式，采取适合农民生产和生活特点的工作方式，用通俗的语言、简单的口号、喜闻乐见的形式开展农村文化建设，使农村文化建设的内容为农民认同并接受，新的文化样态也扎根农村并得到了生长和繁荣。

一　农民对文化建设的意义缺少理性认识

农村文化建设是中华人民共和国成立之初党在农村的一项重要工作内容，也是丰富农村日常生活，提升农民素质的重要途径。但在当时，获得土地的农民，在建设热情的鼓舞下，迸发出前所未有的生产积极性，将多数时间投入到农业生产活动之中，因而生产劳作与参与文化活动的时间上出现了冲突；同时，农民的文化基础较差，接受新知识的能力较弱，因此在当时的文化建设中出现了农民参与文化建设积极性不高，甚至是拒绝接受文化教育、农村业余教育学员流失现象。1953年运城镇的扫盲工作中便出现了如下现象：

> 对群众的叶（业）余文化认识不足，教学组织时间安排不一致，其结果造成了课堂人数减少，学员流动性大。自从我镇开展速成班以来，由于对群众的叶（业）余文化认识不足，课堂强调不准带小孩，尤其是今春农忙开始时，领导上没有主动改变教学组织的时间，在时间安排上还是每天3小时的班级教学，学习内容还是死搬硬套的速成识字，深入学习受到了限制，部分人就带了不满情绪，也就直接影响到了群众的生产和生活，课堂人数减少，从8066人减少到整顿前的7782人。
>
> 由于教学方法、教学内容死搬硬套，因而满足不了人们的要求，造成了一部分学员学习情绪起了波动，感觉不到学习兴趣，教师也因此而思想松懈（教师思想松懈还有其他原因，例

如工资没有得到很好解决），而形成了有些学员愿来即来、不愿来即不来的三天打鱼两天晒网的现象。①

除此之外，农民有着其自己的文化传统，也有其特定的生产生活方式，在此基础上也形成了相应的文化精神需求，当时的一些农村文化工作者不能依据农民的喜好进行文化工作，使农民的精神生活得不到丰富与享受，因此无法实现"教育群众、鼓舞群众"的目标，因此有农民群众抱怨："咱们现在生产忙了，不能大办社火，空政文工团来了几次，听说活动搞得很好，可是始终没咱份，连影子都没见上，想学也学不成！""总是这还行！也不教唱个歌子，换换口味，真叫人闷砸啦！"②

二　符合农民生活和农业生产的文化建设形式

在解决农民生产劳作与参与文化建设时间冲突的问题上，首先是利用农民冬季农闲时节，普遍开展冬学。冬学起源于抗日战争时期，是中国共产党为提高根据地农民群众文化水平在冬季农闲时节所开展的针对农民的文化知识教育学校。新中国成立前夕，中共中央便颁布《关于开展1949年冬学工作的指示》，指出"冬学"是适应广大农民群众需要并可与农民生产劳作密切结合的教育方式，可以切实推动农村地区文化教育工作的开展，应当在全国农村中普遍试行。"农村冬学运动是团结教育广大农民的有力武器之一"，"'冬学'这种适应广大群众需要的与实际工作密切结合着的教育方式，今后应当在全国农村中普遍推行"。1949年冬季，各地农村积极开展冬学运动，仅老区农民入冬学的就达1200余万人③。除冬学这种季节性教育外，1950年12月，教育部提出"要有计划有步

---

① 《运城镇整顿扫盲工作总结报告》，1953年9月，运城镇人民政府扫除文盲委员会，运城市盐湖区档案室藏，编号：58—58—29。
② 《运城镇人民文化馆对开展群众文艺活动的初步经验》，1954年9月，运城镇人民文化馆，运城市盐湖区档案室藏，编号：58—58—51。
③ 《建国以来重要文献选编》（第一册），中央文献出版社1992年版，第431页。

骤开展农民教育，提高农民的文化水平，将农民季节性的业余学习（冬学）逐步转变为常年业余学习"①。根据农民日常劳作习惯，充分利用农民夜间时间，农民夜校迅速增加，主要内容以识字学文化为主，配合进行时事政策和生产、卫生教育；农民夜校形式分初级班和高级班，初级班主要任务是扫盲，而高级班则要达到高小毕业程度；农民的业余学习主要采取"以民教民"的方针，动员一切识字的人作群众教师。通过冬学与夜校的设立，中华人民共和国成立初期的农民教育成绩非常显著，据统计，从1950年至1953年，全国农民参加冬学的人数分别为2500万、3500万、4885万、1900万；其中参加常年农民业余学校学习的人数分别为300万、1100万、2707万、1200万。② 1949年，全国农村青壮年中约有文盲1.65亿，而到了1959年，则减少到0.86亿；文盲比例也由解放初期的80%减少到43%左右。③ 日常劳作中，农民群众也积极利用休息时间，进行地头学习活动，在当时开展的读报运动中，山西省左权县马厩村农民采取"报纸随身带，营生巧安排，休息时念一念，生产劲头来"的方式，利用田间地头的休息时间进行读报。同时根据不同生产状况的农民制订了不同的学习计划。运城镇在1953年的扫盲运动中，"对于有时间的农民，组织他们每天学习一个半小时；对于生产比较忙的，则进行隔日制教学，组织农民根据生活生产条件可以两天上一回，而对于生产忙、小孩多但学习意愿强的学员，他们直接和老师联系在家进行学习"。同时因时制宜，在"速成班在进行阅读阶段，我们进行了婚姻法和普查内容的宣传，并组织学员向驻运新战士写慰问信，全镇共写慰问信94封"④，不仅实现了对农民文化知识的普及，也紧密地配合了生产工作、时事宣传

---

① 雷厚礼，武国辉：《中国共产党执政60年》（上册），人民出版社2010年版，第149页。
② 《中国教育年鉴》编辑部：《中国教育年鉴（1949—1981）》，中国大百科全书出版社1984年版，第603页。
③ 同上书，第596页。
④ 《运城镇五三年扫盲工作总结》，1953年12月，运城镇人民政府扫除文盲委员会，运城市盐湖区档案室藏，编号：58—58—29。

工作和爱国主义教育工作，在文化教育的过程中提高了农民群众的政治觉悟。

为解决农民文化基础弱、接受新鲜事物能力差的问题，这一时期的农村文化建设上首先是利用电影进行文化宣传工作。新中国成立后，为丰富人民群众的业余文化生活，人民政府大力发展电影事业，充分利用电影这一深受农民喜爱的"新媒体"对农民进行思想政治教育和文化教育。在文化部的组织和领导下，摄制了以农村题材为主题的《组织起来》《改造懒汉》等电影，并通过流动电影放映队给农民放电影。但在实际操作中，由于农村交通不便，放映点之间距离较远，农村人口分散等原因，流动电影放映的成本很高。为满足农民群众对电影的需求，尽量为农民播放看得懂、喜欢看的影片，流动电影放映队队员需进行轮训，整合放映队员素质能力，在具体工作中发挥农村社会力量配合宣传放映活动，讲解政策、时事、图片等，使电影放映达到家喻户晓的程度，通过电影的放映"解决了一些文盲看字的困难"，"使不识字的人也能知道国家大事"。其次，加强农村地区文化馆（站）的建设，并利用黑板报、图片展览等形式丰富农民文化生活。黑板报是这一时期农村文化馆（站）对农民宣传教育最常用的工具之一。各地文化馆（站）在每个村、互助合作组设立黑板报，并对农村黑板报的形式和内容进行指导，注意培养骨干分子，发展黑板报通讯员。通讯员发现身边有典型的人和事，就写成通讯稿，由文化馆（站）编成黑板报材料在各村、组黑板报刊登。为更好地吸引农民群众，黑板报在内容上反映的是国家大事和本地的真人真事，在形式上也注意黑板报的美观，配刊漫画。有的还组织流动黑板报，在互助组巡回传阅。为配合不同时段的中心工作，文化馆（站）还注意用图片展览来开展工作，展览的图片大多是实物和当地真人真事的图片，以增强真实感，并根据农村农民劳动的特点，采取小型、流动、送上门的方式进行展览。对文化水平不高的农民来说，集文字、音像、画面为一体的幻灯片是一种极具吸引力的教育方式。最后，加强农村图书室的建设。在农村，建立图书室巩固和发展了社会主义思想在农村中的阵地，满足了农民提高文化水平和掌握新的科学技术知识需要，推动了土地改革、农业合作化和农业增产运动。农村图书室建立以后，极大地方便了农民群众的学习，农村文化生活更加充实。

　　1956年，安邑县文化馆在推动农村文化建设过程中，也依靠各种手段，推动了农村文化的发展。首先在宣传材料方面，"大量供应农村文艺活动资料，丰富了农村文艺活动内容……一年来供应了演唱材料11500份、板报材料1800份、各种剧本1000份、《农村俱乐部》1700份、《农村歌声》1000份、总计17000份。另外还有展览图片123套、各种图书10000册，这些材料的供应不但丰富了活动内容，密切而有力地推动了中心工作，推动了生产、交流了经验，对俱乐部的经常活动和正确发展起到了很大作用"。而在农村展览方面，"通过'时事牌''光荣台''标语牌'进行了展览，提高了人民群众的社会主义觉悟，鼓舞了劳动热情，推动了各项生产"。观看过展览的农民李有娃说："怪不得人家就丰产，原来是这样丰产的，咱不说了，明年再见吧。"在电影放映工作中，安邑县"1956年发展为两个电影队，为了满足人民对电影的要求，划分了两个地区，保证互不影响放映路线并与文化馆辅导员紧密配合组织了农村电影业余服务员，确定了放映据点，组织了观众，开展了时事政策宣传并配合了各社生产宣传，基本上完成了任务"[①]。通过结合农民群众的生产生活实践，细化了农村文化工作，使农村文化活动更加生动、有趣、贴近农民生活，从整体上满足了农民的精神文化需求。

　　[①] 《安邑县一九五六年文化工作总结》，1957年1月，安邑县委宣传部，运城市盐湖区档案室藏，编号：12—3—379。

第六章

农村文化建设的历史作用及地位

在中华人民共和国成立初的七年时间里,中国共产党通过在农村文化建设过程中的"除旧"与"布新",基本确立了中国共产党在农村文化领域的领导权地位,并在此基础上实现了中国共产党制度设计下对农村文化的改造与重建,农民的文化水平普遍提升,农村社会风尚得以改善。对这一历史实践予以科学的评判,将对我们进一步挖掘中国共产党领导农村文化建设的经验具有重要意义。因此,在评价中华人民共和国成立初期中国共产党领导的农村文化建设的历史作用及地位的过程中,我们应按照列宁所指出的那样,"在分析任何一个社会问题时,马克思主义理论的绝对要求,就是要把问题提到一定的历史范围之内"[1],因而"判断历史的功绩,不是根据历史活动家没有提供现代所要求的东西,而是根据他们比他们的前辈提供了的新的东西"[2]。以历史唯物主义的方法,结合中华人民共和国成立初期的历史背景,对其历史作用和历史地位进行实事求是地评价。

第一节 中华人民共和国成立初期农村文化建设的历史作用

重新审视中华人民共和国成立初期中国共产党的农村文化建

---

[1] 《列宁全集》(第25卷),人民出版社2017年版,第232页。
[2] 《列宁全集》(第2卷),人民出版社2013年版,第154页。

设，不能把对其理解与认知仅仅局限于执政党与农民关系的范畴，从而将这一时期中国共产党的农村文化建设的影响仅仅概括为"党力求扩大意识形态的一致性"①。实际上，纵观中国历史，中央政府试图从思想上和政治上控制农民的做法持续了上千年的历史，但依然无法从根本上改善农民与专制统治者们的貌合神离状态。因此，对于中华人民共和国成立初期的中国共产党来说，其所进行的农村文化建设也不可简单地被理解为以文化建设为载体实现对农民思想的改造。鉴于此，中华人民共和国成立初期中国共产党领导的农村文化建设的历史作用也不仅仅局限于文化范畴，除了提高农民文化水平、改造农民文娱生活、改善农民精神面貌这些显而易见的成效外，此时的农村文化建设围绕着国民经济的恢复及工业化和社会改造与发展而展开。因此，从社会发展的角度来看，中华人民共和国成立初期党的农村文化建设的社会历史作用包括三个方面：启蒙了农民思想、加快了社会结构调整、合理配置了社会资源。

一 推动了农民的思想启蒙进程

思想启蒙，原指17世纪，以伏尔泰、卢梭、狄德罗等为代表人物的新兴资产阶级思想家，以"自由、平等、博爱"为口号批判封建专制和等级特权，并宣扬资产阶级的人道主义、自由主义和平等原则，试图使人们用科学和理性思想从封建的、宗教的束缚中解放出来。随着社会学的发展，思想启蒙现在泛指通过宣传教育活动，用先进的思想抨击腐朽观念和落后习俗，启发人们摆脱愚昧，以使人们突破传统观念的束缚，从而为社会的革新与进步提供精神动力。鸦片战争后中国沦为半殖民地半封建社会，先进的中国人进行了一次次思想启蒙的尝试，试图使人们冲破封建思想的藩篱，从而挽救民族危亡，但这些尝试都以失败而告终。中国共产党在新民

---

① ［美］费正清、罗德里克·麦克法夸尔主编：《剑桥中华人民共和国史》，谢亮生等译，中国社会科学出版社1990年版，第228页。

主主义革命进程中，一定程度上实现了对根据地农民的思想启蒙，"极大地提高了广大农民的文化水平和认知能力，使他们初步从愚昧落后的状态中解放出来，获得了真正意义上的近代启蒙"①。中华人民共和国成立初期，国家的政治、经济、社会状况都发生了彻底的改变，农民的思想认识水平应进一步提升，以符合时代发展的需要，中国共产党在农村文化建设中注重对农民思想的改造，进一步推动了农民的思想启蒙进程。

（一）马克思主义世界观对小农意识的瓦解

1949年6月，毛泽东在阐述新政权形态的著作《论人民民主专政》中写道："农民的经济是分散的，根据苏联的经验，需要很长的时间和细心的工作，才能做到农业社会化。没有农业社会化，就没有全部的巩固的社会主义。农业社会化的步骤，必须和以国有企业为主体的强大的工业的发展相适应。人民民主专政的国家，必须有步骤地解决国家工业化的问题。"② 据此我们可以认识到，新民主主义革命胜利后，农民作为一个社会阶层，其社会作用和政治经济地位发生了一系列根本的变化，农民在中国共产党对中国革命与建设道路规划上的作用与地位设置也产生了巨大的变化，因此，毛泽东提出了"严重的问题是教育农民"这一著名论断，但不可因此而将农民在中华人民共和国成立初这一历史阶段中片面地理解，而把农民贴上"意识形态化"和"单面化""落后"和"需要不断教育"的标签（关于"严重的问题是教育农民"这一论述，本书在第四章做了详细阐述）。简单来说，其可被诠释为新民主主义革命胜利后，农民思想上所暴露出的小农意识与中国共产党工作重心转移之间的矛盾。

1949年3月，中国共产党七届二中全会召开，即将获取全国革命胜利的中国共产党在会上已开始思考新中国成立后的谋划与任

---

① 梁星亮、杨洪：《中国共产党延安时期政治社会文化史论》，人民出版社2011年版，第368页。

② 《毛泽东选集》第4卷，人民出版社1991年版，第1477页。

务，毛泽东在会上指出，"农村包围城市"的历史重任即将完成，"从现在起，开始了由城市到乡村并由城市领导乡村的时期。党的工作重心由乡村移到了城市"①。中国共产党提出这样的目标，就意味着民主革命胜利后，中国将进入以城市为中心的发展道路，实现工业化是社会主义制度得以确立的物质保证，也是民族富强和独立的根本保障。与此同时，中国共产党的另一个方针也悄然而出，农业是实现工业化所需资金的主要来源。解决资本原始积累的来源问题是实现工业化的前提，"为了完成国家工业化和农业技术改造所需要的大量资金，其中有一个相当大的部分是要从农业方面积累起来的"②。农民是否愿意为此做出牺牲的问题便摆在了共产党人面前。随着土改的进行和深入，农民思想上的小农意识问题逐渐暴露出来。小农意识的重要特点便是国家观念缺失，他们依靠世代相传的耕作技术和自己的体力进行生产生活，不需要也不愿意关注外面世界的变化，其眼界自然也仅局限于家庭和村落等现实生活可及的范畴，至于国家、政府、民族对他们来说过于遥远。同时，土改后获得土地的农民对土地则倍加珍惜，他们一方面怀抱着对共产党和新社会的感激之情，另一方面则变得更加务实，就是依靠自己和家庭成员的勤恳劳作，将分得的土地经营好，用以维持其日常生活，因此农民对其劳动所得也格外吝惜，对于支持工业化在感情上则难以接受，并滋生了对城市与工业的反对情绪，认为与城市居民和工人相比，农民在"当兵、支差、负担"方面压力过重。

因此，中华人民共和国成立初，中国共产党对农民的态度也由农民支持革命的欣喜，转向对小农经济和小农意识难以支撑国家工业化的焦虑。要解决国家工业化与农民个体利益之间的矛盾，从一开始便借鉴苏联农业集体化经验无疑是中国共产党最现实和最有效的方法，但与苏联国情不同的是，农民是中国革命的主力军，为新民主主义革命的胜利做出了巨大贡献，因此，解决工业化过程中农

---

① 同上书，第1427页。
② 《毛泽东文集》第6卷，人民出版社1999年版，第432页。

民与国家的冲突和矛盾,通过对农民思想的教育和改造是一个更为合理也更为柔性的选择,以马克思主义世界观下的集体主义和阶级感情瓦解农民的小农意识,是推动农民思想启蒙的重要内容。

在封建社会自给自足的自然经济条件下形成的小农思想在农民的头脑中根深蒂固,这一价值体系与现代化民族国家政治、社会、经济的发展格格不入,但却不会随着新中国的成立和土改的完成而自发地在农民脑海中消除,这就要求教育农民,以集体主义思想瓦解农民的小农意识,以国家观和阶级观解构农民的传统意识形态中的"家国体系",从而在思想上消除农民意识形态与工业化之间的矛盾。正如毛泽东所说,"代表先进阶级的正确思想,一旦被群众掌握,就会变成改造社会、改造世界的物质力量"[1]。马克思主义被共产党人视为最科学的世界观和方法论,以马克思主义教育农民、启蒙农民,从而确立马克思主义在农民意识形态领域的指导地位,从而建立起为广大农民所共同追求的精神寄托和价值取向,成为中华人民共和国成立初教育农民的主题。但对于农民而言,尽管他们对共产党和新生人民政权心怀感激,但对马克思主义却依然陌生,传统的、迷信的、小农的思想对农民的影响依然深刻。鉴于此,通过对农民进行马克思主义社会发展观的教育,使农民简单地理解了历史唯物主义关于劳动创造人类世界、阶级斗争在阶级社会发展中的作用以及人民群众创造历史的基本观点,使农民一定程度上掌握了马克思主义认识社会发展的工具,阶级、阶级分析、阶级斗争、历史唯物主义、唯物论、唯心论、自然辩证法等基本概念被广泛地贯穿于对农民的思想改造和文化教育之中,使农村的社会风俗甚至人们的日常用语都与旧社会有了迥然之别。

随着马克思主义理论的深入传播,农民逐渐认识到了集体主义的思想,国家与社会责任的观念也被逐渐接受,个人的和私有的则被摒弃和批判。通过马克思主义的灌输教育,农村的社会意识形态得以整合,马克思主义逐渐成为整个国家的主流意识形态,也成为

---

[1] 《毛泽东著作专题摘编》(上),中央文献出版社2003年版,第152页。

农村社会的精神信仰，而现实的意义则表现在通过个人暂时利益的牺牲以换取国家的工业化和向共产主义迈进的福祉被农民广泛接受。通过这种启蒙运动，为农村的合作化奠定了强有力的思想基础，农民积极响应并踊跃投身到农村合作化运动中，从互助组到初级社再到高级社，农民积极加入各种形式的合作化组织，这说明小农思想和传统的家国观念在农民意识体系中已被消解，对集体主义和社会主义的向往日渐增强。因此，当合作化运动的高潮到来时，绝大多数贫下中农坚决拥护合作化的道路，感觉到"入社不但省心，且增加了收入，解决了生产和生活上的困难"，对合作社的态度是兴奋的，决心把社办好。据河南省对5个不同类型地区的5个合作社2580户社员的思想调查显示，490户贫农中，对合作化积极拥护的有445户，占90.81%。[①]

（二）新意识的觉醒

中华人民共和国成立之初农村文化建设对农民思想启蒙的推动作用不仅表现在农民对中国共产党的意识形态理念的接受上，也表现在民族的、科学的、大众的新民主主义文化理念的影响下，农民主体意识、民主意识和民族意识的全面觉醒，实现了农村的初步开化。

农民主体意识的觉醒。中华人民共和国成立初期的农村文化建设使农民从思想上摆脱了封建愚昧思想的桎梏，实现了农民精神上个体的解放和个性的发展。农民逐渐意识到其社会地位是与其他社会成员平等的，不是地主阶级的附庸，不是被地主阶级束缚在土地上的"牛马"，拥有平等的权利和独立的人格。尤其是这一时期的农村妇女，通过农村文化建设，其社会地位和家庭地位实现了翻天覆地的变化，其主体意识急剧增强，主动参与到农村社会的政治、经济生活中，为农村社会的发展做出了巨大的贡献。在农民主体意识不断觉醒的基础上，中国共产党在农村工作实践中进一步强调民众的首创精神，把普通农民的愿望、需求、情绪当作解决农村问题

[①] 中共中央农村工作部办公室编印：《17个省市自治区1956年农村典型调查》，1958年，第142—143页。

的出发点和落脚点，进而实现对普通农民的普遍动员。

农民民族意识的觉醒。随着农村文化建设的深入，翻身后农民出于对中国共产党的感激所形成的政治认同逐渐演绎为民族意识的觉醒。尤其是在抗美援朝运动兴起以后，围绕着抗美援朝所进行的一系列思想文化活动，使农民在传统社会中形成的"保家护村"观念逐渐发展成为"天下兴亡，匹夫有责"的国家观念和民族意识，国家意志与农民朴素的家国观念相互激荡，并将这种民族意识与生产实践活动相结合，广泛开展爱国增产竞赛活动，通过实际行动支援抗美援朝，农村社会处处笼罩着"多产棉花多打粮，打败美国野心狼"的氛围。1951年年底，瑞金县订立爱国公约的群众多达13万之众，占全县人口56%，受到爱国主义教育的达199700人，占全县人口88%强，该年度瑞金县超额完成17339443斤（1951年瑞金县按23万人口计，平均每人交公粮达75斤）公粮任务。① 民族意识的觉醒也肃清了农民中广泛存在的民族自卑心理，极大地增强了农民的民族自尊心和自信心。

农民民主意识的觉醒。农村文化建设彻底扭转了农民对政治的"冷淡漠视"态度，政治参与热情被极大地唤醒，随着农村基层政权组织体系的健全，为农民参与基层政治提供了制度保障，也培养了农民的民主观念和政治热情，并积极参与到农村政治生活中，行使当家做主的民主权利。据湖南省统计，在土改运动中新设的13274个乡级政府中，其中9443个乡的乡长、乡农民协会主席、团支书、民兵队长、妇女会主任等主要干部共计47215人，其中95%是农民。②

二 加快了农村社会结构的调整

"夺取全国胜利，这只是万里长征走完了第一步。"③ 毛泽东在

---

① 《瑞金县1951年工作总结》，1952年1月，瑞金市档案馆藏，编号：A001—02—009。
② 徐国普：《建国初期农村权利结构的特征及其影响》，《求实》2001年第1期。
③ 《毛泽东选集》第4卷，人民出版社1991年版，第1438页。

新中国成立前夕告诫共产党人,新民主主义革命的胜利是建设新中国的开始,在打破原有社会结构后,重建一个新的社会结构面临着更加漫长而艰巨的道路。也正如美国学者亨廷顿所说的那样,"共产主义运动对现代政治的特殊贡献,不表现为它能进行革命和摧毁既存政治制度,而表现为它能进行组织和创建新的政治制度"①。因此,在中华人民共和国成立初期的农村,如何团结广大农民,推动广大农民对共产党和新生政权的拥护与支持,从而重构农村的社会结构,以积极应对中华人民共和国成立初期大量尖锐复杂的社会矛盾带来的考验成为当务之急。

土地改革运动完成了对农村经济结构的调整,原本地主主导下的土地所有和农业生产转化为以贫下中农个体占有土地并从事生产的经济结构,占农村人口91.9%的贫下中农,占有全部耕地的91.3%;原来占农村人口7.9%的地主富农,占有耕地的8.6%②,地主作为主导农村经济结构的一个阶级已不复存在。尽管如此,传统社会沿袭而来的以宗族为核心、以血缘为纽带、以乡绅为权力中心的农村社会结构在农民心理上依然牢固,"卖命不卖姓","好人护三村"的命运、家族和地域观念依然浓厚,正因为如此,不少地区土改推行得并不顺利,一些地区的农民很难被发动起来揭批地主阶级的恶行,更有甚者,将分到的土地返还给地主。正如亲历土改运动的冯友兰所说:"地主有地,农民有劳动力,农民种地主的地,是互惠的关系,公平合理……这本是地主阶级用以欺骗和麻痹农民的思想,可是沿袭久了,有些农民果然就为这些思想所欺骗、所麻痹,觉得打到地主阶级似乎不很'合理',觉得'理不直,气不壮'。"③造成这种现象的原因,从根本上讲,就是因为农民在心理上依然受到传统乡村社会结构所遵循的伦理道德的规约,即农民遵循着"杀人偿命,欠债还钱"的日常伦理、以孝道为中心的儒家伦

---

① [美]塞缪尔·亨廷顿:《变革社会中的政治秩序》,李盛平等译,华夏出版社1988年版,第327页。
② 《中国共产党历史》第2卷(上册),中共党史出版社2011年版,第100页。
③ 《冯友兰学术自传》,人民出版社2007年版,第117页。

理和类似于佛教因果循环理论的良心恩怨思想，这种伦理道德约定也维系着传统农村社会结构的基本行为规范。① 因此，推动农村社会结构的重构，就必须使农民从心理上打破传统观念的束缚，使他们充分认识到新政权使自己"受剥削、受压迫的状况彻底改变了"，"从过去受奴役、受剥削、受压迫，而变成当家做主人"了。从而以"主人翁的心态"参与到农村社会结构的调整中去。

在中华人民共和国成立初期，通过农村文化建设的积极开展，由社会意识形态和社会心理构成的观念文化在农民头脑中得以重构。中国共产党的基层组织在土改运动进行中，便通过"访苦、问苦、引苦、诉苦、论苦"的形式，将马克思主义的劳动价值和剩余价值学说这种农民难以接受的空洞理论转化为农民易于接受的现实道理，通过对农民讲述"谁养活谁""地里不耕种就不打庄稼"，告诉农民只有下地劳动才能换来财富。同时土改工作组深入农村贫雇农成员之中，在与贫雇农成员同吃、同住、同劳动的过程中，通过对比土改前后的生活状况，提升农民对中国共产党的政治认同感、对旧社会的仇恨以及对原有乡村权威的仇视，最终破除他们思想中传统的宗族、家族和地域观念，从而升华成为阶级觉悟。在此基础上，工作组通过"诉苦和论苦"将对农民的思想政治教育工作推向高潮，将农村社会中地主与农民之间历史的和现实的、思想上的和行动上的矛盾——展现并深入挖掘，引导农民彻底否定旧的农村社会结构，"哪怕是出自良心的谴责而说出少许的同情话，都会受到口诛笔伐"②。与此同时，新意识形态架构中政治民主、经济平等、剥削有罪的观念也传递给了农民，在政治、经济和社会地位上实现彻底翻身的农民其心理上原本存在的传统价值观中对"地主"的畏惧和对各路神仙的顶礼膜拜随之被彻底颠覆，取而代之的是自主意识的增强。

---

① 朱新山：《乡村社会结构变动与组织重构》，上海大学出版社2004年版，第81页。

② 陈益元：《建国初期农村基层政权建设研究：1949—1957——以湖南醴陵县为个案》，上海社会科学院出版社2006年版，第148页。

中国共产党在政治观的灌输上,将其所倡导的政治文化无形而强有力地锲入了农村文化之中的同时,动用强制手段没收了农村中长期存在的家族活动的寺庙、祠堂、族田等财产,摧毁了家族活动的物质设备,取缔了各种宗族组织和制度化的家族活动,而通过用阶级划分等手段强制性地割断了存在于传统农村社会结构中的宗族联系,阻碍新型农村社会结构建设的宗族观念也应声瓦解。农民通过对旧社会不堪生活的追忆和控诉,认识到新生活的来之不易和对地主的憎恨,使农民阶级觉悟进一步提升,所有农民应像阶级弟兄一样团结起来,将斗争的对象对准"敌人",并认为,"天下农民是一家,咱们的团结抱不紧,岂不让地主看笑话,钻空子"①。

通过对农民政治观的重建和宗族观的打破,增强了农民对原有农村社会结构的仇视,从而使农民主动脱离原有农村社会结构,传统地主士绅赖以行使权威的经济、社会、文化资源被消灭殆尽,新的农村社会结构逐渐形成,即"同心圆"型社会结构,在这一社会结构中,处于"圆心"地位的是农民中的中国共产党党员干部这一新型基层政治精英(以党支部、村政权、贫农团、农会、民兵队等组织的领导者为主,以普通党员为辅),稍外围是以贫雇农为主的"基本群众"(当村中存在贫农团、贫农小组、贫下中农协会时,它即是划分基本群众的组织界限),再外围是以中农(自耕农)为主的"普通群众"(或称"农民群众",一般说来农会可以视为其组织边界),而不属于任何组织者(老弱病残等除外)即属于阶级敌人的行列,是人民专政的对象,如地主、富农、特务、反革命分子等。② 这一新型农村社会结构将原本处于受压迫和剥削地位的最广大农民变为农村的主人,团结了农村社会中最广大的力量,实现了对基层政权的稳定,推动了农村社会各项事业的发展。

---

① 吕建中:《春光喜临五里界》,《长江日报》1951年2月5日。
② 李里峰:《群众运动与乡村治理——1945—1976年中国基层政治的一个解释框架》,《江苏社会科学》2014年第1期。

三 促进了工业化背景下的资源整合

实现国家工业化是鸦片战争以来诸多仁人志士梦寐以求的梦想，共产党人也将这一梦想视为执政后的首要目标。在革命即将胜利时召开的七届二中全会上，毛泽东提出："在革命胜利以后，迅速地恢复和发展生产，对付国外的帝国主义，使中国稳步地由农业国转变为工业国，把中国建设成一个伟大的社会主义国家。"① 可以看出，中国共产党将工业化视为新民主主义革命胜利后改变中国贫穷落后面貌的必由之路，也是人民民主政权长期建立的经济基础和建设社会主义的保障。斯大林曾将工业化的标准概括为"工业产值在工农业总产值中占70%就实现了国家工业化"②。但工业化是一个不断发展的过程，工业产值在工农业总产值所占的比重也是不断变化的，这取决于工业与农业双方的发展水平和规模，因此，毛泽东并没有教条地将斯大林有关工业化标准的论述照搬到中国来，他认为建立完整的工业体系才是实现工业化的标准。因此毛泽东认为："从中国境内肃清了帝国主义、封建主义、官僚资本主义和国民党的统治（这是帝国主义、封建主义和官僚资本主义三者的集中表现），还没有解决建立独立的完整的工业体系问题，只有待经济上获得了广大的发展，由落后的农业国变成了先进的工业国，才算最后地解决了这个问题。"③

在新中国成立后，中国共产党进一步提出了国家工业化的目标，第一，要增加工业对农业的领导，使现代工业的产值在工农业总产值中的比重占相当优势，并成为国民经济的领导力量；第二，发展重工业，以提高自己制造全套技术设备的独立能力，建立社会主义的物质基础，以便在此基础上巩固国防，增加日用工业品的生产和实现农业机械化，以改善人民的生活。但实现工业化，要满足

---

① 《毛泽东选集》第4卷，人民出版社1991年版，第1437页。
② 倪大奇：《毛泽东经济思想研究》，复旦大学出版社1991年版，第66页。
③ 《毛泽东选集》第4卷，人民出版社1991年版，第1433页。

的最基本的三个前提条件是资本的积累、国内商品市场的形成、劳动力成为商品,其中资本的积累是重中之重。纵观近代以来中国工业化之路,无论是《资政新篇》中主张兴办制造"器皿技艺"的近代日用品工业,还是洋务派的"实业救国",抑或是孙中山在《建国大纲》中提出了兴办近代工业的一些设想,都因缺乏发展工业所必要的资本积累而折戟沉沙,在实现工业化的道路上,同样的问题摆在了中华人民共和国成立初期的共产党人面前。

纵观世界发展史,不同社会制度、不同国家工业化道路上资本积累的方式也各不相同。在马克思看来,资本主义国家工业化所需资本的积累是"用血和火的文字载入人类编年史的"[①]。具体来讲,英国和美国工业化资本积累来源于对殖民地的残酷掠夺,"英国的工业化是靠数十年数百年掠夺殖民地,在那里收集'追加的'资本,把它们投入本国的工业并加快自己工业化的速度来实现的"[②]。通过对殖民地的掠夺,在第一、二次工业革命发展进程中,英国先后实现了机械的蒸汽化和电气化,并实现了对棉纺织业、毛纺织业、造船工业、蒸汽机车制造工业和铁路建设工业的技术革新,金属冶炼业和燃料工业也蓬勃发展。德国和日本则是依靠对外战争赔款来实现对工业化资本的积累。正如斯大林所说,"德国由于十九世纪七十年代对法战争的胜利而加速了自己的工业化。当时德国向法国人索取了五十亿法郎的赔款,把这笔赔款投入自己的工业"[③]。日本工业化资本的积累经历了与德国类似的过程,日本依靠中日和日俄战争的赔款,于1897—1907年的十年中完成了工业化的道路。而沙皇俄国实现工业化的资本积累则是通过出租本国厂矿以获取外国借款这种出卖国家主权的方式。"俄国,旧的俄国,在受奴役的条件下出让经营权,在受奴役的条件下获得贷款,它竭力用这种方法逐步爬上工业化的道路……但这是被奴役的或半被奴役的道路,

---

① 《马克思恩格斯全集》(第23卷),人民出版社1972年版,第783页。
② 《斯大林全集》(第8卷),人民出版社1954年版,第114页。
③ 同上书,第114—115页。

是使俄国变成半殖民地的道路。"① 同时,"旧俄即沙皇俄国是沿着另一条道路走向工业化的,那就是借用奴役性的外债,把我国基本工业部门实行奴役性的租让。你们知道,几乎整个顿巴斯,彼得堡的大半工业,巴库的石油和许多铁路,都掌握在外国资本家的手中,更不用说电气工业了"②。对于苏联而言其工业化资本的积累则是通过农业集体化运动,以集体农庄这一制度隐蔽地、低成本地提取农业剩余,获得工业化所需的"原始积累"。斯大林认为,"为了发展为全国(包括农民在内)服务的工业而向农民征收的一种额外税。这是一种类似'贡税'的东西,是一种类似超额税的东西"③。可以说在苏联,农业与工业的实质关系是农业(农村)无偿地为工业(城市)提供资金以发展工业。回顾中华人民共和国成立初期我国工业化资本的来源,李富春在《关于发展国民经济的第一个五年计划的报告》给出了明确的答案:①新中国成立后免于被帝国主义剥削的,②农民交纳的税收和公债,③官僚资本主义(后收归国有)的利润和税款,④私营工商业缴纳的税款。而其中官僚资本主义(后收归国有)的利润和税款与农民交纳的税收和公债为主要来源,④ 正所谓"滋养我们工业的主要源泉有两个,第一是工人阶级,第二是农民"。尽管与苏联采取集体农庄方式从农民手中获取工业化资本积累的方式不同,但是中国农民对工业化的发展也做出了巨大贡献。

由于持续战争和农业生产力发展缓慢的因素,中国农业生产长期保持在一个较低水平之上,因此在中华人民共和国成立之初,主管中央财政工作的陈云根据老解放区的经验认为,土改运动后农民的粮食产量会有所提升,农民会将富余的粮食储存起来。鼓励藏粮于民,当国家发出号召的时候农民可以迅速将粮食贡献出来。但实际情况却事与愿违,全国土改结束后,陈云发现土改后农民生活状

---

① 《斯大林全集》(第8卷),人民出版社1954年版,第115页。
② 《斯大林全集》(第9卷),人民出版社1954年版,第158页。
③ 《斯大林全集》(第11卷),人民出版社1955年版,第139—140页。
④ 《建国以来重要文献选编》(第六册),中央文献出版社1993年版,第306页。

况是有所提升，但是生活条件改善的最主要表现就是"多吃"，"前几年，我们搞城乡交流，收购土产，农民增加了收入，生活改善了，没有粮食的要多买一点粮食，有粮食的要多吃一点，少卖一点。结果我们越是需要粮食，他们越不卖"①。1949年农村人均消费粮食不过370斤，1952年农民人均粮食消费量达440斤，由此每年则多消耗粮食350亿斤，比1951年国家公粮征收的总额还多。②鉴于这种情况，陈云始终坚持认为农民在吃粮问题上是有弹性的，农民完全可以"吃少、吃粗、吃稀"，从而挤出粮食支援国家建设，因此，一定要用行政手段把粮食全面控制在政府手中不可。但与陈云不同的是，直接负责财政经济工作的毛泽东从来反对单纯从经济、财政观点看待粮食征收问题，并尝试做出减轻农民负担的努力。他特别强调说，战争刚刚停下来，一切百废待兴，"今年夏征要减少，秋征也要减少一点"，要给农民恢复和喘息的余地。他对粮食问题的意见，就是要"少征多购"③。但随着社会主义改造的开始，国家的财政负担愈加严重，市场上也出现了粮食供应短缺现象，粮食问题一触即发。此时，要求对粮食实行统购统销、实行苏联式的全面垄断粮食的倾向在中共中央内部占据了上风，在国家工业化这个"大仁政"和对农民的怜悯这个"小仁政"之间，中国共产党选择了"国家工业化"的大仁政，因此，毛泽东在批评梁漱溟"九天九地"说的会议上，指出梁漱溟对"总路线"持怀疑态度，认为"总路线"使农民"生活太苦"，要求照顾农民。然须知有大仁政小仁政者，照顾农民是小仁政，发展重工业、打美帝是大仁政。施小仁政而不施大仁政，便是帮助了美国人。④ 为了实现国家工业化这个"大仁政"，让农民积极支援国家建设，在农村的宣传工作中，应大力宣传总路线和统购统销政策，"必须经常地以社

---

① 《建国以来重要文献选编》（第四册），中央文献出版社1993年版，第451页。
② 薄一波：《若干重大决策与事件的回顾》（上册），中共党史出版社1991年版，第257页。
③ 《建国以来重要文献选编》（第一册），中央文献出版社1992年版，第265页。
④ 汪东林：《梁漱溟与毛泽东》，湖北人民出版社2003年版，第20—23页。

会主义与集体主义教育社员，特别要具体地进行合作社同国家的关系的教育，克服社员中随时滋长的资本主义倾向，如集体隐瞒产量、抵抗统购统销、做投机买卖、偷漏税收以及其他违反合作社章程的行为……政治工作还应具体地进行合作社同社外农民的关系的教育，推动合作社去帮助互助组与单干农民"[1]。通过这些行动，尽管在粮食统购统销的过程中农民依然存在着一定的抵触情绪和行为，但从总体上讲，农民积极参与农业合作化运动，从行动上支援着国家工业化。中华人民共和国成立初的七年间，农民无偿向国家贡献粮食6187.6亿斤，占粮食总产量的26.8%[2]，这一行动最大限度地满足了国家工业化资本积累的需要，为国家工业化的发展打下了坚实的物质基础。

新中国成立前，毛泽东同志便指出："农民——这是中国工人的前身。将来还要有几千万农民进入城市，进入工厂。如果中国需要建设强大的民族工业，建设很多的近代的大城市，就要有一个变农村人口为城市人口的长过程。"[3] 1952年，政务院在《中央人民政府政务院关于劳动就业问题的决定》中进而指出，"城市与工业的发展，国家各方面建设的发展，将要从农村吸收整批的劳动力"[4]。尤其到"一五"期间，大量工业项目上马，由此也带动了其他产业和相关服务业的发展，工业发展过程中劳动力紧缺的现象由此产生。与此同时，农村地区也存在着大量的剩余劳动力，1952年，全国共有剩余农业劳动力4039万人，占农业劳动力总数的16.8%。此时通过中华人民共和国成立初期的农村文化建设工作，农民的文化素质得到普遍提升，大量农民具备了识字和简单计算的能力、具有了基本的操作机器的素质，为实现农村劳动力的转移、推动农民的非农化提供了必要的前提。为了弥补工业化过程中劳动

---

[1] 《建国以来重要文献选编》（第五册），中央文献出版社1993年版，第729页。
[2] 国家统计局国民经济综合统计司：《新中国五十年统计资料汇编》，中国统计出版社1999年版，第33页。
[3] 《毛泽东选集》第3卷，人民出版社1991年版，第1077页。
[4] 《建国以来重要文献选编》（第三册），中央文献出版社1992年版，第293页。

力资源的短缺，缓解农村劳动力过剩，中央政府鼓励农民进城务工，由此形成了中华人民共和国历史上第一次农民人口向城市流动的高峰。如江苏省城镇职工在1949年是48.2万人，到1957年达到130.8万人，其中约有2/3的新增职工是从农村招收的①。"一五"期间，流入城镇的农村人口超过800万人，这在一定程度上实现了工业化背景下劳动力资源的合理配置。② 在大规模工业化推动下的城市化进程中，带动了大量农村劳动力的非农化转移。

第二节 中华人民共和国成立初期文化建设的历史地位

中华人民共和国成立初期，中国共产党将马克思主义的文化理论和新民主主义的文化思想应用于农村文化建设中，创造性地开展了农村文化建设工作，并取得了良好的成效，在提高农民素质、推动农村社会转型、发展农业生产方面都起到了重要的作用，这一历史实践活动不论是在中国共产党农村文化工作史上，还是在农村文化建设的历史进程中都具有重要的历史地位。

一 处于承上启下的关键地位

中华人民共和国成立初期是中国共产党革命与建设史中的重要阶段，在短短的七年时间里，整个社会实现了深刻的转变，并对中华民族的走向造成了深远的影响，是名副其实的承上启下的发展阶段。人民政权的建立，标志着中国结束了广大劳动人民被本国和外国反动势力奴役的历史，人民群众成为国家真正的主人；也标志着中国从半殖民地半封建社会转变为无产阶级及其政党领导的新民主主义社会。社会主义制度的确立，开创了中华民族历史的新纪元，标志着中华民族的发展进入了新的历史时代。国民经济的恢复与发

---

① 《江苏省民政厅关于摘转徐州专区处理内外流人员工作委员会报告》，1960年，江苏省民政厅，徐州档案馆藏，编号C3—50。
② 中国社科院、中国档案馆编：《1953—1957中华人民共和国经济资料档案选编（农业卷）》，中国物价出版社1998年版，第23页。

展，标志着中国社会主义工业化基础的初步确立，为中国经济建设开辟了广阔的前景。社会风气和人民群众精神面貌的转变，极大增强了中华民族的凝聚力、向心力，标志着中华民族以振奋的精神，积极、健康、向上的状态，在中国共产党领导下迎接新的生活。可以说中华人民共和国成立初的七年时间，"我们的发展是健康的，政策是恰当的"[①]，很好地完成了民主革命的遗留任务，并开启了中华民族发展的新篇章，因此，中华人民共和国成立初期在中国共产党的历史上处于一个承上启下的重要阶段。农村文化建设作为中华人民共和国成立初期中国共产党的重要工作内容，并极大地支持了这一时期其他各项事业的发展，从一定意义上讲，中华人民共和国成立之初的农村文化建设工作在中国共产党的文化建设史上处于承上启下的地位。

中华人民共和国成立初期的农村文化建设是中国共产党在对新民主主义文化建设的丰富理论总结和经验借鉴基础上展开的，在具体的实践工作中，继续坚持了马克思主义为指导的文化思想和正确的文化建设方针，进一步认清了农村文化建设对其他社会事业的积极作用，促进了中华人民共和国成立初期农村社会各项事业的健康发展。但由于中华人民共和国成立初期新民主主义社会的过渡性质，新民主主义文化仍具有不稳定性，帝国主义的、封建主义的、官僚资本主义的文化形态依旧存在。尤其是在农村地区，文化的传统色彩依旧比较浓厚，文化产品所表达的思想和主题依旧反映的是传统伦理道德，缺乏现代科学的文化。彻底完成新民主主义文化建设的遗留任务是当时农村文化建设的重要任务，对此毛泽东在中国共产党七届三中全会上，提出要"有步骤地谨慎地进行旧有学校教育事业和旧有社会文化事业的改革工作"[②]。新中国成立初，中国共产党通过农村文化建设，充分保障并落实了农民的文化权利，对

---

① 《邓小平文选》（第3卷），人民出版社1993年版，第253页。
② 《建国以来重要文献选编》（第一册），中央文献出版社1992年版，第254—255页。

农村中旧有的文化体系进行了破除和改造,农村社会陋俗得以革除,农村文盲大面积扫除,农民思想道德水平大幅提升,很好地完成了新民主主义文化建设的遗留任务。

从文化的性质来看,中华人民共和国成立初期我们所建设的文化依旧是新民主主义的文化,而其发展方向却是通向社会主义的。就此,毛泽东曾指出,新民主主义的文化,由于"是无产阶级领导的缘故,就都具有社会主义的因素,并且不是普通的因素,而是起决定作用的因素"①。1948年毛泽东又进一步指出,新民主主义文化中"有社会主义的因素","并且是领导的因素"②,这表明新民主主义文化随着社会发展必然过渡到"反映社会主义政治和社会主义经济"的社会主义文化。因此,中华人民共和国成立初期中国共产党所领导的文化建设工作不仅要完成新民主主义文化的建设任务,也必须保证文化的发展朝社会主义方向发展,实现新民主主义文化向社会主义文化过渡。在文化的民族性上,与新民主主义文化相比,社会主义文化依然具有反帝的性质,但其重点在于创造具有民族风格和民族特色的文化形态,从新民主主义文化向社会主义文化过渡就要实现从"革命的民族文化"向建设的民族文化的过渡。在文化的科学性上,社会主义文化要求人们"从封建主义遗毒中摆脱出来,解放思想,提高觉悟,适应现代化建设的需要,努力为人民作贡献,为社会作贡献,为人类作贡献"③。从新民主主义文化向社会主义文化的过渡要更加重视对马克思主义的宣传教育,使人民群众自觉抵制封建迷信思想与西方腐朽文化的侵蚀。在文化的大众性上,社会主义文化扩大了服务的范围,并注重在文化普及基础上的提高,从新民主主义文化向社会主义文化的过渡要求文化形态更为丰富、文化发展环境更为宽松,使人民群众进一步享受各种文化权益。④ 在中华人民共和国成立初期的农村文化建设实践过程中,

---

① 《毛泽东选集》第2卷,人民出版社1991年版,第704—705页。
② 《毛泽东文集》第5卷,人民出版社1996年版,第145页。
③ 《邓小平文选》(第2卷),人民出版社1994年版,第335页。
④ 阎锋:《试论我国建国初期的文化过渡》,《广西社会科学》2007年第2期。

进一步明确了"古为今用""洋为中用"的方针，农村社会中反映农民特性、受群众喜闻乐见的文化形式被改造并保留下来，传统的民间戏曲、民间文艺等释放出了更大的活力，文化的民族性进一步凸显。通过中华人民共和国成立初期的农村文化建设，极大地提升了农民群众对马克思主义、社会主义、共产主义意识形态的认同和支持，作为中国共产党指导思想的马克思主义开始逐步成为农民群众的思想信仰和精神追求；农民的知识文化水平也得到大幅度提升，并逐渐认识到科学技术对农村生活和农业生产的重要意义，主动开展农业生产技术变革，积极参与农业合作化运动，推动文化的科学性进一步提高。推动农民参与到农村文化建设中，保障农民的文化权利，既是中国共产党农村文化建设的重要手段，也是重要目标。在新中国农村文化建设进程中，以农会、农村俱乐部、农村业余剧团等组织为依托，大力推动农村群众文化事业的发展，使农村文化进一步繁荣，农民生活进一步丰富，文化的大众性进一步显现。因此，通过中华人民共和国成立初期中国共产党领导的农村文化建设，实现了农村文化性质的从新民主主义向社会主义的转变，为新中国农村的社会主义文化建设事业打下了扎实的基础。

二 奠定了新中国农村文化的前进方向

中国共产党在中华人民共和国成立初领导的农村文化建设，在中国共产党文化建设工作进程中发挥着承上启下的关键作用，不仅顺利实现了农村文化从新民主主义向社会主义的过渡，也开辟了在农村建设和发展社会主义的道路，这对于启发农民思想觉悟，调动他们参加社会主义建设的积极性，改变农村落后面貌，起到了积极的作用，奠定了新中国农村文化的前进方向。

首先，指明了农村文化建设的内容和要求。在传统的农村社会中，所谓的农村文化不过是将统治者的意志转化为农民意志的手段或工具，农村文化建设的目标也不过是引导农民形成对朝廷的忠和对父的孝。而从微观层面来看，农民以血缘、地缘和亲缘关系为纽带形成了农村社会的基本组织结构，在这个自然形成的体系之中，依靠宗族势力的绅士阶层负责组织农村的文化活动，其中以识字和道德教化为主，但囿于财力和师资力量的羸弱，农民所受学校教育的内容，不过是一些宣扬封建礼法思想的蒙童读物，尽管有科举制这个向上的渠道，客观上督促农民接受文化教育，但自然经济条件下的农民，仍将主要精力放在农业劳作中，农民享受文化生活的权利并未能充分落实。中国共产党领导中国人民进行的革命与建设事业，其目的不仅仅是要实现劳动人民在政治上和经济上的翻身解放，也要实现劳动群众享有高度的文化权利，就是毛泽东所说的："要把一个被旧文化统治因而愚昧落后的中国，变为一个被新文化统治因而文明先进的中国。"① 这同样对农村文化建设提出了要求，即改变农村文化愚昧落后的状态，实现农村文化的文明和先进。因此在具体的农村文化建设过程中，就必须对农村旧文化进行改造，进一步扫清农村社会残余的封建文化糟粕，确立中国共产党对农村文化事业的领导权，满足农民的文化权利，使农民的思想文化水平得到提升，这便指明了新中国农村文化建设的内容和要求，即中国共产党围绕农民的思想道德建设、农村的文化教育工作等内容，不断完善和丰富农村公共文化服务体系，进一步保障农民的文化权利，丰富农民的文化生活，提高农民的文化素质。

其次，明确了农村文化建设的地位和作用。在新民主主义革命时期，毛泽东便对文化的性质和作用做出了明确的论述，即"一定的文化（当作观念形态的文化）是一定社会的政治和经济的反映，又给予伟大影响和作用于一定社会的政治和经济"②。这表明共产党人将人类社会生活分解为经济的、政治的和精神文化的三部分，其中经济是基础，政治是集中的表现，精神文化则是前两者的价值反射，同时对前两者具有能动效用——先进的文化将对社会政治生活产生推动作用，落后的文化将阻碍社会政治经济的发展，这在客观上也决定了我们所从事的文化建设，都在自觉或不自觉地为社会

---

① 《毛泽东选集》第 2 卷，人民出版社 1991 年版，第 663 页。
② 同上书，第 663—664 页。

政治经济工作服务,单纯地、形而上学地"把文艺从政治的腰带上解下来"的文化建设主张则未能清醒地认识到文化的性质,企图将文化从社会政治生活中剥离开来。因此,共产党人所进行的文化建设必须为社会主义的政治经济工作服务。中华人民共和国成立初期所进行的农村文化建设,自觉地与农村社会的政治经济改造和发展紧密联系起来,农民思想道德的改造、文化教育的普及、文娱活动的变革和体育卫生事业的开展等农村文化建设工作,都与当时农村的政治经济形势紧密结合,有效地实现了对农民思想的改造、对农村政权组织结构的重塑,并极大地推动了农业生产建设,很好地发挥了文化工作对政治经济工作的能动作用。强调文化在政治经济发展过程中的地位与作用,为新中国农村文化建设的发展提供了巨大的指导意义,此后农村的政治经济建设与改革,同样离不开农村的文化建设,农村文化建设在农村社会的改革与发展过程中始终发挥着关键的作用。

再次,确定了农村文化建设的主体和对象。新中国成立前的很长时间里,封建专制统治者们作为文化的主体,发挥着文化建设的主导作用,其所倡导的文化,很大程度上不过是教化愚民、顺民的工具,广大的劳动人民仅处于文化的被动地位。而农民长期闭塞的环境和心理状态,造成了他们对于血缘、亲缘、地缘以外的社会生活多半持怀疑、否定和批判态度,从而具有强烈的自我中心主义。因此,在传统的农村社会中,从农民个体的角度来看,文化的阳春白雪与己无关,与他们关系密切的文化生活不过是算术、识字、娱乐听戏,甚至是鬼神之事。而对于共产党人来说,毛泽东曾经说过,文化"应为全民族中百分之九十以上的工农劳苦民众服务,并逐渐成为他们的文化"[1],并进一步指出,"文艺工作者的思想感情和工农兵大众的思想感情打成一片"[2]。可见中国共产党领导的农村文化建设,其主体和对象都应该是广

---

[1] 《毛泽东选集》第2卷,人民出版社1991年版,第708页。
[2] 《毛泽东选集》第3卷,人民出版社1991年版,第851页。

大农民群众，在具体的文化工作进程中就应进一步突出农民的主体地位，一方面倡导农民群众积极参与到农村文化建设中来，保障农民群众的文化权利；另一方面必须创作并生产符合农民群众欣赏水平和心理诉求的文化产品，满足农民群众享受文化生活的需求。因此，在中华人民共和国成立初期的农村文化建设过程中，中国共产党始终坚持"普及与提高相结合"的原则，在动员农民广泛参与到文化建设的过程中，实现农民对农村文化的改造，也实现农村文化的大众化，从而进一步提升农民的文化素养。此后农村文化建设的进程中，延续了农民在这一过程中的主体和对象地位，在文化建设进程中考虑农民群众的文化权益，促进农民群众对先进农村文化的接触与分享，从而创造反映农民生活、具有乡土气息的农村文化产品。

总之，中华人民共和国成立初期的农村文化建设工作，作为中国共产党文化工作发展进程中的一个特殊阶段，其转折与过渡的特征明显，在中国共产党的文化工作历史进程中起着承上启下的作用，实现了中国共产党文化理论与文化实践的历史对接，是中国共产党文化工作从局部走向全国、从探索走向正规的开端。中国共产党在这一阶段所领导的农村文化建设工作，很大程度上继承了民主革命时期的优良传统，又紧密结合当时中国社会转型发展的新特点和新要求，有了许多方面的新发展，为此后大规模的社会主义文化建设提供了可资借鉴的思路与经验。

第七章

农村文化建设的不足及启示

中华人民共和国成立初期，中国共产党领导的农村文化建设在全新的历史条件下得到了全面展开并实现了蓬勃发展，发挥了重要的社会历史作用，也在中国共产党的文化建设史上具有举足轻重的地位。而这一历史实践为我们积累了丰富的农村文化建设经验，但囿于当时的历史局限性，也存在着一定的不足，对其进行系统地总结并指导当前农村文化建设的具体工作，是我们进行研究的内在要求。

第一节 中华人民共和国成立初期农村文化建设的经验

面对中华人民共和国成立初期急剧的社会变革，中国共产党在农村进行的文化建设取得了重大的成功，在这一历史进程中积累了极其丰富的经验，这些经验是中国共产党领导中国文化建设的宝贵财富，指导并启示着我们的文化建设工作。

一 注重马克思主义世界观对农村文化建设的引领

正如马克思所说，"统治阶级的思想在每一时代都是占统治地位的思想。这就是说，一个阶级是社会上占统治地位的物质力量，同时也是社会上占统治地位的精神力量。支配着物质生产资料的阶级，同时也支配着精神生产的资料"[1]，这就意味着中国共产党领

---

[1] 《马克思恩格斯全集》（第3卷），人民出版社1960年版，第52页。

导的文化建设必须重视意识形态对文化发展方向的引领作用。中华人民共和国成立初期，社会处于急剧的变革和转型过程，也是新的文化逐渐取代旧文化的过程，在此过程中，新的文化就必须使社会成员接受和信服，使群众从根本上接受新的文化体系。因此，在农村文化建设过程中，必须以马克思主义引领农村文化的建设和发展方向，促进民众对新的文化的认可和接受。

（一）将马克思主义的宣教贯穿于农村文化建设过程中

刘少奇在第一次全国宣传工作会议上作了《党在宣传战线上的任务》的讲话，其中明确指出："用马列主义的思想原则在全国范围内和全体规模上教育人民，是我们党的一项最基本的政治任务。"[①] 在这一思想的指导下，全国范围内开始了普及马克思主义及毛泽东思想基本理论的活动，1950年5月，毛泽东著作出版委员会成立，以中央名义编辑和出版发行《毛泽东选集》，在全国上下掀起了学习毛泽东思想的热潮。在农村地区，也将农民学习马克思主义作为一项重要的工作，并将其贯穿于农村文化建设过程之中。随着土改运动的进行和深入，针对翻身农民所进行的以马克思主义和毛泽东思想为主要内容的政治教育也如火如荼地开展起来。针对农民则主要是进行马克思主义阶级观的教育，教育农民从阶级立场出发拥护土地改革，做一个革命派，以马克思主义指导农民政治认知架构的重建。在对农村文娱活动的改造中，包含"宣扬封建迷信""迎合低级趣味""歌颂帝王将相、才子佳人"的"旧文艺"依然对农民的思想产生一定的影响，对此要从"思想斗争"的认知高度，继续加大"改革旧剧及一切封建旧文艺"的力度。[②] 一大批反映农村社会阶级斗争、描绘社会主义新人新风尚、赞扬英雄人物的文娱作品在农村传播，农民在这些新作品的感染下，思想觉悟也得到了一定的提升。在中华人民共和国成立初期的几年时间里，共

---

① 《刘少奇选集》（下卷），人民出版社1985年版，第82页。
② 中华全国文学艺术工作者代表大会宣传处编：《中华全国文学艺术工作者代表大会纪念文集》，新华书店1950年版，第93页。

产党在农村文化建设实践中，采取不同的形式和策略，使新民主主义的和社会主义的文化进入农民的生活之中，其目的不仅仅是为满足农民的文化权利、丰富农民的精神生活，而是为唤起农民这一社会群体内心深处的尊严和社会意识，并将农民作为整体纳入新中国的建设发展及政治进程之中，从而构建一个介于国家与农民个体之间、由多数农民参与其中的"政治社会"①，并可通过政治动员将农民个体组织为一个集体。最终使农村文化的性质得以重新构建，那就是以马克思主义为指导，以人民民主专政的执政理念为支撑，以共产主义和社会主义理想为目标，以爱国主义和集体主义情感为纽带。

（二）以马克思主义大众化营造良好的农村文化氛围

马克思主义大众化是指用马克思主义的基本理论成果教育人民，使其内化为人民信仰并主动践行的价值观的过程。马克思主义产生于对人类社会实践的科学总结，其诞生以来便一直是人类认识世界和改造世界的精神武器，实现马克思主义大众化，让更多的人掌握马克思主义，是马克思主义不断完善与发展并永葆活力的前提与基础。在中华人民共和国成立初期的农村社会，推进马克思主义大众化，将使农民进一步掌握科学的理论，进一步涤荡农村社会中残存的"污泥浊水"，为农村文化建设营造良好的思想氛围。围绕着马克思主义大众化这一主题，中国共产党的理论工作者们根据当时农民的文化水平和思想觉悟水平，编写了关于马克思主义和毛泽东思想的通俗读物，以促进马克思主义和毛泽东思想在农村的宣传和普及。在实践中，通过"土改"、镇压反革命等运动，使农村的社会面貌焕然一新，通过实践成果树立马克思主义、毛泽东思想的正面形象，以增强其对农民的说服力、吸引力和感召力。而通过覆盖基层的宣传网体系，进一步增

---

① "公民社会"的主要特征是精英分子的独占空间，所谓"公民"是一种规范性范畴，体现的是精英分子对民众的教化过程；而"政治社会"则意味着人民大众是为数众多的人口，政治动员的目的就是将他们组织成为一个集体。贺桂梅：《"当代文学"的构造及其合法性依据》，《海南师范学院学报》（社会科学版）2006年第4期。

强对马克思主义和毛泽东思想的宣传,实现了对整个农村社会"不留死角"地普遍宣传。通过这些努力,使农民对马克思主义有了进一步的了解和认知,理论一经掌握群众,便焕发出巨大的生命力,农民群众通过对马克思主义的学习,进一步认识到学习科学文化的重要性,只有不断地学习才可以改变自己的命运,对科学理论的掌握,使农民自觉抵制愚昧的、落后的、封建的文化,从而为中华人民共和国成立初农村文化建设创造良好的文化学习氛围。

(三)批判和抵制落后思想,维护马克思主义的主导地位

中华人民共和国成立初期,马克思主义逐渐被人们认知并接受,但各种落后的、愚昧的、封建的残留思想在农民头脑中并不会立即消除,即便是土改运动与新型农村政权的建立也只是为新农村文化建设开辟了一条道路,"陈旧的东西总是力图在新生的形式中得到恢复和巩固"[①],这给马克思主义在农村文化建设过程中主导作用的发挥设置了一定的障碍。对此,中共中央要求,在农村宣传马克思主义,让农民接受马克思主义,最重要的是"要肃清帝国主义的思想和封建主义的思想。对于资产阶级、小资产阶级、农民阶级的思想体系,即非马列主义、非无产阶级的思想体系,要批评"[②],使农民进一步认清封建的、买办的以及唯心主义的思想是剥削思想,是落后的、腐朽的。尤其是针对传统文化中残存的"鼓吹封建奴隶道德、鼓吹野蛮恐怖或猥亵淫毒行为、丑化与侮辱劳动人民的"内容,必须加以清除,取而代之的是推广含有"反抗侵略、反抗压迫、爱祖国、爱自由、爱劳动、表扬人民正义及其善良性格的"[③]文化活动,以维护马克思主义主流价值观在农村文化领域的主导地位,推动农村文化建设朝正确的方向发展。

---

① 《马克思恩格斯全集》(第33卷),人民出版社1973年版,第332页。
② 《建国以来重要文献选编》(第二册),中央文献出版社1992年版,第292页。
③ 同上书,第251页。

二 重视农民在农村文化建设中的主体地位

文化可以塑造人的思想、引导人的生活、影响人的行为，中华人民共和国成立初期农村文化建设的目标是提升农民的综合素质，实现社会变革进程中农民角色的转变。马克思认为："理论只要说服人，就能掌握群众；而理论只要彻底，就能说服人。所谓彻底，就是抓住事物的根本。但是，人的根本就是人本身。"① 因此，中华人民共和国成立初期中国共产党领导的农村文化建设始终围绕农民展开，将农民作为农村文化建设的主体，具体表现在两方面，一是积极动员农民参与到农村文化建设中来；二是文化产品满足农民精神文化需求。

新中国成立前，农村文化日益衰败的重要原因就是农民长期处于被压迫、被剥削的地位，缺少参与到农村文化之中的主观愿望和客观渠道。新中国成立后，要推动农村文化建设，并满足农民的文化利益，则必须调动农民参与到农村文化建设之中，使"文化教育事业从过去少数人的手里，转移到广大劳动人民的基础上"②。要实现这一目的，在中华人民共和国成立初期的农村文化建设中，中国共产党一方面运用群众运动的方式，广泛动员农民参与到文化建设之中；另一方面，则通过覆盖各个角落的宣传网，对农民进行了广泛的宣教工作，使农民可以接触到中共中央有关思想文化的指示与精神。动员农民参与到文化建设之中也明显受到了广大农民群众的热烈欢迎，刚刚翻身的农民对新社会充满了信心，对新生活充满了热爱，在基层党组织的调动下发自内心地参与到农村文化建设中，主动要求提高思想觉悟和文化水平，试图改造农村中存在的旧的文化形态，这也为中华人民共和国成立初期的农村文化建设的顺利推进打下了坚实的群众基础。

实现农民在农村文化建设中的主体地位，就必须坚持文化内容

---

① 《马克思恩格斯全集》（第3卷），人民出版社2002年版，第207页。
② 《陆定一文集》（下卷），人民出版社1992年版，第417页。

的大众性和乡土性，汲取农民群众的智慧、吸收农村生活的养分，使农村文化形式更贴近生活、更具有生命力，使农村文化建设成果能满足农民的精神文化需求。在中华人民共和国成立初期的农村文化建设中，不少文化工作者深入到农村社会中，深度挖掘翻身后农民的新生活，提炼来自于农民的点点滴滴，并创作出农民群众喜闻乐见的文化作品，例如诞生于中华人民共和国成立初期的《王贵与李香香》《双送粮》《柳树井》等戏曲作品，由于来自与农村生活，成为农民百看不厌的"好戏"。在中华人民共和国成立初期的农村文化建设中，各地纷纷成立文化馆（站）以指导农村文化建设，各地文化馆（站）也分别设有业余剧团、文艺宣传队、图书室、读报组、美术组、故事组、歌咏队等机构，通过讲故事、歌舞表演等文化形式，进一步满足农民的精神文化需求。这些文化活动的内容多是对革命斗争英雄人物和生产劳动模范的事迹演绎，通过表演，将正确的人生观和价值观传播到农村社会之中，发挥了巨大的文化宣教作用，激发了农民群众对新中国和共产党的热爱，也唤起了农民投身农业生产和国家建设的巨大激情。

三　发挥党建工作对农村文化建设的助推作用

中华人民共和国成立初期的农村文化建设，是在中国共产党的领导和组织下完成的，因此中国共产党自身建设状况的好坏直接影响到其在农村文化建设过程中主导性的强弱，从而影响到农民对文化建设的体验，并影响到农村文化建设的成效。在中华人民共和国成立初期，中国共产党高度重视自身建设，增强农民对党推动建立的新型农村文化的认可程度，从而树立在文化建设中的主导地位，提升文化建设的实效性。

（一）利用广泛的政治认同，增强中国共产党的权威

持"进京赶考"心态执政的共产党人试图建立一个统一、民主、自由、平等、富强的新中国，而其执政手段与效率显然超过了普通百姓对新政权的心理预期，各级党员在具体的工作中也以革命精神重新诠释了公权力与人民的关系，其政治之清廉，工作效率之

高，前所未有。由此而形成的对执政党的政治认同，使群众以极其高涨的热情参与到国家的建设与发展之中，在上下一心的共同努力之下，"我们党领导全国各族人民有步骤地实现新民主主义到社会主义的转变，迅速恢复了国民经济并开展了有计划的经济建设，在全国绝大部分地区基本上完成了对生产资料私有制的社会主义改造"①。与此同时，"革命洪流荡涤了旧中国的污泥浊水，包括剿匪反霸，禁毒禁娼，取缔会道门、帮会，等等。阶级和阶级的关系、人和人的关系，在共和国建立后的六七年里，发生了根本的变化"②。

在中华人民共和国成立初期的农村社会，从地主手中得到土地的翻身农民，心怀对共产党的感激与崇敬之情，而政治上的翻身则使农民历史上第一次体会到了被国家与社会认可的满足感，"听毛主席的话，跟共产党走"成为此时农民共同心声，心甘情愿地接受着新政权的宣传与教育，并造就了农村社会上下一心的行动方式，使农民满怀激情地参与到新政权所倡导的每一次运动和农村社会活动之中。从"坚决镇压反革命，人民天下人民坐"的镇反运动，到"土地还家"的土改运动，再到"社会主义是天堂，没有文化不能上"的扫盲运动，无不反映出在那个激情燃烧的岁月中，共产党在农村社会中极高的政治认同度，这种政治认同使中国共产党在农村社会具有极强的凝聚力和向心力，从而使中国共产党在中华人民共和国成立初期农村文化建设过程中的权威感不断提升。

（二）加强理论建设，提升文化建设指导思想的科学性

中国共产党作为中华人民共和国成立初期推动农村文化建设的核心力量，其理论品质决定着农村文化建设的质量。正如列宁所说，我们不仅要战胜反动势力"军事上和政治上的反抗，而且是最

---

① 《关于建国以来党的若干历史问题的决议注释本》，人民出版社1985年版，第15页。

② 邓力群：《国史写作不应忽略的若干基本内容》，《当代中国史研究》1994年第1期。

深刻、最强烈的思想上的反抗"①，这是保证社会主义文化前进方向的东西。因此对于党内所存在如主观主义、工作上的官僚主义、组织上的宗派主义、唯心主义等思想，毛泽东一针见血地指出，"这些观点和作风都是脱离群众、脱离实际的，是不利于党内和党外的团结的，是阻碍我们事业进步、阻碍我们同志进步的"②，要求牢固树立马克思主义世界观，切实为社会主义时代和人民服务。

在坚持马克思主义世界观的前提下，中国共产党更注重加强理论建设，而其重要途径就是加强党员干部的马克思主义理论的学习，不断提高全党的马克思主义修养。对此，中共中央于1951年发布的《关于健全各级宣传机构和加强党的宣传教育工作的指示》中指出："领导或推广马克思列宁主义——毛泽东思想的宣传（包括爱国主义的宣传），领导或推广对于反马克思主义思想的批判。领导各级在职干部（包括党员及自愿参加的非党员）的政治和理论的学习。"③ 而理论学习的重点则在于对马克思主义理论的实事求是的掌握，正如列宁所说，"马克思主义者必须考虑生动的实际生活，必须考虑现实的确切事实，而不应当抱住昨天的理论不放"④。只有全体党员理论水平的上升，才能"正确地宣传马克思列宁主义——毛泽东思想和党在目前的各项主张"⑤。中国共产党的理论建设推动了其自身的进一步发展，也提升了中华人民共和国成立初期农村文化建设的科学性。

（三）提升文化自觉意识，增强农村文化建设的执行力

中国共产党是一个具有高度文化自觉的政党，总是以思想文化上的觉醒和觉悟，来把握前进方向、凝聚奋斗力量、推动事业发展。中华人民共和国成立初期，中国共产党深刻认识到文化建设与

---

① 《列宁全集》（第39卷），人民出版社2017年版，第448页。
② 《建国以来重要文献选编》（第九册），中央文献出版社1994年版，第35—36页。
③ 《建国以来重要文献选编》（第二册），中央文献出版社1992年版，第77页。
④ 《列宁全集》（第29卷），人民出版社2017年版，第139页。
⑤ 《建国以来重要文献选编》（第二册），中央文献出版社1992年版，第75页。

政治、经济变革的关系，政治经济的变革决定着文化的变革，文化的变革影响和推动着政治经济的变革。因此，要推动从新民主主义社会向社会主义的转变，文化也必须从新民主主义文化转变为社会主义文化。对此，毛泽东在七届二中全会上就曾指出，"随着经济建设的高潮的到来，不可避免地将要出现一个文化建设的高潮。中国人被人认为不文明的时代已经过去了，我们将以一个具有高度文化的民族出现于世界"[①]。因此，毛泽东号召"全国人民克服一切困难，进行大规模的经济建设和文化建设，扫除旧中国所留下来的贫困和愚昧，逐步地改善人民的物质生活和提高人民的文化生活"[②]。由此可见，无论是革命党还是执政党，其重要任务是寻求人们对它的文化认同，只有其通过文化自觉，用其特有的文化支配了社会秩序，主导了人们的观念、取向和行为，它在社会生活中自然居于领导地位。在中华人民共和国成立初期，中国共产党的文化自觉意识进一步增强，重视并提高文化在各项工作中与地位，进一步提升文化工作对中心工作的促进作用，并不断完善和发展文化建设的目标、方针和策略，从而提升文化建设实践的执行力。

第二节　中华人民共和国成立初期农村文化建设的不足

中华人民共和国成立初期，为满足当时政治、经济发展的根本需求，为满足农民文化权利需要的内在诉求，中国共产党进行了大规模的农村文化建设工作，并取得了一系列丰硕的成就。但是，"由于我们党领导社会主义事业的经验不多，党的领导对形势的分析和对国情的认识有主观主义的偏差"[③]，中华人民共和国成立初期中国共产党领导的农村文化建设也存在着一定的失误与不足。

[①]　《毛泽东文集》第5卷，人民出版社1996年版，第345页。
[②]　同上书，第348页。
[③]　《改革开放三十年重要文献选编》（上），中央文献出版社2008年版，第187页。

一 存在急于求成的倾向

在中华人民共和国成立之初,中国共产党领导的农村文化建设,进一步铲除农村文化中所存在的落后与封建的形态,实现对农民思想、农村文化生活、农村社会风俗等方面的重构,是十分必要的,通过农村文化建设工作,很大程度上改善了农民的思想观念,丰富了农村日常文化生活,提升了农村的社会风尚。在此基础上,农村文化建设也促进了农业生产的提升,加快了国民经济的恢复与发展;促进了农村社会结构的变革,推进了农村社会向社会主义的过渡。但是我们也必须清醒地认识到,文化建设毕竟属于上层建筑的改造范畴,其特殊性决定了这一过程必然是一个长期的过程。但在中华人民共和国成立初期,中国共产党的各级领导干部和普通党员为了迅速完成对旧社会的改造和对新社会的构建,都以极高的热情和巨大的激情投入新中国的各项建设事业中,因而在具体的工作中则存在着急于求成的心态,这种心态也对当时的农村文化建设造成了一定的影响。

(一)对农民思想的改造过急

"一个人思想的转变,必须通过他本人的自觉。"[1] 思想政治教育的特殊性决定了其过程的复杂性,完成思想改造的周期也较长。在中华人民共和国成立初期,毛泽东对这一点也有清醒的认识,"思想改造的工作是长期的、耐心的、细致的工作,不能企图上几次课,开几次会,就把人家在几十年生活中间形成的思想意识改变过来"[2]。要使全社会接受马克思主义的宇宙观,"对于少数进步分子说来是可能的,当作一个阶级,则不宜要这样要求,至少在第一个五年计划时期不宜如此宣传"[3]。而对于在中国传统文化浸淫了两千多年的中国农民而言,对他们进行具有现代意义的思想改造与

---

[1] 《周恩来谈人生》,中国青年出版社1995年版,第166页。
[2] 《建国以来重要文献选编》(第十册),中央文献出版社1994年版,第123页。
[3] 《毛泽东文集》第6卷,人民出版社1999年版,第236页。

启蒙，具有极大的艰巨性和复杂性，要完成这一任务，不仅仅要依靠对农民进行新思想的引领和灌输，还要靠农民自身新旧思想上的斗争而解决，从而将传统的、保守的、落后的世界观转变为现代的、革命的、科学的世界观。因此，中国共产党及其领导人认识到农民世界观改造是十分艰巨的任务，是不必也不能"急于求成"的。但随着国民经济形势的好转和社会主义改造速度的加快，这一认识也发生了相应的改变。农民思想意识的改造与否以及在新意识形态标准下的农村文娱生活和社会风尚的好坏成为衡量农村社会主义因素增加与否的重要标准，在重压之下，难免对农村文化建设提出不切实际的要求，在对农民思想的改造上存在要求过高、整齐划一的倾向，在农村文化的重建上存在急于求成的倾向，具体工作中也就未能正视农村文化建设任务的复杂性与长期性。

就对农民思想改造的方向而言，毛泽东曾经说过："在各个学术部门可以有许多派、许多家，可是就世界观来说，在现代，基本上只有两家，就是无产阶级一家，资产阶级一家，或者是无产阶级的世界观，或者是资产阶级的世界观。"① 由此可以看出，当时党的领导人将思想改造的方向视为二元对立的，农民思想改造的目标就是要使农民确立马克思主义的世界观，若未能实现这样的目标，则意味着农村文化建设的失败。在1951年召开的第一次全国宣传工作会议上，代表中共中央发言的刘少奇在会上要求在"全国范围内和全体规模上"进行"马列主义"而不是其他任何思想体系的教育，因为"我们要向社会主义、共产主义前进"，所以，要让"广大人民信服马列主义"②。因此，1951年《关于加强党的宣传教育工作的决议（草案）》要求各级党委"必须把向党内外进行马克思列宁主义的宣传教育工作，当作头等重要的任务"③。在此工作思路的指导下，对农民思想改造的核心就是向农民灌输马克思主

---

① 《毛泽东文集》第7卷，人民出版社1999年版，第273页。
② 《刘少奇选集》（下卷），人民出版社1985年版，第82页。
③ ［德］乌尔里希·贝克：《从工业社会到风险社会》，王武龙译，《马克思主义与现实》2003年第3期。

义。但马克思主义毕竟不同于农民思想中原本所存在的价值体系，对马克思主义的认知与学习必须建立在一定的理性认知基础之上，仅仅通过共产党农村基层组织的文化工作，使农民思想在短短几年时间里在内核上发生彻底的变化是不可能的，把农民都改造成具有马克思列宁主义世界观的整齐划一的人更无可能。其结果便是，农民在表面上似乎接受并在参与着新型文化体系的构建，但传统的思想内核并未发生变化，农民思想中的旧价值观和世界观并未彻底消除，而是被压抑在深处，一旦有所召唤，其内心深处的旧思想便被立即释放。从另一方面来看，农民对马克思主义的信仰则变成对领袖的信奉与盲从，对马克思主义的接受不过是将原本供奉的天地君亲师换为开国领袖，这客观上降低了农民独立思辨的能力，成为农民日后积极参与"大跃进"、"文革"等运动的思想根源。

（二）农村文化教育的普及过快

中华人民共和国成立初期，为满足农民群众对文化知识的渴求，中国共产党在农村文化建设中推行了以扫盲为核心的文化教育普及。在扫盲工作的起步阶段，为了防止扫盲工作出现冒进倾向，在1952年9月召开的全国农村扫盲工作座谈会上，着重指出要防止扫盲工作的过于急躁、草率行事，提出扫盲工作要"大张旗鼓，稳步前进，由点到面，限期完成"[①]；在1953年1月召开的大区文教委员会主任会议上，国务院指出扫盲是一个长期而复杂的任务，不是三五年而是需要十几年或更长时间才能完成的。

但在具体的实际工作中，一些基层组织将扫盲工作视作为一项必须完成的任务，单纯追求被扫盲的人数，不顾农民的生产生活实际情况，强迫农民参与扫盲，造成农民"奉命上民校"的情况。尤其是农业合作化运动开展以后，农民文化水平偏低被认为是阻碍合作化运动进行的重要因素，毛泽东认为："我国现在文盲这样多，而社会主义的建设又不能等到消灭了文盲以后才去开始进行，这就产生了一个尖锐的矛盾。现在我国不仅有许多到了学习年龄的儿童

---

① 冷溶：《共和国重大决策和事件述实》，人民出版社2005年版，第86页。

没有学校可进，而且还有一大批超过学龄的少年和青年也没有学校可进，成年人更不待说了。这个严重的问题必须在农业合作化的过程中加以解决，也只有在农业合作化的过程中才能解决。"[①] 1956年3月中共中央和国务院发布《扫除文盲的决定》将扫盲提高到了空前的高度，第一次把扫盲作为国家发展大计，扫盲工作被上升为扫盲运动，在具体工作中，扫盲工作则沦为"政治挂帅"的政治行为，使基层的扫盲工作者们，将更多的精力放在追求群众积极参与的场面效应上，因而片面地强调识字工作"速成"，而忽视识字工作的质量，尽管将大量的人力、物力、财力投入扫盲工作中，却无法顾忌对"脱盲群众"的提高和巩固上，扫盲运动过后出现了严重的复盲现象。

二 过分重视文化意识形态属性

从理论上来讲，政治与文化均属于人类上层建筑范畴，是人类在改造世界的进程中所创造出的成果，但二者在人类社会的发展进程中表现出了截然不同的实践路径与发展方向。文化产生于人类社会初期，伴随着人类社会的产生而产生，但政治是人类社会发展到阶级社会的产物，将伴随着阶级社会的终结而消亡。尽管在理论上文化与政治具有明显的不同，但在具体的实践工作中，二者却经常交织在一起，文化工作为政治理念的灌输与政治动员提供了平台，政治也为文化的发展方向塑造了环境。因此在具体的工作中，极易混淆文化与政治的差异性。以文化工作代替政治工作，将使社会发展缺乏意识形态规范，人类社会活动执行力差；以政治工作代替文化工作，则会出现人们现实生活的泛政治化，严重时甚至会出现政治恐怖局面。在现实生活中，相较于文化工作而言，政治工作的切入点更多，取得成绩也更为明显，以政治代替文化的情形时有发生。中华人民共和国成立初期，巩固和发展新生政权、增强和提升民众对新政权的支持度与认同感是意识形态工作的核心任务，因

[①] 《毛泽东文集》第6卷，人民出版社1999年版，第455页。

而，实际工作中以政治为纲的思想产生并蔓延，在文化工作过程中一方面重视文化与政治的系统，另一方面却忽视了文化与政治的差异性。尤其在农村文化建设中，多数农民群众缺乏最基本的文化素养与理论水平，对农村文化建设的态度与方向缺乏正确的认识，而农村基层组织在意识形态工作中又存在着急于求成、盲目乐观的错误心态，农村文化建设中对政治与文化差异性的忽视则表现得尤为明显。

中华人民共和国成立初期，推进农村文化建设将提升农民的文化水平，满足农民的文化权利，丰富农民的日常精神生活，从而为农村社会融入近代社会的发展之中提供价值支撑。但在当时特殊的历史条件下，从上到下的新生政治体系需要基层民众的支持与认同，而实现这种政治认同最便捷也最为有效的方式就是将共产党的意识形态体系灌输于民众的头脑中。从理论上来讲，"意识形态是具有符号意义的信仰观点的表达形式，它以表现、解释和评价现实世界的方法来形成、动员、指导、组织和证明一定行为模式和方式，并否定其他的一些行为模式和方式"[①]。对于统治阶级来说，在全社会确立主流意识形态的导向，则可唤起民众自发的认同、支持与服从，使政权的合法性更为牢固，行政权力的进程也更为顺畅。中华人民共和国成立初的农村基层权力组织并非产生于本乡本土，而多由中国共产党上级组织从上而上置入农村的政治生活之中，并不能轻易获得广泛的政治认同性，因此，意识形态的认同也成为当时农村文化建设的首要目标。为了将农民群众团结在马克思主义的主流意识形态体系中，农村文化作品也大多表现出对旧政权腐朽、暴虐、昏庸及法西斯专制统治和旧社会体系下的阴暗面进行揭露与批斗，通过文化产品强有力地反证着新生政权的合法性和新的意识形态体系的进步性；另一方面，文化作品着力描写的是新农村生活如何消灭剥削与压迫，通过工农群众的努力在未来建成一个

[①] 王永贵：《经济全球化与社会主义意识形态建设研究》，人民出版社2005年版，第9页。

共有的、人人平等、人人自由的、各尽所能和各取所需的新社会，利用对未来社会的美好预期以从正面证明新的意识形态的革命性与道德性。通过农村文化建设"润物细无声"式的意识形态灌输，使农民群众在认同新的意识形态体系、认同新政权的同时，产生为未来美好生活而献身理想、努力劳动的奋斗精神。

将意识形态的认同作为农村文化建设的重要目标后，农村文化建设将过度强调文化产品的政治属性。毛泽东曾经说过："我们的要求则是政治和艺术的统一，内容和形式的统一，革命的政治内容和尽可能完美的艺术形式的统一。缺乏艺术性的艺术品，无论政治上怎样进步，也是没有力量的。"[1] 据此我们认为，文化具有政治和文艺的双重属性，尽管文艺属性从属于政治属性，但是在具体的工作中，突出文化的文艺属性，则可与文化建设满足群众精神享受的功效实现统一，使文化的政治属性更好地发挥。但在中华人民共和国成立之初，文化的首要目标是实现对主流意识形态的构建，在具体的农村文化建设中，便将文化的政治属性放在第一位，过分强调文艺产品的意识形态属性。例如，在农村文化产品题材的选择上，将"为工农兵服务"的评判标准片面化和简单化，农村文化作品着重描写"工农兵"生活，描写其他人物、展现其他社会阶层的生活面貌的作品，则将被视为偏离了正确的政治方向。在片面强调文化产品政治属性的束缚下，只允许文化产品有特定的内容，文化活动为特定阶层服务，农村传统文化被边缘化，农村现实主义题材的创作公式化、概念化，一定程度上阻碍了农村文化的繁荣，农村文化在满足愉悦农民群众的精神需求方面未能展现出其应有的效果。

因此，在当时意识形态领域仍然存在着无产阶级与资产阶级阶级斗争的背景下，文化工作所特有的意识形态属性使其被视为内含着一定的政治意图，并被涵盖到阶级斗争领域，对文化产品的评判也被纳入了政治批判的范畴。例如，俞平伯对《红楼梦》的研究主

---

[1] 《毛泽东选集》第3卷，人民出版社1991年版，第869—870页。

要是从考据学的角度出发,对书中人物并没有进行明确地肯定与否定,其研究主要是一种学术性、趣味性的研究。但在当时的意识形态背景下,批评者认为俞平伯的《红楼梦》研究没有运用马克思主义的方法和观点,缺乏对作品本身鲜明的反封建倾向的探讨,仅从抽象的艺术观点出发,从而减低了《红楼梦》反封建的现实意义,其目的在于"引导革命者逃避革命"。这种评判标准拓展到农村文化建设领域,则是农村文化工作者将"政治正确第一"的要求放在文化建设的第一位,将文化产品的政治立场作为评判其工作先进与否的标准,以求在工作中不犯政治错误。因此,文化工作者自觉或不自觉地将文化产品打上了阶级性的烙印,农村文艺必须具有阶级性、突出阶级性,最终使农村文化呈现出沉闷的局面,文艺创作进入相对萧条的阶段。

三 过分依赖群众运动

在中国共产党领导中国革命与建设的历程中,群众路线是重要的工作法宝之一,而理论上的群众路线在具体工作中的直观体现就是群众运动。不论革命与建设工作,群众运动在民众动员、资源汲取、社会治理等方面具有常规行政手段所难以比拟的优越性,是实现对群众进行有效动员与治理的重要工具。中华人民共和国成立之初,中国共产党面临着繁重的建设任务,通过群众运动的方式可将社会改造与政治精神广泛、深入、有效地贯彻到基层社会,因而在当时的中国农村,接连不断的群众运动也成为当时农村社会生活的基本形态。运动一旦形成,几乎所有乡村社会成员都会或主动或被动地卷入其间,分别扮演不同的角色:村干部、党员、积极分子是领导者,一般农民群众是参与者,以工作队为媒介,运动的最高指挥者可以与乡村社区和农民群众实现近距离的互动,保证运动沿着既定的轨道运行。由于群众运动往往伴随着对社会权力结构的调整,对社会资源进行重新整合,这是农村群众积极参与到各类群众运动中的动力之所在。通过一次次的群众运动,公权力也可以此为契机,名正言顺、便捷有效地介入农村的日常社会生活中,实现对基层农村生活的调控与管理。

中华人民共和国成立初期，对农村文化的改造与重建是中国共产党农村机制的重要内容，群众运动则成为其领导农村文化建设的重要手段。以新政权成立后庞大的基层组织网络和各种工作队为组织基础，对农民参与农村文化建设进行有效的动员、控制和引导；与此同时，依据农民的参与热情对其做出进步或落后的评判，以期从正负两方面实现对农民参与热情的激励。但我们必须看到，在农村文化建设的组织体系中，工作队处于核心地位，每个农村的群众性文化运动都是在工作队的直接参与和领导下进行的。但作为上级组织派出机构的工作队，并非源自于农村生活需要，也不是由农民自发组织起来，其在发挥着上情下达的桥梁作用的同时，更多地发挥着上级对农村文化生活的指导作用，其工作重心也遂成为对国家意志的实施。在农村文化建设中，农村文化工作队依据国家对农村文化建设的方针，直接领导对农民参与文化活动的动员与管理，而原本产生于农民之中、对农村生活更为了解的农村科层组织却在工作队和群众运功中被抛弃，反而难以发挥其应有的作用。因此，群众运动主导下的农村文化建设，并不是由了解农村具体环境和农民现实需求的组织所领导，农村文化建设尽管实现了广泛的群众参与，但在解决农民最根本、最现实的精神文化需求方面却不尽如人意。

从另一方面来讲，以农村文化工作队领导农村文化建设，这正说明农民并非主动参与到这种运动之中，而是以公权力对乡村社会全面控制为前提，是国家政权动员的结果，是国家与社会、与民众在资源占有（包括经济资源、政治资源和象征资源）上极不对等的结果。[1] 农民看似拥有参与农村文化建设的自由与权利，但却没有不参与或参与其他活动的权利与自由，这实质上是公权力对基层的扩大与延伸，将普通民众纳入国家主导的主流政治体系之中，可以

---

[1] 李里峰：《群众运动与乡村治理——1945—1976年中国基层政治的一个解释框架》，《江苏社会科学》2014年第1期。

说农民是以被动的状态被"卷入"农村文化的改造与重建之中，对农民的动员也是强大外力干预的结果，虽然可在极短时间实现农民的广泛参与，但工作的效果会伴随着运动的终止戛然而止，必须进行新一轮的运动以期实现工作的实质性进展。

以群众运动的形式推动农村文化建设可以保证文化建设的广泛参与性，但在具体的参与进程中，个体的个性将服从于群体的主张，个体的理性也被群体的感性所吞噬。因此，对于运动式的农村文化建设而言，农民在相应的价值激励下，具有盲目的机械趋同性，从而投身于运动之中，但群众运动一旦展开，社会的约束能力则将弱化，缺乏社会纪律约束的农民则呈现出离散化与原子化，如果没有正确的引导则将使群众运动这一工具异化，并走向不可控性，最终以"文化"的名义爆发了一场全国性的、不可控的社会动荡，对中国社会发展带来了巨大的灾难。

第三节　中华人民共和国成立初期农村文化建设的当代启示

当前，中国特色社会主义进入了新时代，全面建成小康社会进入决胜阶段，"三农问题"依然是中国共产党工作的重中之重，应必须全面落实乡村振兴战略，推进新形势下农村改革力度，加强城乡统筹，全面落实强农惠农富农政策，促进农业基础稳固、农村和谐稳定、农民安居乐业，建设美丽乡村、继续推进农村精神文明建设是落实乡村振兴战略的重要内容，正如习近平同志所说："实施乡村振兴战略不能光看农民口袋里票子有多少，更要看农民精神风貌怎么样。"但我们必须看到，在新形势下，随着城镇化进程的加速，农村常住人口流失严重，农村文化发展明显滞后，具体表现在文化设施基础薄弱、文化从业人员少、文化形式单调、文化建设流于形式，农民物质生活和精神生活的"剪刀差"效应凸显，如果这一问题得不到解决，农村生活的精神家园将进一步失守，这不仅关系到农村的发展方向，也关系到社会主义文化发展繁荣的战略能否实现，更关系到当前我国全面深化改革进程的稳定性。中华人民共和国成立之初，我国的社会关系、政治制度、经济结构都处于从传统到现代的急剧变革之中，中国共产党对一穷二白的中国进行了制度设计与道路规划，努力将其转化为社会主义建设，火热的建设工作离不开正确的理论指导与积极健康的文化提供价值支撑。为此，中国共产党积极推进文化建设，对当时意识形态领域所存在的愚昧观念、陈腐价值和反动思想进行大刀阔的清理整顿，同时大张旗鼓地宣传马列主义、毛泽东思想，弘扬爱国主义和集体主义精神。尤其是在农村地区，中国共产党通过开展广泛、深入地文化建设，对传统的农村文化观念和文化样态进行了改造与重建，从根本上涤荡了阻碍农村社会从传统向现代转变的不良价值观念，这不仅为当时农村乃至全国的中心工作提供了强大的精神和智力支撑，也为此后的农村文化建设提供了宝贵的经验，对新形势下的农村文化建设具有一定的借鉴意义。

一 当前农村文化建设中存在的问题

中华人民共和国成立初期中国共产党领导的农村文化建设，将近代化进程中被边缘化的中国农村纳入了现代社会发展的轨道上来，但长期以来以农惠工的工业化模式和改革开放后城镇化速度的迅速提升，使农村地区在经济、社会和文化的发展上远远落后于城镇地区，尤其是农村文化建设远远滞后于当代社会的发展，并阻碍着农村社会的进步。尽管在社会主义新农村建设的背景下，以政府为主导的大量的人力、物力和财力被投入到农村文化建设中，但当前农村文化建设工作中依然存在着一定的问题，使农村文化事业不能满足农民的需求，无法适应城乡发展一体化和乡村振兴的需求。

（一）农村文化建设缺少必要的动力

2005年10月召开的中国共产党十六届五中全会便提出了建设社会主义新农村的重大历史任务，提出"生产发展、生活宽裕、乡风文明、村容整洁、管理民主"的农村发展总要求，繁荣农村文化事业被视作新农村建设工作的重要内容。十几年来，在政府的主导下，大量的人力、物力、财力被投入于农村文化建设之中，农村的教育事业得到了一定程度的发展、农村文化设施得到一定程度的改善、农村文化工作者待遇得到了一定的提升、有关农村的文化作品也得到了一定的支持，但是随着市场经济的不断深化，政府对社会事业的主导能力逐步弱化，政府主导下的农村文化建设依旧未能实现农村文化的繁荣，未能满足农民最根本、最现实的精神需要，反而进一步加大了农村文化与城市文化的差距，农村文化建设普遍陷入了内部动力不足、外部压力过大的胶着状态。

首先，从农村文化的内部来看，农村是农村文化赖以生存的家园，但是改革开放以后，尽管农村的社会与经济取得了显著的发展，但与城镇相比，农村的发展显得相对落后，因此农村文化的发展也出现相对落后的局面。人民公社制度瓦解之后，农村社会的显著特点便是政府对农民人身的控制和对其自由流动限制的弱化，一方面政府无法再通过群众运动式的工作大规模开展农村文化建设，另一方面，农民流动性的增强使农村的主体结构发生了显著变化，原本在农村生产生活中处于主力军地位的中青年农民、文化水平较高的农民，为了追求更好的生活，纷纷背井离乡，踏着市场化与城镇化的浪潮来到了城市，他们的离去不仅挖空了农村人口的主体，更带走了农村社会、经济发展的生机与活力，农村文化建设也失去了扎实的基础。尽管各地政府都有针对农村地区的专门性的文化活动，例如每年都组织大量的文体活动，开展"五送"（送科技、送卫生、送电影、送图书、送文艺）下乡活动，也组建了排舞、腰鼓、舞龙等多种文艺队伍，一定程度上丰富了农民的文化生活，但纵观这些农村文化工作，真正土生土长的文化活动少之又少，群众在文化活动中，只是观众，而非参与者，政府主导下的农村文化建设缺乏持续的互动力量，存在着"一头热、一头冷"的现象，从而沦为政府的独角戏。

而从农村文化的外部来看，农村在当前的发展进程中再次被排挤到边缘化的地位。改革开放以后，国家经济社会发展的中心转移到城市上来，尽管农民获得了人身支配和自由流动的权利，但政治上的城乡"二元制"结构并未彻底打破，农民缺少在社会政治地位上的平等与认同。另外，农村与城市在经济结构上有着不同的分工，农村为城市、农业为工业提供原材料，但农产品的生产有其自身特点，周期长、效率低，按市场经济规律，生产要素应从农村流向城市，因此，农村在经济上从属于城市。由此可见，在当前社会发展进程中，不论在政治上还是经济上，农村都不处于主导地位；农村在文化建设的话语建构和发展方向上，都失去了主动的话语权。城市在成为政治和经济中心的同时，其文化形态成为整个社会奉行的主流文化，成为主导社会舆论和话语建构的主导性力量。城市文化的发展和话语建构当然无法生长出与农村文化形态相符的发展趋向与目标。

（二）主流价值观对农村文化的导向性偏弱

新农村建设被当作重大历史任务提出后，各级政府和有关部门对农村文化建设的投入也不断增多，农村地区文娱活动场所也进一步得到改扩建，农村文化形式得到一定程度的丰富。但在农村文化建设硬件设施得到改善的同时，主流意识形态对农村文化引领的实效性不强，没有形成强有力的文化阵地，农民只能片面地、零散地接受主流意识形态的熏陶，在此背景下，落后的、丑陋的文娱活动则趁机占据了农民的精神世界，具体则表现在农民文娱生活的低俗化和主流价值信仰的边缘化。

由于当前农村文化建设中，往往重视对硬件设施的改善而忽略对农民价值观的引导，在当前许多农村地区，文娱生活正朝着低俗化方向发展，这首先表现在农村色情污染严重。随着进城务工农民的增多，农村地区独居、寡居群众居多，这些人常年生活孤单，缺乏精神上的慰藉，也缺乏对新鲜事物和娱乐方式的接触，只能在排遣寂寞时寻求精神刺激，这就为农村色情文化提供了一定的市场，因此在农村的集市上经常可以看到色情表演大张旗鼓，甚至有农民办丧事请草台班子表演脱衣舞；在农村的市场上也可以看到色情、暴力影视（含碟片）公然叫卖。其次则表现在农村赌博现象严重。随着农民经济收入的增加，他们对精神享受的需求也进一步加强，但由于缺乏正确的价值观引导，拜金主义、投机情绪、不劳而获的思想作祟，不少法制观念淡薄的农民在农业生产之余，走进"茶馆"带"彩"打牌已成生活习惯。这不仅既妨害了农村社会的正常管理秩序，又易诱发其他各类犯罪和矛盾纠纷，增加了社会不安定因素，严重影响了社会稳定，更是造成农村地区妻离子散、家破人亡的重要原因。最后，表现在农村人情往来的变质。当前农民人情往来的礼金越来越多，一些农村地区人情往来占到了当地农民可支配收入的一半以上，已经成为日常生活的沉重负担，相当多的农民在操办婚事、丧事以及建房时不顾自身财力，讲排场，盲目攀比。

　　农村主流价值边缘化则主要表现在宗教势力在农村地区的迅速扩张。改革开放以来的三十多年，农村地区也经历着从社会结构到家庭结构到个人价值观的剧变，农村社会的结构性紧张、伦理失序、农民心理的波动、家庭危机等问题在农村生活中接踵而至，给改革中的农村社会带来了剧痛，农民的日常生活也聚集了诸多的问题，农民急需安定的心理慰藉和价值信仰以应对这些问题。但传统的民间信仰体系在新中国第一轮文化改造过程中已支离破碎，对个体而言无法形成完整的价值支撑，因此无法解决农民在转型期所遭遇的精神与价值困境。另一方面，"全能型"的人民公社瓦解后，农村的基层组织逐渐退出了农民个人的生活领域，对农民精神世界的诉求采取漠然态度，缺少对农民在意识形态层面进行的正确的引导与示范，这为宗教思想进入农民的精神世界提供了契机。对农民而言，传统的以传宗接代为核心、将人生意义寄托在子孙后代身上的价值观念在经过集体时代的改造和近三十年市场经济、消费主义的冲击，已经逐步被人们认为是落后的思想意识。更多农民希望在当下的生活中获得荣耀、面子、地位、权力和成就，即追求社会性的价值，主要表现为激烈的、以物质为依托的竞争。被社会性竞争抛下的家庭在村庄中要占10%的比例，竞争越激烈，竞争的参照系就越高，被抛下的家庭就越多，比例越大。这些家庭一方面丧失了传统的以传宗接代为核心的价值理念，难以积极地面向未来，另一方面又是社会性价值竞争的失败者，无法在竞争中获得意义，因此这批人就出现了双重价值的失落，人生昏暗而无前途。在此背景下，宗教为农民提供了一个渴盼的彼岸世界，可在宗教的承诺中得到精神上的满足。由于这些原因，使宗教组织，尤其是基督教组织在农村地区具有广泛的市场，通过熟人、亲属网络使宗教思想在农村地区广泛蔓延。

（三）农村文化建设缺少足够的参与

改革开放以后，群众运动式的全体农民参与农村文化工作的场景已无法再现，农村文化建设的任务一定程度上被推向了市场，由专业的文化产业组织负责农村文化的运行，农村文化建设的市场化、组织化和专业化程度都有所增强，这在一定程度上提升了农村文化产品的品质，使农村文化朝着现代文化方向发展，使其在组织、运营上进一步与现代市场接轨。但从另一方面来讲，这种农村文化工作模式缩小了农村文化的参与范围，隔绝了普通农民对农村文化的参与，普通农民无法参与对农村文化产品的创作，无法选择农村文化形式，只能处于被动的受众状态。

农村文化建设参与程度低，从农村内部来讲，首先表现在农村的基层干部身上，他们对农村文化建设的功能和作用缺乏足够的认识，认为农村文化建设只投入无产出，对农村文化建设的过多投入是一种"资源浪费"，将农村文化建设片面地理解为"组织群众说说唱唱、蹦蹦跳跳"，只重视农村文化建设上"硬件设施"的改善，而忽视"软件"的建设，重形式、轻内容，重表象、轻实质，以至于出现农村文化"讲起来重要，干起来次要，忙起来不要"的情况。其次表现在农村文化工作人员组成结构不合理，农村文化工作人员年龄普遍偏大、队伍素质偏低。乡镇机构改革后，有的乡镇文化专干在职不在位，有的兼职过多，有的调走后，没有得到及时补充。由于没有合理的人才流动机制，在岗人员严重老化，基层文化建设缺乏活力，思想、意识、业务很难适应新形势下农村文化活动的需要。再加之管理上缺乏相应的约束机制和激励机制，致使大多数基层文化部门普遍缺乏竞争意识和危机感，松散涣散，基层文化活动缺乏创新和活力。

农村文化建设参与程度低，从农村外部来讲，首先表现在涉农文化产品较少。改革开放前，具有农村背景或直接以农村生活为表现内容的文艺作品所占比重较大，反映了当时农民的精神面貌和当时农村现实生活。但改革开放以后，在市场经济的浪潮下，由于涉农题材文艺作品的号召力不强、市场受众较小、传播渠道不畅、商业价值较低，不少文艺工作者耐不住清贫寂寞，甚至认为拍摄农村题材没出息，不够时尚和新潮，没有卖点，因而没有前（钱）途，这种"文化自卑"和"文化功利"心态严重影响了农村题材文化产品的创作与发展，农村题材文艺作品日渐式微已成为不争的事实。其次则表现在知识分子和城市精英缺乏参与农村文化建设的有效渠道。相比于普通农民，知识分子和城市精英有着深厚的理论功底和地方社会知识背景，对农村社会的发展和农村文化建设有着更深层次的思考和认识，往往对深入农村社会进行实地调研有着较为浓厚的兴趣和较高的积极性。但对农村文化的调查无法解决基层政府最关切的发展生产和稳定社会主题，其调研结果也无法保证与基层政府主流宣传材料的一致性，因此基层政府对知识分子和精英阶层进入农村社会实地考察又抱有一定的抵触心理与反抗情绪，使他们无法获得农村现实生活的第一手材料，参与农村文化工作的动力不足，因而无法有效参与到农村文化建设之中。

二　中华人民共和国成立初期农村文化建设的启示与继承

解决当前农村文化建设中存在的问题，我们应以实现"农业强、农村美、农民富"的振兴乡村战略的总目标为依据，以解决农村居民的精神文化需求为农村文化建设的核心。既要立足当下，以当前农村社会经济的发展现状为依据，将农村文化建设置于改革与发展的历史背景中。同时也要借鉴历史经验，通过对中华人民共和国成立初农村文化建设的继承与发展，以实现农村文化的繁荣与发展。

(一) 以农村党建工作推动农村文化建设

马克思在《德意志意识形态》中指出："统治阶级的思想在每一时代都是占统治地位的思想。这就是说，一个阶级是社会上占统治地位的物质力量，同时也是社会上占统治地位的精神力量。"[①] 这就告诉我我们，不论社会环境如何发展，社会形态如何变化，统治阶级为了维护其在政治与经济上的统治地位，都竭力维护其在意识形态上的主导地位。对于执政党而言，推动文化建设的发展，则可使公众在"润物无声"中接受执政党的意志，并使其内化为个体的信仰与价值，使执政党的思想与理论上升到主流意识形态地位，在价值上实现社会凝聚力的同时增强执政党的合法性要素。但在此过程中，执政党必须具备必要的先进性，使执政党在文化工作中意识与价值的输出符合社会发展需求，可满足公众的价值追求，使公众对执政党的意识形态有自觉的向心力，从而主动接受执政党所推出的主流文化产品。

中华人民共和国成立初，随着新生政权的初步稳定，中国共产党在组织建设上逐渐完善了对农村文化建设的领导权，由中共中央宣传部和地方各级宣传部管理从中央到地方的意识形态与文化建设，负责出台意识形态及文化领域的相关文件，并阐释相关精神，最终通过政府各级文教系统落实为具体的政策方针，以贯彻中国共产党的意识形态路线。而在基层的农村地区，不仅有中国共产党上级组织直接派驻的文化工作队（组）领导农村文化建设，农会组织也参与到农村文化建设之中，农村文化馆（站）、农民俱乐部等文化组织也日趋完善，有力地为中国共产党领导农村文化建设的开展提供了组织保障。这种领导作用不仅体现在相关组织体系的日趋完善上，更体现在中国共产党不断增强其先进性而展示出的强大凝聚力上。中华人民共和国成立之初，中国共产党由革命党转变为执政党，其地位的变化也使一些党员干部在心态上发生了变化，贪图享受、骄傲自满的情绪有所滋生，官僚主义作风有所蔓延，甚至有个别干部贪污腐败，受到党纪国法的处分。为提高中国共产党的战斗

[①]《马克思恩格斯全集》（第3卷），人民出版社1960年版，第52页。

力和执政能力，遏制部分党员的蜕化变质，中共中央于1950年5月，发出《关于在全党和全军开展整风运动的指示》；1951年12月，中共中央又发出在全国党政机关工作人员中开展"三反"运动的号召。通过这两次运动的开展，中国共产党的工作作风有了明显改善，廉洁、高效、亲民成为中国共产党各级组织的普遍特征，中国共产党在全社会的凝聚力显著提升。除此之外，针对中华人民共和国成立初期的现实需求和新的任务以及新解放区党员干部文化水平和理论水平低的情况，中国共产党组织基层党员干部学习马列主义和科学文化知识，提高他们的理论水平和文化素养，提升其解决实际问题的能力。正是由于中国共产党在中华人民共和国成立初期的不断自我完善，使其始终保持着先进性品质，各级党组织的威望和凝聚力在全社会不断增强，广大人民群众自觉学习党的理论和精神，马克思主义和毛泽东思想在全社会范围内得到普遍认可，爱国主义与集体主义精神在普通群众间得以广泛接受，这在一定程度上推动了农民群众对新社会文化工作的接受。

在新的历史条件下，农村的社会经济状况发生了巨大变化，中国共产党在农村社会生活中的地位也发生了极大的变化，但中国共产党的政治信仰依旧是社会主流意识形态的价值来源，其先进与否也决定了主流意识形态是否具有合法性，同时决定了文化的吸引力是否强大。但我们必须看到，新形势下不少基层党组织的建设工作明显落后于时代发展的需求，一些基层干部脱离群众，对群众的利益诉求漠不关心，缺乏凝聚力和战斗力，一些党员干部甚至认为文化建设可有可无，经济工作和社会稳定是评判基层组织工作的标准，这种错误的工作思想是当前农村文化建设问题突出的重要原因。对此，促进农村文化建设工作，首先必须加强基层党组织的建设。当前，中国共产党的先进性着重表现在对市场经济的驾驭能力、对社会局势的整控能力、对民主政治的引导能力、对思想文化的导向能力和其自身的防腐抗变能力，这些都对文化建设工作起着至关重要的作用。我们尤其需重视对农村基层党组织先进性的提升，农村基层党组织处于农村文化建设第一线，是社会政治结构的中间力量，发挥着上情下达的桥梁作用，其行为与作风关系民生、直达民意，是中国共产党形象在农村思想中的生动体现，是推进农村文化建设的领导基础。在新形势下，推动农村文化建设，必须加强与改进基层党组织的思想和作风建设，在思想上牢固树立马克思主义的世界观和人生观，坚定共产主义理想信念，深刻认识到农村文化建设对农村社会经济发展的重要作用。同时，基层党组织还必须在农村文化建设中唱响主旋律，以中国共产党的先进性促进农村先进文化的传播与发展。在作风建设上牢固树立"立党为公，执政为民"的执政理念，践行"为人民服务"的立党宗旨，以保障农村群众的基本权利和改善农村群众的日常生活为工作主线，增强农村党组织在农村社会生活中的作用，增加党在农村的凝聚力和向心力，从而增强中国共产党在农村文化建设中的控制力，为当前农村文化建设提供组织保障。

（二）注重主流价值观对农村文化建设的引导

文化与意识形态都是人类社会在改造世界进程中所创造出的属人成果，但二者的范畴不尽相同，文化作为人类精神性存在的总概括，伴随着人类社会的产生而产生，意识形态则产生于阶级社会，是有始有终的历史范畴。文化先于意识形态的产生而产生，意识形态实质上是人类文化发展到一定阶段的特殊形态。因此，在历史上产生于文化之后的意识形态，随着人类文化的不断发展而发展，并成之为体系。马克思主义认为，人们创造历史，"并不是随心所欲地创造，并不是在他们自己选定的条件下创造，而是在直接碰到的、既定的、从过去承继下来的条件下创造。一切已死的先辈们的传统，像梦魔一样纠缠着活人的头脑"[①]。这就表明，文化为意识形态构建提供现实资源的同时，也在意识形态上或多或少地打上了文化的印记，在意识形态中凝结着现实文化的光辉。可以说，意识形态在文化的母体中产生，文化则是意识形态的现实表现。在具体的工作中，文化建设对意识形态工作也表现出这样的能动性特征，文化作为意识形态现实的、外在的形式，文化工作可为意识形态工

---

① 《马克思恩格斯全集》（第11卷），人民出版社1995年版，第131—132页。

作创造场域、提供平台，文化的繁荣与发展，则有助于意识形态功效的实现。但从另一方面而言，意识形态工作对文化建设的方向予以引导，保证文化建设朝着正确的方向发展。

在延安时期，毛泽东于《在延安文艺座谈会上的讲话》中便对文化建设对意识形态工作的能动性做出了具体概述，文艺工作的立场应"站在无产阶级的和人民大众的立场"，文艺批评的标准应坚持政治标准与文艺标准的统一，其中"总是以政治标准放在第一位"的，这都鲜明地反映出文化建设与意识形态工作的系统性，意识形态工作规范着文化建设的前进方向。在解放战争时期，为鼓励解放区农民保卫土改成果、参加革命，中国共产党对农村戏曲内容进行审查、对传统艺人予以改造，将其政策方针凝结于农村的秧歌、戏曲、曲艺活动之中，将其思想教育凝结在文化工作的同时，指导着文化建设朝着正确的方向发展，这使得解放区农村中原本残存的陈规陋习得以革除，封建迷信思想也被革命思想所取代，农民政治觉悟得以大幅提升的同时，农村文化也得到了繁荣。中华人民共和国成立初期，为了整合当时社会上存在的复杂多样的文化形态，使文化建设朝着正确的方向发展，在文化领域不断增强社会主义因素，将意识形态的灌输寓之于文化建设之中，改善了当时文化工作存在的落后局面，使文化形式为之一新，文化内容上低俗的、封建的东西也得到进一步清除，使农村文化在正确的道路上得到了进一步的繁荣与发展。首先将马克思主义作为文化教育的基础性工作。新中国成立伊始，中国共产党便号召在全国范围内学习马克思主义，"在统一的制度下无例外地和不间断地进行马克思列宁主义——毛泽东思想的有系统的学习"[①]。对知识分子、青年学生、工农群众的马克思主义理论教育在全社会范围内展开，使广大群众对马克思主义的基础理论有了基本的了解，对共产党和人民政权有了更为理性和深刻的认识。其次，在文化形式上破旧立新，加强对文化建设的指导。中华人民共和国成立初，为使文化能更好地为人

---

① 《建国以来重要文献选编》（第二册），中央文献出版社1992年版，第123页。

民服务，在丰富人民群众精神生活的同时，培养人民群众高尚的道德品质，中国共产党加强了对电影和曲艺工作的指导与改造，使其朝着正确的文化方向发展，对电影、戏曲等文艺产品提出了"改戏""改人""改制"三大任务，《白毛女》《钢铁战士》等思想性和艺术性俱佳的影片赢得观众的广泛好评，新编剧目如《龙须沟》也成为群众百看不厌的作品。

　　当前，农村文化的工作环境与内容都发生了明显变化。一方面，为防止农村文化建设再次陷入"泛政治化"的窘境；另一方面，农民在改革过程中处于弱势地位，农民阶层内心积聚着较强的不满情绪和对立情绪，为防止农村文化中政治的诱导激发农民思想中的斗争情绪，在具体的农村文化建设工作中，出现了对意识形态工作和农村文化建设关系矫枉过正的现象。现实的农村文化建设往往仅重视对农村文化设施的改善和对农村文化形式的丰富，农村文化建设缺乏对农民价值观的正确引导，从而出现了上文所描写的农村日常文娱活动低俗化和主流意识形态在农村边缘化的现象。为解决农村文化建设中所存在的这种问题，必须正确处理意识形态工作与农村文化建设的关系，以主流意识形态引领农村文化建设。首先，在文化建设的价值引导方面，我们必须认识到守旧必亡、固守必败，只有"以攻为守"，在农村文化建设中加强主流意识形态的引导作用，勇于打破当前农村文化中落后的价值结构和非主流意识形态生存体系，利用新兴文化媒介，努力筛选文化产品，积极整合文化元素，大力创新文化机制，在包容多元文化样态的前提下，增强主流意识形态的主导地位。其次，弘扬优秀传统文化精神，打造农村文化根基。中国传统文化蕴涵于五千年的华夏历史之中，是中华民族对世界历史感知的价值沉淀，其中凝结着中华民族最深层的精神追求和行为准则，其中包含着中华民族的价值脉络与历史性格，是新形势下中华民族屹立于世界民族之林"最深厚的文化软实力"[①]，农村作为传承传统文化相对持续、保留传统文化形态

[①] 习近平:《胸怀大局把握大势着眼大事努力把宣传思想工作做得更好》，《人民日报》2013 年 8 月 21 日。

相对完整的地区，传统文化对农民具有较强的亲和力，因此，必须在农村文化建设中弘扬优秀传统文化精神，筑牢农村文化的根基。最后，推进社会主义核心价值观的培育与践行，保证农村文化的前进方向。社会主义核心价值观是社会主义意识形态的本质体现，培育与践行社会主义核心价值观，发展凝聚社会主义精神、展现社会主义气质的农村文化内容，将发挥我们文化工作凝魂聚气、强基固本的作用，从而提升农村文化的竞争力，使农村文化具有自觉抵制和消解不良文化侵蚀的能力，保证农村文化建设朝着正确的方向发展。

（三）动员社会各界力量参加到农村文化建设中

中华人民共和国成立之初的农村文化建设，从教育、文艺到卫生，除了农村基层党组织、农村文化工作队、农会等农村社会组织的积极参与外，农村之外的社会力量也主动或被动地广泛参与进来，基本形成了一个具有中国特色的公共文化服务与组织体系。以广播为代表的大众传媒渗入农村日常生活，以宣扬政治文化为己任，传播党与领袖的精神指示；教育工作者深入农村地区，根据农民的农业生产时间，提出相应的课程内容和培养方式，提高农民的政治素养和文化水平；而在农村文艺工作中，农民不仅仅以主角的形式参与到具体的农村文艺活动之中，对农村新社会和农民新变化的歌颂也成为文艺界的主要素材和创作视角，脚踏实地的农民群众形象在文艺作品中更具时代代表性。[1]农村的与非农村的力量都被调动起来参与到中华人民共和国成立初期的农村文化建设之中，标志着农村文化建设处于社会发展的重要地位，农村文化的发展与整个社会的进步具有一致性，使现代科学文化与精神文明在农村社会得以广泛传播，从而极大地提高了农民群众的科学文化素养与政治觉悟水平，促使他们改变陈旧落后的观念，不断地由传统走向现代。经过持续数年的建设，农村社会许多根深蒂固的封建礼教与习俗被彻底摧毁，吸毒、赌

---

[1] 梁红泉：《建国初期农村文化改造、重建的启示——兼论新农村文化建设》，《周口师范学院学报》2012年第3期。

博、盗、匪等社会丑恶现象基本绝迹，广大农村社会形成了人民自觉地崇尚科学、抵制迷信、移风易俗、破除陋习的健康文明的新风貌，适应国家主流意识形态的爱祖国、爱集体、爱社会主义的价值理念就成了农民群众中的主导思想。

在新的历史条件下，已不可能再像中华人民共和国成立初期那样，通过发动群众运动，将全社会的力量投入于农村文化建设之中，但我们也必须认识到，当前农村文化建设不仅仅是基层政府与农民的任务，在"以工哺农、利益回流"的社会发展现实面前，农村文化建设理应得到全社会各界力量的积极参与和共同努力。相比农村社会经济的发展，实现农村文化的发展则是过程更为复杂、周期更长的一项艰巨工作，更需要将其纳入社会发展与规划的整体步调上来，并营造社会各界关注并参与农村文化建设的环境氛围。首先从农村社会内部来看，除农村"两委"和农民本身要认识到农村文化的重要性，并积极参与到农村文化建设中外，还要不断发展与培育农民自己主导的农村文化组织。随着市场化程度加深和农民流动性的增强，农村社会生活的"中间力量"再次被弱化，个人与政府之间呈现离散的发展趋势，目前不管是农民群体还是城市民众，都是由政府通过学校进行教育灌输完成个人最初的身份认同和政治社会化。一旦进入社会，政治文化的引导和干预完全成为政府相关部门的行政任务，公民社会发育的欠缺使得这个过程完全成为个人的事情，政府基本不在场。[1] 回望曾经遍地开花的农会及在其操持下开展的农村文化建设场景，相比今天新农村文化建设政府唱独角戏的现状，培育、发挥相关社会团体和基层组织的作用，对于新农村文化建设和农村的发展具有重大的意义。因此，应积极鼓励农民自己主导的农村文化组织的发展，在基层政府与农民间构建可靠的桥梁，使农民的文化需求通过组织渠道的传递转化为相应的政策，使农村文化建设的开展真正可以满足农村的精神需求。其次，应积

---

[1] 熊易寒：《城市化的孩子：农民工子女的身份认同和政治社会化》，上海人民出版社 2010 年版，第 251 页。

极鼓励地方精英与知识分子加入农村文化建设中来。地方精英与知识分子在当地都有较强的号召力，相比农民群众，他们有着深厚的理论功底和地方社会知识背景，对农村社会的发展和农村文化建设有着更深层次的思考和认识，往往对深入农村社会进行实地调研有着浓厚的兴趣和较高的积极性。地方政府可以从中穿针引线，为地方精英和知识分子提供定向的农村考察点，将地方文化和风土人情引入校园文化和课堂教育，并引导他们参与农村文化建设，给予合乎地方农村实际的政策建议和参考。以他们的理性思考结合地方实际因地制宜地充实农村文化建设内容，为地方农村社会发展出谋划策。如此举措，既能满足高校师生在学习过程中理论与实践相结合的需求，又能为农村文化建设集思广益。从长远的角度看，也可以激发大学生的社会责任感，使他们更加了解农村、认识农村，激发他们到祖国需要他们的地方的建设热情。对于农民而言，与高校师生进行交流与互动，改变大众传媒单方面的灌输，有助于农民群众对农村社会的建设和发展进行例行和深入的思考，唤醒和重建农民群众的文化自觉与文化自信，并可促使他们逐步探寻地方建设和文化传承的转型之路。第三，应加强和引导舆论对农村文化建设的参与。中华人民共和国成立初期为数不多的大众传媒被政府所主导，保证了信息传播的政治性。信息化的今天，民众受到来自各个方面的信息影响。但并不是所有的信息都是完全客观公正的，不排除其中为博取高点击率和高收视率而充斥着夸张和伪造甚至带有阶层偏见的负面信息[1]。农村与城市的发展差距十分明显，再加上大众媒体的过度渲染，农民群众所承继的传统价值取向无形中被忽视、漠视甚至鄙视。丧失了话语权的农民，在媒体和社会舆论的影响下，极力向代表着主流文化的城市文化靠拢。现实经济收入的低下和内心物质欲望的被推高，背井离乡的农民工无法找到自己的群体认同和精神归属，成为社会边缘人。因此，作为社会舆论宣传者的大众

---

[1] 张瓅尹：《转型期中国媒介文化的困境与重建》，《湖北社会科学》2011 年第 6 期。

传媒，应该以促进社会发展为己任，考虑社会的舆论导向和综合影响，防止低化、矮化某一社会阶层的舆论和倾向出现，针对不同的受众层次应该有不同的宣传基调和文化产品。政府在保障新闻自由的前提下，也应依法加强对媒体的有效监管和规范引导，以实现大众传媒的社会功能。

结　语

中国共产党革命与建设的实践都是在中国这个农民为主体的国度里进行的，因此，农村文化建设必然是中国共产党文化工作的重要组成部分。正如毛泽东所说："中国文化运动"如果"离开了三亿六千万农民，岂非大半成了空话？"① 中华人民共和国成立初期，中国共产党围绕农村政权稳定、农村社会改造和农业生产的发展等中心任务，以马克思主义为指导，在对传统文化进行批判地继承基础上，大力推进农村文化建设，在实现农民政治认同、激发农民主体意识、促进农村社会发展等方面发挥了重要的作用，取得了突出成效，为促进中华人民共和国成立初期各项事业的发展做出了应有的贡献。在此过程中，文化工作者也探索了如何在受教育程度不高、思想觉悟较低的农村地区进行社会主义文化建设的经验，进一步丰富了社会主义文化建设的理论。

但在中华人民共和国成立初期特殊的历史条件下，由于社会政治、经济、文化环境的特殊性和极端复杂性，作为中国共产党在执掌政权新的历史条件下文化建设的开端阶段，其在新民主主义革命条件下积累的文化建设经验对当时的农村文化建设具有积极的借鉴意义，但是其中所包含的"革命因素"使中国共产党继续沿用"革命思维"处理一些农村文化建设过程中出现的问题，这也导致了中华人民共和国成立初期农村文化建设在正确中夹杂着一定的失误，但总体上仍是正确的思想和实践占主导地位。

---

① 《毛泽东选集》第3卷，人民出版社1991年版，第1078页。

◆ 结　语 ◆

中华人民共和国成立初期的农村文化建设只是人类文化建设历史长河中的一个短暂瞬间，但却是马克思主义文化观与中国传统文化观交融与碰撞的关键阶段，也是中国共产党文化建设与发展史上承上启下的一个重要历史阶段，对中华人民共和国成立初期所进行的社会主义革命与建设发挥了重要的作用，为当前社会主义新农村的文化建设提供了诸多可供吸收、借鉴的经验。总结历史、启迪未来，是进行社会历史研究的必然要求。面对社会发展的新趋势、全面深化改革的新要求、新农村建设的新特点，农村文化建设变得更加重要而艰巨。这就要求我们以史为鉴，进一步把握农村文化建设的基本规律，力求使新时期农村文化建设朝着正确的方向、沿着正确的轨道向前发展。

农村文化建设是一个历久而弥新的研究话题。新中国的农村文化建设发端于中华人民共和国成立初期波澜壮阔的社会改造历史进程中，随着社会的发展与进步，不断迈向新的历史阶段，回首中华人民共和国成立初期的农村文化建设实践，其效果之显著、作用之深远不可能在寥寥十数万字予以完整论述，许多深层命题和研究内容还需进一步深化和拓展，本人认为在今后的研究过程中应从研究的深度和广度两方面着手，进行以下研究：

首先，从相关研究的深度来看，应从农村文化建设着手，进一步研究其对农民在深化改革背景下角色转变的作用。在中华人民共和国成立初期，中国共产党的中心工作由农村转向城市，而农民的角色也随之从新民主主义革命的主力军转变为国家的建设者，中国共产党通过农村文化建设过程中的不懈地努力，唤醒了长期被排斥在近代化进程以外的中国农民内心深处作为一个阶级群体的尊严与社会意识，并将他们纳入新中国的经济建设与社会改造进程中，实现农民角色转变的同时，农村社会也随之迸发出了"战天斗地""敢教日月换新天"的磅礴热情。而在当前深化改革的背景下，农民的角色将进一步转变，核心应是实现农民从传统农民向现代农民的转变，"农民"从一种身份的象征转变为一种令人羡慕的职业，这就必须通过农村文化建设，提升农民的思想素质、文化水平、乡土情结和职业素养，在不断满足农民文化权利的基础上，使农民从内心深处摆脱对身份和制度的依附，使对农村生活的积极态度和对农业生产的热情成为农民的价值追求，使农民真正成为从事现代农业生产的主力军。在此过程中，如何借鉴中华人民共和国成立初期农村文化建设的具体经验，推动新形势下农民角色的转变，有待于进一步研究。

其次，从相关研究的广度来看，应以农村文化建设为突破口，进一步对中华人民共和国成立初期的社会改造进行全面研究。中华人民共和国成立初期的社会转型是近现代历史进程中影响最为深远、程度最为剧烈、范围最为广泛的一场社会变革，涉及了政治、经济、社会、文化各个方面的改造与重建，由于思想重视、方法得当，新中国各项工作都取得了令人瞩目的成就，奠定了新中国成立后七十余年社会发展的基础走向，因此，对中华人民共和国成立初期的社会改造进行全方位的研究对当前进一步深化改革具有极强的历史借鉴意义。而在中华人民共和国成立初期的各项工作中，文化工作都贯穿于其中，影响着其他各项工作的进程，因此，在本书的研究基础上，可以中华人民共和国成立初期文化建设为突破口，对中华人民共和国成立初期政治、经济、社会的转型与改造进行全方位的展现与研究，从而从中总结出切实可行的经验和教训，以指导当前深化改革进程中的社会转型。

有关文化的研究千头万绪，有关中华人民共和国成立初期的社会历史研究系统而复杂，囿于笔者学识有限不能在论文中进行深入阐释，这也为今后的研究留下了巨大的空间。在今后的学术研究过程中，要不断增强自我理论修养和学术能力，进一步对相关问题从深度和广度上予以把握，使相关理论研究进一步丰满、现实指导性更强。

参考文献

古籍类

《十三经注疏》,(清)阮元校刻,中华书局1980年版。

《孟子·滕文公上》,梁海明译注,山西古籍出版社2000年版。

(汉)班固:《汉书》卷56《董仲舒传》,中华书局1962年版。

(唐)吴兢:《贞观政要》,上海古籍出版社1978年版。

(宋)陈淳:《北溪字义·忠恕》,中华书局1983年版。

(宋)朱熹:《四书章句集注·孟子集注》,中华书局1983年版。

(清)孙诒让:《新编诸子集成》,中华书局2001年版。

(清)孙希旦:《礼记集解》,沈啸寰、王星贤点校,中华书局1989年版。

(清)焦循:《孟子正义》,中华书局1987年版。

著作类

《周恩来选集》,人民出版社1984年版。

《周恩来谈人生》,中国青年出版社1995年版。

《刘少奇选集》,人民出版社1981年版。

《邓小平文选》,人民出版社1994年版。

《陈独秀语萃》,唐宝林编,华夏出版社1993年版。

《李大钊全集》,人民出版社2006年版。

《张闻天文集》,中共党史出版社1994年版。

《张闻天选集》,人民出版社1985年版。

《李富春选集》，中国计划出版社1992年版。
《习仲勋文选》，中央文献出版社1995年版。
《胡乔木文集》，人民出版社2012年版。
《陆定一文集》，人民出版社1992年版。
《冯友兰学术自传》，人民出版社2007年版。
《建国以来重要文献选编》，中央文献出版社1992—1994年版。
《中国共产党中央委员会关于建国以来党的若干历史问题的决议》，人民出版社1981年版。
《改革开放三十年重要文献选编》，中央文献出版社2008年版。
中共中央党史研究室：《中华人民共和国大事记（1949—2009）》，人民出版社2009年版。
《中华人民共和国经济档案资料选编：农村经济体制卷》，社会科学文献出版社1992年版。
《梁漱溟全集》，山东人民出版社1989年版。
中华全国文学艺术工作者代表大会宣传处编：《中华全国文学艺术工作者代表大会纪念文集》，新华书店1950年版。
国家统计局国民经济综合统计司：《新中国五十年统计资料汇编》，中国统计出版社1999年版。
中国群众体育现状调查课题组：《中国群众体育现状调查与研究》，北京体育大学出版社1998年版。
国家教育委员会成人教育司：《扫除文盲文献汇编（1949—1996）》，西南师范大学出版社1997年版。
《中国教育年鉴》编辑部：《中国教育年鉴（1949—1981）》，中国大百科全书出版社1984年版。
左权县志编纂委员会：《左权县志》，高等教育出版社1999年版。
《中南土地改革的伟大胜利》，中南人民文学艺术出版社1954年版。
运城市地方志编纂委员会：《运城市志》，生活·读书·新知三联书店1994年版。
薄一波：《若干重大决策与事件的回顾》，中共党史出版社1991年版。

邓力群：《伟人毛泽东丛书——政治战略家毛泽东》，中央民族大学出版社2004年版。

杜润生：《中国的土地改革》，当代中国出版社1996年版。

金冲及：《周恩来传（1898—1976）》，中央文献出版社2008年版。

金冲及：《二十世纪中国史纲》，社会科学文献出版社2009年版。

胡绳：《中国共产党的七十年》，中共党史出版社1991年版。

陈先达：《马克思主义和中国传统文化》，人民出版社2015年版。

白吉庵：《胡适传》，人民出版社1993年版。

陈勇：《钱穆传》，人民出版社2001年版。

庄锡昌：《多维视野中的文化理论》，浙江人民出版社1987年版。

李秀林：《辩证唯物主义和历史唯物主义原理》，中国人民大学出版社2004年版。

康书生等：《缩小居民收入差距的金融对策研究》，人民出版社2017年版。

曹泳鑫、赵平之：《先进文化与现代化》，上海人民出版社2005年版。

王秀阁、杨仁忠：《马克思主义理论学科前沿问题研究》，人民出版社2010年版。

彭明：《五四运动史》，人民出版社1998年版。

徐义君：《新民主主义革命思想的开端》，湖南人民出版社1985年版。

郑师渠：《中国共产党文化思想史研究》，中共中央党校出版社2007年版。

邵维正：《日出东方——中国共产党创建纪实》，人民出版社2011年版。

李东朗：《中国共产党执政过程：第一卷（1921—1949）》，人民出版社2011年版。

陈元晖等：《老解放区教育资料》，教育科学出版社1982年版。

邱若宏：《中国共产党科技思想与实践研究：从建党时期到新中国成立》，人民出版社2012年版。

《牺盟会和决死队》编写组编：《牺盟会和决死队》，人民出版社1986年版。

胡光宇：《中国共产党文化建设》，人民出版社2011年版。

董志凯：《1949—1952年中国经济分析》，中国社会科学出版社1996年版。

周振华：《毛泽东思想与社会主义现代化建设》，重庆出版社1993年版。

董建波、李学昌：《20世纪江浙沪农村社会变迁中的文化演进》，华东师范大学出版社2010年版。

张冠生：《费孝通传》，群言出版社2000年版。

陈吉元：《中国农村社会经济变迁（1949—1989）》，山西经济出版社1993年版。

苏星：《新中国经济史》，中共中央党校出版社1999年版。

汤晓丹：《路边拾零——汤晓丹回忆录》，山西教育出版社1993年版。

李立志：《变迁与重建——1949—1956年的中国社会》，江西人民出版社2002年版。

徐少锦、温克勤：《伦理百科辞典》，中国广播影视出版社1999年版。

李德芳、杨素稳：《中国共产党农村思想政治教育史》，中国社会科学出版社2007年版。

董渭川：《新中国的新教育》，中华书局1951年版。

何东昌：《中华人民共和国重要教育文献》，海南出版社1998年版。

陈晋：《文人毛泽东》，上海人民出版社2005年版。

董建波、李学昌：《20世纪江浙沪农村社会变迁中的文化演进》，华东师范大学出版社2010年版。

傅砚农、曹守和：《新中国体育指导思想研究》，人民出版社2012年版。

黄树则、林士笑：《当代中国的卫生事业》，中国社会科学出版社1986年版。

黄永昌：《中国卫生国情》，上海医科大学出版1994年版。

徐国普：《新中国成立初期中国红十字会研究（1949—1956）》，人民出版社2013年版。

徐勇：《中国农村村民自治》，华中师范大学出版社1997年版。

雷厚礼、武国辉：《中国共产党执政60年》，人民出版社2010年版。

梁星亮、杨洪：《中国共产党延安时期政治社会文化史论》，人民出版社2011年版。

朱新山：《乡村社会结构变动与组织重构》，上海大学出版社2004年版。

汪东林：《梁漱溟与毛泽东》，湖北人民出版社2003年版。

王永贵：《经济全球化与社会主义意识形态建设研究》，人民出版社2005年版。

黄怀信：《论语汇校集释》，上海古籍出版社2008年版。

周振甫：《诗经译注》，中华书局2002年版。

杨伯峻：《论语译注》，中华书局2009年版。

杨伯峻：《春秋左传注》，中华书局2009年版。

王守谦：《左传全译》，贵州人民出版社1990年版。

[美] 费正清、罗德里克·麦克法夸尔主编：《剑桥中华人民共和国史》，谢亮生等译，中国社会科学出版社1990年版。

[美] 亨利·基辛格：《论中国》，胡利平等译，中信出版社2012年版。

[美] 徐中约：《中国近代史》，计秋枫、朱庆葆译，世界图书出版公司北京公司2013年版。

[美] 莫里斯·迈斯纳：《毛泽东与马克思主义、乌托邦主义》，中共中央文献研究室国外研究毛泽东思想资料选辑编辑组译，中央文献出版社1991年版。

[美] 斯图尔特·R.施拉姆：《毛泽东的思想》，田松年、杨德译，中国人民大学出版社2003年版。

[英] 费里克斯·格林：《觉醒了的中国——美国人不了解的国

家》，吴越、初杨译，北京出版社 1981 年版。

［美］莱斯利·A. 怀特：《文化科学》，曹锦清等译，浙江人民出版社 1988 年版。

［美］S. 南达：《文化人类学》，刘燕鸣、韩养民编译，陕西人民教育出版社 1987 年版。

［日］祖父江孝男：《简明文化人类学》，季红真译，作家出版社 1987 年版。

［美］马尔库塞：《爱欲与文明：对弗洛伊德思想的哲学探讨》，黄勇、薛民译，上海译文出版社 1987 年版。

［美］詹姆斯·R. 汤森、布兰特利·沃马克：《中国政治》，顾速、董方译，江苏人民出版社 1994 年版。

［美］乔治·霍兰·萨拜因：《政治学说史》，邓正来译，上海人民出版社 2008 年版。

［德］鲁道夫·奥伊肯：《生活的意义与价值》，万以译，上海译文出版社 1997 年版。

David Johnson, Andvew J. Nathar, Evelyn S. Bawski, ed., *Popular Culture in Late Imperial China*, Berkeley and Los Angeles, Calif University of California Press, 1985.

Samuel Huntington, Joan Nelson, *Political Participation in Eveloping Countries*, Harvard University Press, 1976.

John Burns, *Political Participation in Rural China*, Berkeley: University of California Press, 1988.

报刊类

曹树基：《国家形象的塑造——以 1950 年代的国家话语为中心》，《上海交通大学学报》（哲学社会科学版）2008 年第 3 期。

陈答才：《论周恩来对中国现代化理论与实践的贡献》，《陕西师范大学学报》（哲学社会科学版）2011 年第 4 期。

陈学明：《唯物史观与共产主义信念》，《浙江学刊》2006 年第 3 期。

陈益元：《新中国成立初期中国共产党农村政权建设研究述评》，《中共党史研究》2014 年第 3 期。

成思危:《论中国社会主义市场经济制度下的发展计划》,《中国软科学》2005 年第 1 期。

邓力群:《国史写作不应忽略的若干基本内容》,《当代中国史研究》1994 年第 1 期。

冯虞章:《毛泽东文化思想及其现实价值》,《马克思主义研究》2012 年第 5 期。

葛传根:《建党初期的宣传工作与革命道路探索中的得失》,《党的文献》2011 年第 5 期。

关海庭、马胜强:《延安时期新民主主义文化建设运动述论》,《中共党史研究》2013 年第 9 期。

贺桂梅:《"当代文学"的构造及其合法性依据》,《海南师范学院学报》(社会科学版) 2006 年第 4 期。

皇甫瑾:《学习文化提高生产》,《新华月报》1954 年第 11 期。

黄裳:《关于周作人》,《读书》1989 年第 9 期。

黄延敏:《延安时期中国共产党文化建设的基本经验》,《理论学刊》2009 年第 10 期。

蒋积伟:《建国以来中共文化政策述评 (1949—1976)》,《党史研究与教学》2007 年第 1 期。

李飞龙:《建国初期乡村社会的变迁——以农民教育的效果为中心》,《电子科技大学学报》(社会科学版) 2009 年第 6 期。

李飞龙:《20 世纪 50 年代农民业余文化教育述论》,《当代中国史研究》2009 年第 3 期。

李建英:《毛泽东的文化思想结构浅议》,《山西大学学报》(哲学社会科学版) 1998 年第 2 期。

李里峰:《群众运动与乡村治理——1945—1976 年中国基层政治的一个解释框架》,《江苏社会科学》2014 年第 1 期。

李立志:《土地改革与农民社会心理变迁》,《中共党史研究》2002 年第 4 期。

李庆云:《中国共产党历代领导集体的文化自觉意识研究》,《中国特色社会主义研究》2011年第4期。

李晓晨：《新中国建立前后华北农村破除迷信探析》，《中共党史研究》2005年第4期。

李晓瑜、罗平汉：《民主革命时期党开展思想文化建设的历史经验》，《中共中央党校学报》2007年第2期。

梁红泉：《建国初期农村文化改造、重建的启示——兼论新农村文化建设》，《周口师范学院学报》2012年第3期。

林毅夫等：《论中国经济改革的渐进式道路》，《经济研究》1993年第9期。

龙先礼、王守仁：《一切都变了样——记土地改革后的零陵株山乡》，《新湖南报》1951年9月28日。

吕建中：《春光喜临五里界》，《长江日报》1951年2月5日。

吕世荣、刘象彬：《毛泽东文化思想初探》，《中国文化研究》1994年第4期。

彭正德：《土改中的诉苦：农民政治认同形成的一种心理机制——以湖南省醴陵县为个案》，《中共党史研究》2006年第6期。

漆向东：《建国以来农民非农化途径考察》，《中州学刊》2008年第3期。

施秀莉、张士海：《中国共产党文化自觉史论》，《当代世界与社会主义》2012年第5期。

田汉：《为爱国主义的人民新戏曲而奋斗》，《人民日报》1951年1月21日。

田克勤、刘洪森：《探析建国初期中国共产党的文化建设和改造》，《江西师范大学学报》（哲学社会科学版）2007年第4期。

王贵秀：《从革命党到执政党——中国共产党政治成长中的地位转变与角色转换》，《中共中央党校学报》2008年第4期。

王立忠、谢军、林岳峥：《论土地革命战争时期红军的军事文化建设》，《军事历史研究》2013年第2期。

王瑞芳：《农村土改后恶风陋俗的革除与新民俗的形成》，《当代中国史研究》2009年第1期。

王新民：《建国初期戏曲改革的经验与教训》，《南京社会科学》1994年第10期。

谢迪斌：《论建国初期中共对乡村社会国家意识的培养》，《求索》2007年第11期。

徐有礼：《试论中国共产党早期理论宣传活动的历史经验》，《郑州大学学报》（哲学社会科学版）1990年第4期。

阎锋：《试论我国建国初期的文化过渡》，《广西社会科学》2007年第2期。

杨凤城：《中国共产党90年的文化观、文化建设方针与文化转型》，《中国人民大学学报》2011年第3期。

杨会清：《中华苏维埃共和国的文化建设问题研究》，《江西行政学院学报》2012年第3期。

杨娜：《浅析建国初期中国农民阶级的社会分化》，《探索》2004年第2期。

杨雪冬：《中国国家构建简论：侧重于过程的考察》，《学术季刊》2002年第2期。

于素云：《发动妇女坚持经常学习的经验》，《吉林教育》1959年第18期。

曾楠：《政治认同问题的伦理审视——基于政治与道德的互动张力》，《南昌大学学报》（人文社会科学版）2014年第2期。

曾涛：《"劳动"与人：马克思哲学的革命性及其哲学意义——"以劳动创造了人本身"为中心》，《广西社会科学》2011年第7期。

张杰：《建国后中国社会结构的两次变迁与中国共产党执政思维的转变》，《理论学刊》2006年第4期。

张炼红：《从民间性到"人民性"：戏曲改编的政治意识形态化》，《当代作家评论》2002年第1期。

章正发：《分了田不干革命是不对的》，《新湖南报》1951年7月18日。

赵文静：《论抗战时期中国共产党的先进文化建设》，《党史文苑》2005年第18期。

郑起东：《近代华北乡村教育的变迁》，《中国农史》2003年第1期。
朱世学：《土地革命时期鹤峰苏区的文化建设述略》，《中南民族学院学报》（哲学社会科学版）1993年第4期。

档案文献类

河北省政府秘书处编制：《河北省统计年鉴（民国二十年度附十八十九年度）——教育类》。

山东省政府教育厅：《山东省中华民国二十一年度教育统计》。

河南教育厅编辑处印行：《中华民国二十三年上期河南地方教育视察报告》。

顾颉刚：《妙峰山（影印本）》，上海文艺出版社1988年版。

《运城镇整顿扫盲工作总结报告》，1953年9月，运城镇人民政府扫除文盲委员会，运城市盐湖区档案室藏，编号：58—58—29。

《山西省一九五四年农民业余文化教育工作总结》，1955年4月，山西省教育厅，运城市盐湖区档案室藏，编号：58—58—65。

《运城镇五四年春节文娱活动情况专题报告》，1954年3月，运城镇文教科，运城市盐湖区档案室藏，编号：58—58—51。

《解县宣传网工作的总结》，1951年12月，解县县委宣传部，运城市盐湖区档案室藏，编号：1—31—2。

《运城专区运城镇开展工作学习竞赛运动以实际行动抗美援朝》，1950年12月，运城镇政府，运城市盐湖区档案室藏，编号：8—1—1。

《安邑县一九五六年文化工作总结》，1957年1月，安邑县委宣传部，运城市盐湖区档案室藏，编号：12—3—379。

《运城镇人民文化馆对开展群众文艺活动的初步经验》，1954年9月，运城镇人民文化馆，运城市盐湖区档案室藏，编号：58—58—51。

《瑞金县1951年工作总结》，1952年1月，瑞金市档案馆藏，编号：A001—02—009。

《江苏省民政厅关于摘转徐州专区处理内外流人员工作委员会报告》，1960年，江苏省民政厅，徐州档案馆藏，编号C3—50。